DES

# TRAVAUX DU RHIN.

PARIS. — IMPRIMERIE ET FONDERIE DE FAIN,
RUE RACINE, N°. 4, PLACE DE L'ODÉON.

# DES TRAVAUX

DU

# FLEUVE DU RHIN.

PAR A.-J.-CH. DEFONTAINE,

ANCIEN ÉLÈVE DE L'ÉCOLE POLYTECHNIQUE, INGÉNIEUR EN CHEF DE I<sup>re</sup>. CLASSE AU CORPS ROYAL DES PONTS ET CHAUSSÉES, CHEVALIER DE LA LÉGION-D'HONNEUR ET DU LION DE BADE

DEUXIÈME ÉDITION, REVUE ET AUGMENTÉE.

A PARIS,

CHEZ L'AUTEUR, RUE DE L'UNIVERSITÉ, N°. 88.

1833.

# TABLE DES MATIÈRES.

NOTA. Les chiffres désignent les paragraphes.

## NOTES.



## *ERRATA.*

Page 1, colonne 2$^{me}$., ligne 21, 40$^{m}$. 0$^{m}$.000057, *lisez* : 107$^{m}$.00. 0$^{m}$.000153.

Page 1, colonne 2$^{me}$., ligne 22, 1127$^{m}$.00, *lisez* : 1194$^{m}$.00.
Pl. XLIV, échelle de 0$^{m}$.025 pour mètre, *lisez* : pour 1,000 mètres.

# AVANT-PROPOS.

Nous nous proposons de décrire dans ce mémoire les travaux de fascinage qu'on exécute sur le Rhin, et particulièrement ceux qui ont été entrepris depuis 1820.

L'intérêt que présentent en général ces ouvrages, destinés, comme on le sait, à défendre les rives et à maîtriser le cours des fleuves, s'augmente ici en raison des circonstances mêmes au milieu desquelles on a dû opéper, et des méthodes nouvelles que ces circonstances ont rendues nécessaires.

Le Rhin, par le volume de ses eaux, par la rapidité de son cours, par la grande mobilité de son lit, susceptible d'être affouillé jusqu'à des profondeurs excessives, présente des difficultés qui ne permettaient pas qu'on lui appliquât avec succès aucun des procédés suivis sur les autres rivières. Tel est cependant le fleuve qu'on est parvenu à encaisser, à diriger à volonté en quelque sorte, par des ouvrages d'une exécution facile et peu dispendieuse. Long-temps attaché à la direction de ces travaux, et, depuis, chargé par une mission spéciale de propager l'application de ces mêmes procédés aux autres rivières de France, nous avons pensé que le meilleur moyen de parvenir à ce but était de porter les résultats de nos observations et de notre expérience à la connaissance des ingénieurs.

# DES TRAVAUX

## DU

# FLEUVE DU RHIN.

## CHAPITRE PREMIER.

### DU RHIN.

1. *Cours de ce fleuve.* — Le Rhin, l'un des fleuves les plus considérables de l'Europe, a ses sources principales dans les glaciers du Saint-Gothard; ses eaux, rassemblées dans trois affluens principaux, se réunissent sous Reichenau, et présentent déjà, par leur volume et par l'étendue de leur lit, l'aspect d'un grand fleuve à sa naissance.

Le Rhin, grossi par de nombreux torrens qui descendent des Alpes, se porte vers le lac de Constance, en sort bientôt pour franchir les chutes de Schaffousen et de Lauffen, et après avoir reçu par la rivière d'Aar les $\frac{4}{5}$ des eaux de la Suisse, parcourt la grande vallée qui sépare les Vosges de la Forêt-Noire.

Ce fleuve porte ensuite son cours vers les gorges étroites de Bingen, et se dirige sur la Hollande; il s'y divise en plusieurs branches, à la plus faible desquelles il laisse son nom, pour le perdre presque immédiatement dans les dunes de la mer d'Allemagne au-dessous de Leyden.

Le Rhin arrose plusieurs villes remarquables par leur population, leur industrie et leur commerce (telles que Bâle, Strasbourg, Mayence, Cologne), entre lesquelles il établit d'importantes relations. Il communique naturellement avec quelques-unes des principales rivières navigables de la France, de l'Allemagne et des Pays-Bas, telles que la Moselle, le Mein, la Meuse, etc., et avec le Zuyderzée par l'Iselle, qui est une de ses dérivations. Enfin, vis-à-vis le littoral de la France, il reçoit les eaux d'affluens très-considérables, tels que l'Elser, la Kinzig, l'Ill, la Moder et la Murg.

Dans son cours, le Rhin forme la frontière orientale de l'Alsace, une des contrées les plus fertiles de la France; et il la submergerait en partie, ou du moins il la ravagerait sur plusieurs points, si le pays n'avait été protégé à main d'hommes contre ses redoutables débordemens, et si les terrains les plus précieux n'étaient défendus par des travaux plus ou moins considérables, mais toujours très-dispendieux; aussi le maintien ou la destruction de ces ouvrages deviennent-ils en quelque sorte, entre le fleuve et le cultivateur riverain, l'objet d'une lutte permanente, qui n'est pas toujours à l'avantage de ce dernier, et à la suite de laquelle il voit trop souvent s'évanouir en quelques instans ses plus belles espérances.

2. *Développement.* — On donne au cours du Rhin 1,342 myriamètres de Reichenau à la mer, savoir :

| | |
|---|---|
| De Reichenau à la frontière de France | 420 |
| Le long du littoral français | 222 |
| De là jusqu'à la mer | 700 |
| Total | 1,342 |

3. *Hauteurs des basses eaux au-dessus du niveau de la mer.* D'après des opérations barométriques faites avec soin, et rectifiées par de bons nivellemens pour la partie qui correspond au littoral français (1), les basses eaux du fleuve seraient élevées au-dessus du niveau de la mer d'Allemagne, savoir :

| | |
|---|---|
| A Reichenau, à la réunion des trois affluens principaux du fleuve, de | 1,194m.00 |
| Au lac de Constance, de | 405m.00 |
| Au pont de Bâle, de | 252m.30 |
| Au pont de Kehl, de | 138m.96 |
| Au confluent de la Lauter (limite de la France et de la Bavière), de | 107m.00 |
| Au pont de Manheim, de | 93m.00 |
| A l'entrée des gorges de Bingen | 67m.00 |

4. *Pentes générales.* — Il résulterait de ces nivellemens les pentes suivantes pour les trois grandes sections du Rhin; savoir :

| | PENTES | |
|---|---|---|
| | totales. | par mètre. |
| De Reichenau à la frontière de France | 941m.71 | 0m.002242 |
| Le long du littoral français | 145m.30 | 0m.000653 |
| De là jusqu'à la mer | 40 | 0m.000057 |
| Pente générale sur 1,343 myriamètres | 1127m.00 | |

5. *Partie du cours du Rhin dont on traitera spécialement.* — La partie du Rhin dont nous allons nous occuper est celle où le fleuve exerce le plus de ravages, et où l'on exécute le plus de travaux pour y remédier; c'est la partie comprise entre Bâle et Neubourg, et dont le thalweg, ou cours principal (formant la limite politique entre la France et les états d'Allemagne), sépare l'Alsace du grand-duché de Bade.

6. *Lit du fleuve.* — Dans cette partie, le lit du Rhin, situé dans le terrain d'alluvions qui forme le fond de la vallée, présente une infinité de faux-bras dans lesquels, les eaux du fleuve, à leur hauteur moyenne, se divisent en formant une quantité considérable d'îles et d'ilots plus ou moins boisés. Ces îles, continuellement attaquées, détruites et reformées par le fleuve, ont un sol dont l'élévation varie en raison des différences qui existent entre les hautes et basses eaux de la localité, différences qui dépendent à leur tour de la largeur du lit. Ces îles se boisent naturellement, lorsque, par les dépôts successifs du fleuve, leurs surfaces commencent à dépasser la hauteur des eaux moyennes. Leurs plantations sont d'une grande utilité pour les travaux de fascinages qu'on exécute sur le fleuve.

(1) D'après le nivellement que nous avons fait, le parvis du portail de la cathédrale de Strasbourg est élevé au-dessus des plus basses eaux du Rhin au pont de Kehl (ou au-dessus du zéro de l'échelle rhénométrique), de 9m.16; et comme le bouton de la flèche de cette cathédrale, d'après les meilleures observations géométriques est élevé de 142m.11 au-dessus de ce parvis, il s'ensuit que l'extrémité de cette flèche est à 290m.23 au-dessus du niveau de la mer d'Allemagne.

Il est inutile d'ajouter que toutes ces îles, sont plus ou moins submersibles dans les grandes eaux.

7. *Thalweg.* — Parmi les divers bras, quelquefois en grand nombre, que présente le Rhin, il en est toujours un plus considérable que les autres, qui débite dans le même temps un plus grand volume d'eau, qui affecte une plus grande profondeur continue et souvent une plus grande vitesse. Ce bras principal indique la position du thalweg; c'est celui par lequel se dirige la navigation descendante.

8. *Variabilité du cours du fleuve. Des parties où les eaux coulent dans un lit unique.* — Les bras secondaires sont la principale cause de la grande variabilité du cours principal du fleuve, et des changemens partiels et successifs que chaque crue un peu considérable amène dans la direction du thalweg.

Quelques localités sont affranchies de cette cause de variabilité, telles sont les parties du fleuve situées entre Bâle et Huningue, — à Kembs, — à Schalampé, — vis-à-vis le Vieux Brisack, — dans l'Anse de Rhinau, — à l'aval de Strasbourg, — vers Drusenheim, Fort-Louis, Lauterbourg. Dans ces endroits, toutes les eaux, même de la plus grande crue, sont encaissées par les travaux qui y ont été faits, et coulent dans un seul lit, bien que de dimensions variables.

Dans tous les autres points du cours du Rhin, les eaux sont divisées, et s'écoulent par divers lits, tant principaux que secondaires. On s'occupe annuellement à diminuer le nombre de ces bras; on cherche ainsi à prévenir les irruptions du fleuve, ou à maintenir ou diriger ses érosions sur les points déjà assez protégés pour lui résister, ou sur les portions de son cours qui offrent le moins d'intérêt.

Le fleuve du Rhin n'a donc un lit tout formé qu'accidentellement, et presque partout au contraire, il a l'aspect d'un immense torrent dont le lit est entrecoupé de grèves encore stériles, d'îles et d'îlots boisés.

Au delà de la frontière bavaroise seulement, il prend le caractère d'un fleuve. Son cours est alors plus régulier, surtout depuis qu'au moyen des coupures exécutées entre Neubourg et Manheim, on a cherché à le rectifier.

9. *Berges : de leur résistance et des érosions qu'elles éprouvent.* — Sur la rive gauche, le long du littoral français, il n'est aucun point où les berges soient assez résistantes pour que, dans tout état du fleuve, elles ne soient pas aussi vite détruites qu'attaquées; ces berges sont en effet formées pour la plupart, de dépôts de sable et de gravier que le Rhin charrie après les avoir arrachés aux terrains élevés de la vallée, lesquels sont eux-mêmes d'anciens dépôts que le fleuve a trouvés tout formés (*Note* A) (*).

Ainsi donc ces berges et le lit du fleuve, qui se trouvent composés des mêmes matières d'une très-grande épaisseur (2), n'offrent pas la moindre résistance; leur éboulement suit de près les affouillemens que l'action des eaux opère sur le fond d'un lit rendu si mobile par la forme des matières qui le composent. Ces berges cèdent aussi très-facilement à l'effet des érosions produites par le mouvement latéral des eaux. Ces deux effets, réunis dans les circonstances les plus défavorables, et qui dépendent de l'incidence du courant principal par rapport à la direction des rives, produisent quelquefois des écroulemens de berges de 10 à 15 mètres de profondeur en vingt-quatre heures. Dans les cas ordinaires, les érosions ne sont guères moindres de 10 mètres d'épaisseur par mois.

Ce n'est que sur quelques points de la rive droite, après Huningue, au Vieux-Brisack, vis-à-vis Sasbach, que le Rhin s'appuie sur une rive de rocher; partout ailleurs, les berges étant de même nature que celles de la rive gauche, éprouvent les mêmes effets et exigent les mêmes moyens de défense.

10. *Pentes détaillées du Rhin sur le littoral français.* — D'après des nivellemens faits avec soin, les pentes du Rhin selon les diverses hauteurs de ses eaux peuvent être établies pour la partie du fleuve comprise entre Bâle et la limite de la France vers la Bavière au delà de Lauterbourg, au confluent de la Lauter, d'après le tableau N°. I.

*Nota.* On remarquera qu'il résulte de ce tableau, que les pentes partielles diffèrent peu, selon les divers états du fleuve, et qu'en général elles sont moindres dans les crues que dans les basses eaux.

(*Voir* ce tableau N°. I, *à la fin du mémoire.*)

11. *Maximum et minimum de pentes dans les plus basses eaux.* — La pente la plus forte, qui se trouve à l'aval de Bâle lors des basses eaux, et qui décroît des $\frac{4}{5}$ dans les crues, est due aux bancs de rocher qui, dans cette localité, traversent le lit du Rhin. Le sommet de ces rochers se trouvant à peu près à fleur d'eau au moment de l'étiage, il s'opère alors un gonflement qui produit à l'aval la pente excessive indiquée au tableau; mais elle se trouve de beaucoup réduite à l'époque des grandes eaux, lorsque les obstacles qui tendaient à modifier l'écoulement disparaissent presque, eu égard à l'accroissement des sections. Cette moindre influence des obstacles n'est point au surplus la seule cause de la grande diminution des pentes dans les crues pour cette localité. Cet effet tient encore à la difficulté de l'écoulement vis-à-vis Huningue, où la différence entre les hautes et les basses eaux est de $7^{m}.08$, tandis qu'à l'aval de Bâle elle n'est que de $6^{m}.19$. Cette différence est due au peu de mobilité que présente le lit du fleuve vis-à-vis Huningue, par suite de ce que le plafond se trouve en cet endroit tapissé d'une couche de pouding assez résistante, en sorte que la section ne peut subir les modifications nécessaires pour l'écoulement des eaux, sans qu'il en résulte un surhaussement extraordinaire. On sait en effet que, pour les parties du fleuve qui n'ont pas de régime, lors des crues le lit s'approfondit et les matières qui le composent cèdent à une vitesse plus grande que celle qui avait comme provoqué leur dépôt. On sait encore que cet approfondissement n'est que momentané : car au fur à et à mesure que les eaux perdent en hauteur et en vitesse, la fouille est recomblée par de nouvelles matières chariées, lesquelles doivent à leur tour être déplacées à la crue suivante.

12. *Maximum et minimum de pentes par 1,000 mètres, à l'état moyen.* — A l'état moyen, la pente du Rhin, dans la partie supérieure du littoral ou vers la naissance du département du Haut-Rhin, est de $0^{m}.964024$ pour 1,000 mètres, tandis que vers la frontière inférieure au confluent de la Lauter, après un développement le long du littoral de la France, de 222,460 mètres, cette pente n'est que de $0^{m}.395185$ pour 1,000 mètres, ou un peu plus du tiers de ce qu'elle est dans la partie supérieure.

(*) Les notes d'une certaine étendue ont été reportées à la fin du mémoire, et timbrées (A, B, C), etc.

(2) Lors de l'essai qu'on a fait pour le forage d'un puits artésien au marché aux herbes à Strasbourg, lequel marché est élevé à 10 mètres au-dessus des basses eaux du Rhin, on est descendu à 60 mètres au-dessous du sol, et l'on a constamment rencontré du gravier de la même nature que celui dans lequel le lit du Rhin est établi; ce qui porterait au moins à 50 mètres au-dessous des basses eaux à Kehl l'épaisseur de cette espèce de terrain d'alluvions. Nous lui croyons encore plus de hauteur.

13. *Pente totale et pente moyenne par 1,000 mètres.* — La pente totale du fleuve dans l'état moyen le long du littoral français, sur un développement de 222,460 mètres étant de 143$^{m}$.935, la pente moyenne serait de 0$^{m}$.647015 pour 1,000 mètres; c'est à peu près la pente que l'on a trouvée entre le Vieux-Brisach et le Sponeck, vers le tiers du développement du cours du fleuve. Partout ailleurs cette pente est plus ou moins forte. Il en est de même pour les parties comprises entre les subdivisions indiquées au tableau susmentionné, qui ne donne que les pentes moyennes de ces subdivisions; l'irrégularité du lit, les obstacles qui contrarient l'écoulement, la division des eaux en plusieurs bras, leur réunion qui s'opère ensuite pour éprouver bientôt de nouveaux changemens; tout enfin contribue à produire sur chaque point, et pour chaque crue ou chaque baisse des eaux, des variations de pentes de tous les instans.

14. *On peut avoir les pentes du fleuve pour tous ses états par les tableaux de hauteurs.* — Le nivellement précédemment indiqué établit la relation qui existe entre le zéro des échelles destinées à observer journellement les variations des hauteurs des eaux du fleuve dans les localités les plus importantes. En consultant les résultats de ces observations, telles qu'elles sont consignées aux tableaux N$^{os}$. II, III et IV, on pourra établir la pente du fleuve pour telle hauteur d'eau qu'on voudra.

(*Voir* ces tableaux N$^{os}$. II, III, IV, *à la fin du mémoire.*)

15. *Vitesses du Rhin* — Les vitesses du Rhin varient non-seulement suivant les divers états de ses eaux, mais encore en raison des différences que les pentes présentent, et suivant la forme et la direction du lit dans lequel l'écoulement s'opère. L'état d'irrégularité qui affecte le régime de ce fleuve multiplie ces variations à l'infini; on peut toutefois résumer ainsi qu'il suit les observations faites à diverses époques pour apprécier ces différentes vitesses.

| LIEUX D'OBSERVATIONS. | VITESSE PAR SECONDE. | | |
|---|---|---|---|
| | Basses eaux. | Eaux moyennes. | Hautes eaux. |
| | mèt. | mèt. | mèt. |
| A Bâle | 1.65 | 2.25 | 4.16 |
| A Huningue | 1.70 | 2.75 | » |
| Dans l'anse de Kembs | 1.88 | 2.62 | » |
| Dans l'anse de Schalampé | 2.67 | 2.79 | » |
| Vis-à-vis le Vieux-Brisack | 1.81 | 2.15 | 3.60 |
| Au Sponeck | 1.52 | 2.87 | » |
| Dans la banlieue d'Artolsheim | 1.97 | » | » |
| Au commencement de la banlieue de Rhinau | 2.51 | » | » |
| Dans la banlieue de Guerstheim | 2.19 | » | » |
| Au pont de Kehl | 1.50 | 2.13 | 2.85 |
| Vis-à-vis Offendorff | 1.40 | 2.25 | » |
| Vis-à-vis Drusenheim | 1.49 | 1.97 | » |
| Vis-à-vis Beinheim | 1.24 | 1.73 | » |
| A la limite de la frontière bavaroise | 0.97 | 1.56 | » |
| A Manheim | 0.70 | 1.20 | 2.30 |

16. *Maximum et minimum de vitesse.* — D'où il résulte pour le littoral français :

Que, *dans les basses eaux*, la plus grande vitesse est de . . . . 2$^{m}$.67
Et la plus petite de . . . . 0$^{m}$.97
Que pour *les eaux moyennes* la plus grande vitesse du fleuve est de . . . . 2$^{m}$.87
Et la plus petite vitesse de . . . . 1$^{m}$.56
Que pour *les grandes crues*, et bien qu'on n'ait pas autant d'observations, on peut admettre que la plus grande vitesse est celle de Bâle, ou de . . . . 4$^{m}$.16
Et la plus petite vitesse (celle qu'on a observée vis-à-vis Manheim), de . . . . 2$^{m}$.30

On voit que le décroissement des vitesses est irrégulier. Nous nous sommes assuré que les vitesses ne suivent ni la loi des racines quarrées des pentes, ni celle de la racine cubique des périmètres mouillés. On ne perdra point de vue, du reste, que le fleuve, quelle que soit la hauteur de ses eaux, charrie une grande quantité de gravier et de sable qu'il enlève à ses berges et à son fond; et que, d'une autre part, lors des crues, le périmètre mouillé est en partie formé par la surface des îles boisées, circonstances qui apportent nécessairement du trouble dans l'écoulement, et influent d'une manière sensible sur les vitesses.

17. *Maximum et minimum de profondeur au-dessous de l'étiage.* — Dans la partie supérieure du fleuve, la moindre profondeur au-dessous de l'étiage dans quelques localités, telles que vers Hombourg, vers Ziegen, ne va pas au delà de 0$^{m}$.50. Dans la partie inférieure du fleuve, avant Kehl on n'a quelquefois observé que 1$^{m}$.10. A l'aval de Kehl et jusqu'à la frontière bavaroise, où le lit du fleuve est plus fortement prononcé, cette moindre profondeur est toujours de plus de 2$^{m}$.00.

Les plus grandes profondeurs (3) du fleuve au-dessous de l'étiage ne vont pas au delà de 4$^{m}$.50 à 5 mètres; mais dans les rives concaves d'un petit rayon de courbure, à l'extrémité des jetées perpendiculaires, le long des flancs des rochers, cette profondeur est infiniment plus considérable; c'est ainsi qu'on a trouvé dans la partie supérieure du fleuve : au rocher d'Istein, 9$^{m}$.70 au-dessous de l'étiage; à Rhein-Weiller, 7 mètres; à l'extrémité de l'éperon de Blodelsheim, 12 mètres; au pied de la roche volcanique du Sponeck, 11$^{m}$.50; à l'extrémité de la jetée du Sponeck, 18 mètres; à l'extrémité de celle du Glasserswoerth, 25 mètres (4); dans l'anse enrochée de Plitersdorff, sur la rive droite de l'ouvrage saillant qui concourt à la défense de la berge, 13$^{m}$.60.

On voit donc que le lit du fleuve est affouillable jusqu'à une grande profondeur, aussitôt que les eaux rencontrent des obstacles qui s'opposent à leur libre écoulement.

Cette circonstance est une de celles qui motivaient impérieusement un système d'ouvrages particulier, tant pour la défense des berges que pour la construction des barrages destinés à la fermeture des bras secondaires; elle empêchait en effet d'appliquer au Rhin les procédés suivis pour l'exécution de travaux analogues sur différens fleuves, tels que les pilotis et les enrochemens, soit parce qu'ils eussent été trop dispendieux, soit parce qu'ils n'eussent présenté aucune chance de succès.

18. *Crues périodiques.* — Le Rhin ayant ses sources aux principaux glaciers des plus hautes montagnes de la Suisse, et recevant en outre les $\frac{4}{5}$ des eaux de cette contrée, se grossit par des crues dont le retour périodique est très-marqué à l'époque de la grande fonte des neiges, c'est-à-dire vers le solstice d'été. D'après les observations consignées aux tableaux N$^{os}$. II et III, ces crues ne sont point celles où les eaux du fleuve sont arrivées à leur plus grande hauteur, mais ce sont les crues qui présentent la plus grande durée; en effet, commençant d'ordinaire vers la fin de mai, elles se prolongent quelquefois jusqu'à la mi-septembre; à ce terme les chaleurs ayant moins d'intensité, n'ont plus d'effet sur les hautes neiges, et le fleuve rentre dans son lit de moyennes eaux. La fin de la crue est annoncée par l'arrivée des petites pommes sauvages qui indiquent la fonte des premières neiges tombées; de celles qui recouvraient le sol sur lequel ces pommes gisaient. Tant que cet indice n'a pas paru, on compte peu sur la diminution des eaux pendant

(3) Nous n'entendons pas parler ici des profondeurs qui sont le résultat des obstacles opposés au fleuve, soit par l'établissement des ouvrages saillans ou destinés à consolider les berges, soit par les dispositions des rochers qui limitent son cours dans certaines parties.

(4) Cette dernière sonde a été faite avec d'autant plus d'exactitude, qu'elle n'a été prise qu'après la construction du barrage du Raukopf. Les eaux au pourtour de la jetée n'avaient pas alors de vitesse sensible; sans cette circonstance favorable, il eût été impossible de déterminer la profondeur aussi exactement qu'on l'a fait.

ces mêmes crues, et à moins de circonstances importantes, tous les travaux sont suspendus.

19. *Des crues accidentelles : elles ont donné les plus hautes eaux.* — D'autres crues qui ne sont qu'accidentelles ont lieu à diverses époques de l'année. C'est en mars le plus fréquemment, et elles sont occasionées par la première fonte des neiges sur les montagnes peu élevées et dans les vallées secondaires ; comme on vient de le laisser entrevoir, ce sont les crues accidentelles qui donnent les plus hautes eaux connues.

Les plus extraordinaires ont été observées à Bâle et à Kehl dans les mois de novembre et décembre, en 1641, 1801 et 1824. Ce n'est qu'à Bâle qu'on trouve des traces exactes des hautes eaux de 1641 et de 1801. Il est au surplus à remarquer que la crue de 1824, celle qui dans une période de vingt-sept années a donné les plus hautes eaux à Kehl, est restée de 1m.025 en contre-bas des hauteurs observées à Bâle en 1641 et 1801. Mais le contraire eut lieu en 1817. La crue de juillet de cette année s'éleva à Bâle de 0m.566 au-dessus de celle de 1824, tandis qu'à la même époque, à Kehl, elle resta à 0m.31 en contre-bas de celle de 1824. Dans le premier cas c'étaient les eaux des affluens, tant à l'amont qu'à l'aval de Kehl, jointes à celles de la Suisse, qui avaient déterminé une hauteur aussi extraordinaire; dans le second cas, c'étaient les eaux de la Suisse seules qui avaient dominé.

20. *Des affluens et des plus grandes accrues du fleuve en vingt-quatre heures.* — Lors des crues, les eaux des affluens, qui descendent des Vosges et de la Forêt-Noire, arrivent vingt-quatre heures avant celles de la Suisse. Le peu de distance qu'elles ont à parcourir, la grande pente des vallées qu'elles suivent, déterminent ce prompt écoulement. Ces affluens sont déjà en baisse lorsque les grosses eaux de la Suisse arrivent à Bâle, et comme les lacs, qui reçoivent les dernières ne les laissent écouler que lentement, on remarque que ce n'est que le troisième jour après les grandes pluies continues, ou après le commencement des grandes chaleurs que le Rhin se trouble et commence à croître à Bâle. C'est à ces heureuses circonstances locales que l'on doit le peu de rapidité avec lequel le fleuve s'élève, quelles que soient l'abondance des pluies, la promptitude de la fonte des neiges, la fréquence des orages, qui déterminent la chute des avalanches. D'après des observations faites à Bâle pendant vingt-deux années consécutives, la plus grande hauteur à laquelle se soit élevé le fleuve en vingt-quatre heures, n'a jamais été au delà de 2m.92, et à Kehl cette élévation pendant vingt-sept années n'a point dépassé dans le même temps 1m.38.

C'est ici le lieu de dire, en passant, la cause de ces différences dans l'accroissement des eaux en vingt-quatre heures, à Kehl d'un côté et à Bâle de l'autre. Elles tiennent à la section respective de ces deux parties du fleuve, et aux changemens qui s'y opèrent, soit par atterrissement, soit par affouillement.

A Bâle la section est à peu près constante, tandis que vis-à-vis de Kehl, comme dans tous les autres points du fleuve, elle est très-variable. Aussi n'est-il pas possible de trouver, indépendamment de l'effet des affluens, des rapports constans entre les observations faites sur les deux points dont nous nous occupons. Pendant un certain temps les rhénomètres marchent ensemble, ensuite les relations varient chaque mois; c'est ainsi que pendant quelque temps, lorsque le Rhin augmentait à Kehl de 0m.01, il s'élevait à Bâle de 0m.016; et ce rapport n'a pas tardé à se modifier par les changemens survenus dans la forme du profil de la section du fleuve vis-à-vis Kehl.

21. *Hauteur des plus grandes eaux à Kehl en 1824, et en 1801 à Bâle.* — Nous avons dit plus haut que d'après les hauteurs des différentes crues repérées à Bâle et à Kehl en 1824, les eaux sont restées à Bâle de 1m.025 au-dessous de ce qu'elles avaient été en 1801 dans la même ville. Cependant on estime en Alsace que les eaux de 1824 se sont généralement élevées à la plus grande hauteur connue, et c'est un fait curieux que l'année où le Rhin a atteint le maximum de sa crue à Kelh, ne soit pas celle où on a remarqué ce phénomène dans les autres rivières en général. En effet, l'année 1801 a été remarquable pour les grandes crues d'eau dans la France entière; partout, sur les fleuves et sur les rivières de l'intérieur on en trouve des traces; les eaux de la Suisse même arrivèrent cette année à une élévation qu'elles n'avaient pas atteint depuis 1641; les affluens des Vosges et de la Forêt-Noire ont eu probablement aussi à cette époque leurs plus grandes eaux.

Aussi, pour expliquer comment, en Alsace, on n'a pas conservé le souvenir qu'en 1801 le Rhin ait été plus élevé qu'en 1824, qu'il y ait causé plus de ravages, plus de submersion, il faut admettre, ainsi que nous l'avons dit plus haut, que le produit des affluens était déjà en grande partie écoulé avant l'arrivée des eaux de la Suisse. Cette anomalie apparente s'est présentée en 1817. Les eaux dépassaient à Bâle celle de 1824 de 0m.566; elles n'en sont pas moins restées à Kehl de 0m.31 au-dessous de celle de la même année. Or, si la section du Rhin vis-à-vis Kehl n'avait point éprouvé de variation de 1801 à 1824, il serait facile de déterminer, d'après les observations qu'on possède, à quelle hauteur, en 1801, les eaux ont pu s'élever à Kehl; il suffirait de faire la proportion suivante :

$$6^{m}.167 : 3^{m}.72 :: 6.733 : x$$

le premier terme étant la hauteur des eaux à Bâle en 1817; le second terme l'élévation de la même crue à Kehl; le troisième terme la hauteur de 1801 à Bâle; on aurait $x = 4^{m}.06$, ou la hauteur de la crue de 1801 à Kehl; ce qui ne s'écarterait pas sensiblement des hautes eaux de 1824 (5).

22. *Tableaux donnant les hauteurs journalières des eaux du fleuve à Bâle, à Kehl et à Lauterbourg.* — Ce qui précède sur les divers états des eaux du fleuve du Rhin se trouve justifié par les observations des hauteurs journalières prises à Bâle, à Kehl et à Lauterbourg; nous avons cru d'un intérêt réel de rassembler les résultats de toutes ces observations, et de les présenter sous la forme synoptique dans les trois tableaux placés à la fin de ce mémoire; au moyen de ces tableaux on pourra, autant que possible, préciser la marche des eaux, et parvenir à connaître ce que l'on devra craindre ou espérer, dans chaque mois, pour la construction des travaux du Rhin. Ces premières données deviendront dans la suite de plus en plus certaines, lorsque des opérations ultérieures auront été répétées sur un plus grand nombre de points, et surtout à l'aval des affluens (6).

23. *Tableaux graphiques exprimant l'état du fleuve pour les années extraordinaires de hautes et de basses eaux.* — D'après les tableaux Nos. II et III nous avons, dans les Pl. XLV et XLVI, exprimé d'une manière graphique les résultats des observations obtenues à Bâle et à Kehl pour

(5) Pour que le résultat fût rigoureusement exact, il faudrait que la section du fleuve à Kehl eût été la même en 1801 qu'en 1824.

Nous avons choisi ici pour exemple les eaux de juillet de 1817, parce que ce sont celles où le produit des affluens des Vosges et de la Forêt-Noire a eu la moindre influence dans la localité de Kehl.

(6) Depuis plusieurs années nous avions commencé à recueillir un assez grand nombre d'observations sur ces points accidentés; ces notes, bien qu'incomplètes, pourront nous fournir la matière d'un article additionnel.

les années les plus extraordinaires de hautes et de basses eaux. Cette dernière méthode rend encore plus palpables la marche des crues, l'élévation et l'abaissement des eaux.

Les courbes de hauteur pour toutes les années d'observations ont été tracées en prenant pour abscisse *le temps* écoulé entre le 1er. janvier et l'époque de chaque observation, et pour ordonnées *les hauteurs d'eau* correspondantes.

Nous avons du reste fait choix des années les plus remarquables, et nous en avons consigné les diverses phases dans les deux planches précitées. Ainsi les oscillations du fleuve à l'époque du solstice d'été s'y trouvent exprimées même pour les années de très-basses eaux, telles que 1820 et 1832 (7).

24. *Remarques sur les crues extraordinaires.* — On voit qu'en 1816, par exemple, la plus grande crue arrive à Kehl au mois de décembre, et qu'à Bâle à cette époque elle diffère peu de celle du mois de juillet. D'autres crues assez élevées se représentent en août, septembre et novembre, et pendant toute l'année les variations de hauteur d'eau sont très-prononcées. En 1817, la crue de mars est des plus extraordinaires; ensuite les eaux à Bâle atteignent dans le mois de juillet la plus grande hauteur connue depuis 1801, pour redescendre à l'état moyen le reste de l'année. En 1819, la grande crue a encore lieu dans le mois de décembre, les eaux à Bâle dépassent de 1m.77 celles de juillet, qui elles-mêmes ne s'élèvent qu'à 0m.63 au-dessus de celle de novembre. Pendant tout le reste de l'année les eaux restent très-basses.

En 1819, la grande crue a lieu dans le mois de décembre comme en 1816; pendant le reste de l'année il n'y a de crue sensible que celle de juillet.

En 1820, les crues extraordinaires différant peu de celle de juillet, arrivent en janvier et en octobre. Dans les autres mois elles sont très-peu élevées.

En 1824 comme en 1812, la grande crue arrive au milieu de novembre, bien que les eaux aient été très-hautes en mai et août: cette crue donne à Kehl la plus grande hauteur connue; 1812 présente en outre une crue extraordinaire en février.

25. *Années des plus basses eaux.* — L'année 1832 est, *sous le rapport des basses eaux*, la plus extraordinaire de toutes celles pendant lesquelles des observations de hauteur aient été faites. Ainsi à Kehl, pendant cette année, les eaux descendent à l'étiage pendant plusieurs jours dans le courant de mars, et la plus grande élévation de la crue de juin ne dépasse point 1m.86.

26. *Époques les plus favorables à l'exécution des travaux.* — Les tableaux Nos. II, III et IV, en présentant les résumés des hauteurs des eaux observées à Bâle, à Kehl et à Lauterbourg, indiquent l'époque la plus favorable à l'exécution des travaux.

On sait en effet que les ouvrages de toute espèce deviennent d'une exécution difficile à Kehl, lorsque le rhénomètre donne 2 mètres pour la cote de hauteur des eaux au-dessus de l'étiage; or, on trouve d'après le tableau N°. III, que pendant les mois de janvier, février, mars, octobre, novembre et décembre, les eaux sont généralement au-dessous de cette cote. Ce sont donc les mois qu'il faut choisir pour l'exécution des ouvrages à établir dans cette localité.

Vers Bâle les îles étant moins élevées, c'est à peu près à la hauteur de 2m.50 du rhénomètre que les travaux doivent cesser. Or, les trois premiers et les trois derniers mois de l'année sont encore désignés par le tableau N°. II, comme présentant une hauteur d'eau moindre de 2m.50.

Enfin, pour Lauterbourg et pour les localités supérieures où l'on peut de même travailler jusqu'à 2m.50 de hauteur, on peut en outre mettre quelquefois à profit les mois de septembre et d'avril, ainsi que l'indique le tableau N°. IV.

27. *Époques des plus basses et des plus hautes eaux.* — Les tableaux Nos. II, III et IV présentent encore les maxima et minima des hauteurs mensuelles. Ces résumés démontrent que les mois de janvier, février et mars donnent les plus basses eaux, et que les mois de novembre et décembre offrent les plus grandes crues. On y trouve également que pendant la période d'observations comprise de 1806 à 1832, indépendamment des crues du solstice d'été, chaque mois a eu au moins une crue assez prononcée.

28. Tels sont les résultats des observations recueillies sur la hauteur des eaux à Bâle, à Kehl et à Lauterbourg. Il serait bien à désirer qu'on pût obtenir de semblables relevés sur les autres points du fleuve; mais les remarques déjà recueillies suffisent au moins pour faire voir avec quelle circonspection les grands travaux, particulièrement ceux des barrages, doivent être entrepris, et quelle célérité doit présider à leur exécution (8).

29. *Les débordemens du fleuve sont limités en grande partie par des levées en terre.* — Lors des plus grandes crues le fleuve s'élève généralement de 1m.60 à 2m.60 au-dessus de la partie inférieure de la plaine d'Alsace. Sur cette hauteur en contre-haut du sol naturel, on établit pour contenir le fleuve, des levées en terre qui se développent le long des berges; ces levées sont surtout nécessaires sur la rive gauche, où le terrain est le plus bas. Du côté de la rive droite, et particulièrement dans la partie supérieure du fleuve, les inondations se trouvent limitées par de hautes berges et par des rochers assez élevés.

30. *Les plaines sont généralement inondées par les eaux de filtration.* — Les digues artificielles étant assises sur le terrain perméable, qui constitue le sol de la vallée, des filtrations considérables s'opèrent sous leur massif; ces eaux submergent alors les terrains bas, et y causent assez souvent de grands dommages lorsque ces terrains sont cultivés.

31. *Du volume d'eau par seconde, suivant les divers états du fleuve.* — On a dû chercher, par des jaugeages répétés à différentes époques de l'année, à déterminer le volume d'eau débité par le Rhin dans une seconde, par ses différentes sections, et selon ses divers états. Les localités qui ont présenté le plus de facilité pour faire ces opérations ont été celles de Bâle, du Vieux-Brisack et de Kehl (9).

(7) Cette dernière année surtout a été la plus extraordinaire depuis 1806, comme celle de 1824 l'avait été pour les grandes crues en Alsace, et bien qu'elle n'eût point donné à Bâle une hauteur maximum.

(8) Nous avons déposé en manuscrit à la bibliothèque de l'école des ponts et chaussées une série de cahiers présentant les hauteurs d'eau relevées sur le Rhin, jour par jour, à Bâle, à Kehl et à Lauterbourg, pendant de longues périodes d'années consécutives. Ce sont précisément les résumés de ces observations que nous avons rassemblés aux tableaux Nos. II, III et IV.

Nous croyons devoir signaler aux ingénieurs combien il serait important d'enregistrer avec soin, et de déposer ainsi à un centre commun les détails, ou au moins les résumés des observations analogues qu'ils sont à portée de recueillir si souvent sur tous les fleuves de France.

(9) Nous croyons devoir rappeler ici que le plus grand volume d'eau fourni par les affluens du Rhin, qui sont compris entre Bâle et Lauterbourg, et qui descendent des Vosges et de la Forêt-Noire, est toujours en très-grande partie écoulé lorsque les eaux de la Suisse arrivent à Bâle.

L'examen des opérations qui ont été faites nous a porté à admettre les résultats détaillés (*Note* B) (*), lesquels ne peuvent présenter d'inexactitudes que pour l'époque des grandes crues, parce qu'alors ce genre d'opération offre des difficultés souvent impossibles à surmonter, ou telles du moins qu'on ne peut compter sur aucune précision.

Nous croyons pouvoir en conclure :

1°. Que le volume d'eau qui passe à Bâle dans une seconde doit être :

Pendant les plus grandes crues, de. . . . . . . . . 4,624 mèt. cub.
Lors des eaux moyennes, de. . . . . . . . . . . 865
Dans les très-basses eaux, de. . . . . . . . . . 330

2°. Que pour le Vieux-Brisack situé à l'aval, le fleuve ne recevant aucun affluent bien considérable, le volume d'eau écoulé serait :

Pendant les grandes crues, de. . . . . . . . . . . 4,630 mèt. cub.
Lors des eaux moyennes, de. . . . . . . . . . . . 885
Dans les plus basses eaux, de. . . . . . . . . . . 340

3°. Que pour Kehl on trouverait :

Pour les plus grandes crues. . . . . . . . . . . . 4,685
Dans les eaux moyennes. . . . . . . . . . . . . . 956
Lors des plus basses eaux. . . . . . . . . . . . . 380

4°. Qu'à Lauterbourg on aurait :

Pour les plus grandes crues. . . . . . . . . . . . 5,010
Lors des eaux moyennes. . . . . . . . . . . . . . 1,106
Dans les basses eaux. . . . . . . . . . . . . . . 463

32. *Rapport entre les volumes de hautes, moyennes et basses eaux.* — Des chiffres trouvés il résulte que le volume d'eau écoulé dans une seconde, à l'époque des grandes crues, serait dans le rapport de 10 : 1; ou même de 14 : 1 avec le produit des plus basses eaux; et dans le rapport de 4.50 : 1, ou de 5.33 : 1 avec le produit des eaux moyennes.

(*) Voir *à la fin du mémoire*, les notes timbrées (A, B, C, etc.).

## CHAPITRE II.

### TRAVAUX DU RHIN.

33. *Objet spécial de ces travaux.* — Nous avons dit que les travaux du Rhin avaient pour objet spécial de diriger le cours principal du fleuve, de la manière la moins offensive possible pour les rives sur lesquelles se développent généralement les grandes digues destinées à limiter les débordemens. Rarement du reste les ouvrages de défense que nous avons à décrire profitent à la navigation. Souvent même ces travaux forment écueil (10) pour la navigation descendante, et gênent la navigation ascendante, soit par les ouvrages saillans qui en résultent, soit en raison de la plus grande vitesse à vaincre lorsque, par suite de la fermeture des bras secondaires, les bateaux sont forcés de prendre le bras principal et toujours rapide du fleuve (*Note* C).

Il est certain encore que sous le rapport de la fixation des frontières ces travaux seraient d'un faible intérêt.

34. *Les travaux sont tout à l'avantage de la localité.* — Il faut donc reconnaître que ces ouvrages ont presque pour but exclusif de protéger les propriétés qui bordent le fleuve (11).

Pour atteindre ce but, et indépendamment des limites que les digues de bordage assignent aux inondations, on a soin de donner à ces ouvrages les directions les mieux appropriées à chaque localité; on rectifie aussi quelquefois le cours du fleuve par des coupures; enfin on ferme les faux-bras par des barrages, à l'effet de prévenir les irruptions sur les banlieues voisines. Ces barrages sont disposés de manière à provoquer l'atterrissement des bras qu'ils ferment. Les extrémités en sont suffisamment prolongées sur les sols bas et entrecoupés; elles y sont maintenues submersibles lors des moyennes eaux et déterminent le colmatage des grèves et des bas-fonds. Les berges sont défendues ensuite, soit par des enrochemens mixtes, soit par des ouvrages saillans, suivant les différentes circonstances de localité.

35. *Division des travaux en ouvrages temporaires et en ouvrages permanens.* — Les travaux du Rhin se divisent en ouvrages temporaires et en ouvrages permanens.

36. *Ouvrages temporaires.* — Les ouvrages temporaires sont destinés à fermer les bras, tant principaux que secondaires, à fermer des atterrissemens, à se confondre dans les dépôts qu'ils doivent occasioner. Ces travaux ne sont qu'accidentels, ils s'exécutent tous en fascinages. Comme le but est d'agir avec de grandes masses, de produire des effets instantanés dont les résultats deviennent indépendans des travaux qui les ont fait naître, il n'est pas nécessaire, une fois ces résultats obtenus, que les matériaux employés aient une grande durée; de là, l'emploi des fascinages, parfaitement appliqué à cet objet comme moyen suffisant et à la fois aussi économique que facilement praticable. Dans bien des cas même on trouve en quelque sorte sur place les matériaux nécessaires. On peut d'ailleurs, soit par des plantations, soit par des entretiens peu coûteux, prolonger singulièrement l'existence de cette nature d'ouvrages, quand l'effet désiré n'est pas aussi prompt qu'on l'espérait.

37. *Travaux permanens.* — Les travaux permanens comprennent les digues d'inondation et la plupart des ouvrages qui s'exécutent pour la défense des berges.

Ces digues d'inondation, pour avoir de la durée, ont besoin surtout d'une bonne assiette; il faut encore qu'elles soient établies suivant les proportions convenables, et construites avec des matériaux qui les rendent le moins perméables possible. Il faut aussi, pour en prévenir la submersion, que leur hauteur soit bien déterminée par rapport aux grandes crues, ce qui n'est pas toujours facile à cause des variations du cours principal du fleuve, de la forme et de l'étendue de sa nouvelle section. Telle digue, qui se trouve maintenant à plus de $1^{m}.50$ au-dessus des grandes crues, ne dépassait pas de $0^{m}.50$ les eaux les plus hautes au moment de sa construction; tel terrain, qui n'avait jamais été submergé lorsqu'il était éloigné du cours principal du fleuve, aujourd'hui qu'il en est très-près a besoin d'être défendu par une digue, faute de laquelle il serait à chaque crue submergé à plus d'un mètre de hauteur.

38. *Les ouvrages de défense doivent avoir de la durée.* — Les ouvrages destinés à la défense des berges, surtout lorsqu'ils sont regardés comme définitifs, doivent présenter le caractère d'une durée en quelque sorte illimitée.

Les berges sont défendues, soit par des revêtemens, soit par des ouvrages saillans, qui tendent à éloigner du pied de ces berges les effets du courant.

Comme les travaux de revêtement ne déterminent point d'ensablement à leurs contours, il est nécessaire que les surfaces de leurs talus soient revêtues de matériaux plus durables que ceux des travaux de fascinages. Il en est de même pour les extrémités des ouvrages saillans, qui, soumises constamment à l'action du fleuve, n'auraient qu'une existence éphémère si elles n'étaient garanties par des corps en quelque sorte indestructibles. Il en résulte donc que, pour les travaux de revêtement et pour les ouvrages en saillie, on emploie des fascinages et des libages d'un volume peu considérable.

39. *Nouvelle application des fascinages.* — Nous insisterons à ce sujet sur les nouvelles applications de fascinages qui nous ont permis de préparer à l'avance et sans grande dépense des élémens d'une masse notable par les combinaisons les plus simples, c'est-à-dire en n'employant pour tous matériaux que les oserais qui naissent sur les grèves, et que le gravier même du Rhin. Nous sommes ainsi parvenu à introduire une économie toute remarquable dans ces sortes de travaux, et surtout nous avons pu rendre possible, dans les cas les plus difficiles, l'exécution d'ouvrages de cette espèce d'une dimension et d'une importance en quelque sorte colossale, tel par exemple que le barrage complet de tout le cours d'un fleuve pour lui donner une autre direction, quels que soient le volume de ses eaux, la vitesse de son cours, la profondeur de la section, et la mobilité des matières qui en composent le lit.

(10) Le Rhin présente en outre, plus qu'un autre fleuve, des écueils accidentels à la suite des crues; tels sont par exemple les obstacles qui résultent parfois, pour la navigation, du dépôt, dans le lit du Rhin, d'énormes troncs d'arbres qui descendent par masses de la Suisse, et contre lesquels viennent annuellement s'échouer les bateaux, lorsqu'ils sont maîtrisés par les vents ou entraînés par la violence des eaux.

(11) Ces propriétés, abandonnées à elles-mêmes, seraient certainement hors d'état de faire les sacrifices nécessaires à leur conservation, si l'état ne venait puissamment à leur secours; mais elles devraient d'autant plus concourir à ces travaux, que les îlots, les atterrissemens artificiels deviennent la propriété des riverains.

Très-souvent les communes et les riverains spéculent cependant sur la valeur des bois de fascinages qu'on est obligé d'exploiter sur leur sol pour les préserver d'une submersion inévitable.

Plusieurs propriétaires riverains ont été enfin jusqu'à réclamer des indemnités pour la destruction de terrains, qu'on n'avait pas cru devoir défendre aux frais de l'état.

# CHAPITRE III.

## DES FASCINAGES ORDINAIRES.

40. *Tunages ordinaires.* — Les ouvrages en fascinages, appelés *tunages ordinaires*, se composent de différentes couches ayant plus ou moins d'épaisseur et formés de lits de fascines placées suivant certaines dispositions; ces fascines sont maintenues par de forts piquets entre lesquels est enlacée une bonne poignée de verges flexibles ou clayons. Le massif résultant de cette combinaison forme ce qu'on appelle une *couche de tunages;* il est, dans la plupart des cas, rechargé d'une certaine épaisseur de gravier pris dans le lit même du fleuve.

### PRÉPARATION DES FASCINES, PIQUETS, CLAYONS; EXTRACTION DU GRAVIER; TRANSPORT DES MATÉRIAUX; PAYEMENT DES TUNAGES.

41. *Fascines; de leur poids et du volume d'eau qu'elles déplacent.* — Les fascines qu'on emploie pour les *tunages ordinaires* sont autant que possible en bois blanc flexible, de moyenne grosseur; ce bois est ordinairement exploité sur les îles situées en grand nombre dans le lit du fleuve. Ces fascines ont 4m.50 de longueur; sur cette longueur on dispose quatre harts fortement serrées, les fascines ont généralement un mètre de circonférence mesurée à la deuxième hart, ou à 1m.66 du gros bout; la fascine va du reste toujours en diminuant vers le petit bout, mais sans cependant être trop affilée. Elle doit conserver encore 0m.55 de circonférence à la quatrième hart placée à 0m.50 de son extrémité. Les deux tiers des bois qui composent les fascines doivent être d'un seul brin de moyenne grosseur, cette grosseur ne doit pas dépasser 0m.04 de diamètre. Les fascines, qui sont les plus propres à l'exécution de tous les travaux, sont celles qui sont exploitées après la chute des feuilles. Généralement le poids d'une fascine est de 21k.40; lorsque son immersion est complète, elle déplace 0m. c.024 d'eau.

42. *Piquets; de leur poids et du volume d'eau qu'ils déplacent.* — Les piquets, dont on se sert pour les *tunages ordinaires*, s'exploitent en même temps que les fascines; ils ont 1m.50 de longueur et 0m.04 à 0m.06 de diamètre moyen. Ils sont liés par bottes de dix; on les exploite de préférence en bois de saule pour les parties supérieures des ouvrages. Les piquets sont affûtés avant leur emploi; leur tête est bien coupée d'équerre, afin de recevoir le coup de maillet destiné à déterminer leur enfoncement dans les différentes couches de fascinages qu'ils doivent traverser. On compte ordinairement vingt bottes de piquets par chaque cent de fascines. Terme moyen, le poids d'une botte de dix piquets est de 11k.60; entièrement plongée elle déplace un cube d'eau de 0m. c.0121.

43. *Clayons; de leur poids et du volume d'eau qu'ils déplacent.* — Les clayons sont formés de verges de choix, en bois blanc très-flexible qu'on rassemble lors de la coupe des fascines; les brins doivent avoir 4 à 5 mètres de longueur; leur diamètre moyen ne doit pas excéder 0m.04. On les lie par bottes de vingt-cinq, et l'on en exploite vingt bottes par chaque cent de fascines. On réserve les clayons, qui sont en bois de saule, pour les surfaces supérieures des ouvrages. Le poids d'une botte de clayons est de 17k.20; lorsque son immersion est complète elle déplace 0m. c.02 d'eau.

44. *Petites fascines.* — On se sert aussi dans certains cas de petites fascines formées de menus bois de saule de 1m.50 à 2 mètres de longueur, maintenues et fortement serrées par un fort lien; ces petites fascines ont un mètre de circonférence à 0m.50 du gros bout.

45. *Transport de ces matériaux.* — Ces matériaux, après avoir été transportés à bras et quelquefois par voitures aux ports d'embarquement, arrivent ensuite par le Rhin sur les chantiers des travaux. Pour ce dernier transport on se sert, dans la partie supérieure du fleuve, de petits bateaux qui ne chargent que trois cents fascines; ils mettent six minutes pour descendre un kilomètre, et quarante-deux minutes pour le remonter. Dans la partie inférieure, où la rapidité du courant est moins grande, on emploie, pour le transport des bois de fascinage des bateaux de plus grande dimension qu'on accouple deux à deux, et qui portent huit cents fascines; ces équipages emploient huit minutes pour descendre un kilomètre, et trente-six minutes pour le remonter.

Tous les transports sont payés à l'effectif du chemin parcouru d'après les prix établis au *bordereau* (*Note* I) qu'on trouvera à la fin de ce mémoire, et où sont indiqués les sous-détails de tous les ouvrages exécutés sur le Rhin.

46. *Gravier pour le rechargement des tunages ordinaires.* — Le gravier destiné à la composition des tunages ordinaires pour le rechargement des couches, est extrait dans le lit du fleuve sur les grèves les plus rapprochées des travaux; autant que possible il ne doit pas contenir plus d'un cinquième de gros sable. Assez généralement on le transporte en descendant le Rhin au moyen de bateaux cubant de 3 à 5 mètres. Il est compté au tonnage. Les bateaux sont jaugés à cet effet, et vérifiés en volume aussi souvent qu'il est jugé nécessaire.

47. *Comment se payent les tunages ordinaires pour éviter les erreurs dans les cubatures d'ouvrages.* — L'exploitation des bois de fascinages de toute espèce, la façon, les transports de toute nature, se payent au cent, ainsi que la pose des facines, assortiment de piquets et de clayons compris, en sorte que le cube des ouvrages, du reste très-difficile à établir avec une exactitude satisfaisante, ne sert plus que de renseignemens, ce qui rend la surveillance et le contrôle des travaux bien plus faciles et prévient toute erreur.

Tels sont les matériaux dont on se sert pour l'établissement des *tunages ordinaires*, matériaux qui, comme nous l'avons dit, se trouvent presque toujours dans le lit même du fleuve, ou peu éloignés de ses bords.

### POSE DES TUNAGES, ÉTABLISSEMENS DES DIVERSES COUCHES.

48. *Des différentes couches de tunages ordinaires.* — Avant de donner la description des formes et dispositions des ouvrages, nous croyons devoir entrer dans les détails de pose des différentes couches de fascinages qui composent les *tunages ordinaires*. Ces couches sont de quatre espèces, et sont connues sous la dénomination *de couches de fondation*, *couches de correction de fondation*, *couches ordinaires*, *couches de correction*. Il existe encore

une cinquième espèce de couche appelée *couche chevelue*, par laquelle on termine dans certains cas la surface supérieure des ouvrages.

49. *Leur objet.* — *Les couches de fondation* destinées à faire partie essentielle des ouvrages, servent en outre d'abord et successivement de flotteur à la masse du travail au fur et à mesure qu'il s'avance dans le lit du fleuve. *Les couches de correction de fondation* servent à réunir les premières fondations et à les rattacher avec le terrain; les *couches ordinaires* sont destinées tant à relier entre elles les couches de fondation, afin d'en consolider l'ensemble, qu'à constituer le massif principal des ouvrages. Les *couches de correction* sont employées à niveler, lorsque le cas se présente, la surface des couches ordinaires, afin qu'il n'entre dans la composition des ouvrages que la quantité de bois strictement nécessaire, pour que ces ouvrages soient fortement rechargés en gravier, et qu'ils aient par conséquent le plus de stabilité possible.

50. *Pesanteur spécifique du mètre cube de tunages ordinaires.* — La pesanteur spécifique, d'un mètre cube de tunages bien faits, est de 2.15, c'est-à-dire, à peu près celle de la pierre, qui est de 2.25, la pesanteur spécifique de l'eau étant prise pour unité.

51. *Enracihemens dans les berges.* — Pour établir un travail en fascinages, ou *en tunages ordinaires*, quel que soit son objet, quelles que soient ses formes, ses dimensions, on part d'une des berges du bras du fleuve sur lequel il doit être construit.

On commence donc par préparer dans la berge, à laquelle l'ouvrage doit être attaché, une excavation *ab*, *fig.* 2, Pl. XLVII qu'on appelle *enracinement* et à laquelle on donne 4 à 5 mètres de largeur et 5 à 10 mètres de longueur, suivant la résistance du terrain qui compose la berge; on descend la fouille de cet *enracinement* jusqu'au niveau de l'eau.

52. *Pose de la première couche de fondation.* — On a préparé à l'avance quelques couples de fascines disposées en forme de croix de Saint-André au moyen d'un lien en oseraie, qui les fixe ensemble vers la troisième hart.

53. *Premier lit de fascines.* — On étend sur l'eau le premier couple de fascines vis-à-vis le milieu de l'enracinement suivant *de*, *mr*, en appuyant la tête des fascines contre la naissance de cet enracinement au bord de l'eau. Les têtes des deux fascines *d* et *m* étant écartées l'une de l'autre d'environ 2 mètres, on enfonce dans chacune d'elles et dans la berge deux piquets qu'on place en avant de la première hart, et de manière à ce qu'ils restent en saillie d'environ 0$^{m}$.10; à côté du premier couple de fascines ainsi maintenu à la surface du fleuve, on en place un second *d'e'*, *m'r'*, de manière que les fascines de ce second couple soient mises à l'amont de celles du couple précédent. On piquette immédiatement ces quatre fascines ensemble à leur rencontre, et avec la berge, en plaçant les deux derniers piquets comme pour le couple précédent en avant de la première hart; on place et l'on piquette de la même manière le troisième couple *d''e''* et *m''r''*; cette première partie terminée, on lance à l'amont, et suivant une direction inclinée par rapport au courant, une septième fascine *x*, reposant par son gros bout sur la berge et au delà de sa troisième hart sur le fascinage *d''e''* déjà établi. Cette fascine est ensuite maintenue dans cette position par deux piquets; le premier est planté en avant de la première hart et enfoncé autant que possible dans la berge; le deuxième est planté à la rencontre de la fascine *x* et des fascines *d''e''* et *m''r''*. Vient ensuite (*fig.* 3, même planche), une nouvelle fascine *cn*, dont l'axe est perpendiculaire au bord extérieur de l'enracinement ou au fil de l'eau, et qui s'appuie sur la rencontre de la dernière fascine du troisième couple avec la septième fascine inclinée *x*. Un piquet est enfoncé à ce point de rencontre. Un autre piquet est placé en avant de la première hart et enfoncé dans la berge. On place une nouvelle fascine inclinée qu'on piquette comme celle placée en *x*; en continuant ainsi à l'amont, on fait une première couche de fascines croisées *n* et *x*, ainsi que l'indique la *fig.* 3. On opère semblablement pour la partie aval de *cn* et jusqu'à ce qu'on rencontre les deux berges.

54. *Deuxième lit de fascines.* — Sur cette première nappe ainsi formée on pose, vis-à-vis le milieu de l'enracinement, un nouveau lit de fascines disposées comme *c'n'*, d'abord placé au centre perpendiculairement au fil de l'eau, et s'inclinant ensuite à l'amont et à l'aval vers les berges. On obtient ainsi en définitive une espèce de nappe ou surface flottante en forme de tronc de cône développé ayant 4$^{m}$.50 de longueur d'arête, et dont la moitié est représentée par *c'*, *n'*, *n'*; chaque fascine de ce second lit de la couche de fondation est maintenue par un piquet qui la traverse et qui est placé en avant de la première hart, en partant du gros bout. On égalise un peu la surface de ce second lit qui termine la fondation, en coupant les harts des fascines trop élevées.

55. *Clayonnage de cette première couche de fondations.* — On étend ainsi leurs brins sur la surface desquels on plante quatre files de piquets. La première file est placée à 0$^{m}$.50 du gros bout des fascines vers l'enracinement et les autres sont espacées entre elles de 0$^{m}$.75 de milieu en milieu; les piquets d'une même file sont éloignés entre eux de 0$^{m}$.50, et alignés au cordeau. On enlace ensuite ces piquets par des cours de clayons formés de deux poignées de verges flexibles passées alternativement à droite et à gauche d'un piquet à l'autre, et croisées en outre dans le sens vertical *fig.* 2 et 3, Pl. L; Pour la confection des clayonnages, on laisse dépasser les piquets d'environ 0$^{m}$.70 au-dessus de la couche, *fig.* 1, Pl. L, et ce n'est que lorsque les clayonnages sont terminés qu'on enfonce les piquets, et qu'on tasse les clayons à coups de maillet. De cette manière, on conserve au clayonnage, lorsqu'il est arrivé en position, une hauteur de 0$^{m}$.16; et pour que les brins de clayons ne puissent pas s'échapper des piquets, on laisse dépasser ceux-ci de 3 à 4 centimètres au-dessus des derniers brins.

56. *Positions des lits de fascines de la première fondation dans le plan vertical.* — Les *fig.* 1, 4, Pl. XLVII, représentent les différentes positions que les deux lits de fascines de cette première couche de fondation prennent dans le plan vertical, au moment où elles commencent à plonger; les lettres indicatives des fascines vues en plan sont les mêmes dans les deux coupes.

57. *Pose de la seconde couche de fondation.* — A cette première couche de fondation en succède une semblable. Mais quand on vient à établir celle-ci, on a déjà pour point d'appui la première couche représentée en plan, *fig.* 2, Pl. XLVIII, et qui se développe à la surface de l'eau suivant *n'zn'*.

58. *Premier lit.* — On place sur la première couche, une première fascine *z*, dont l'axe se trouve suivant l'axe même du travail, c'est-à-dire perpendiculaire au fil de l'eau, et dont la tête s'appuie contre le second clayonnage de la première fondation *nn'* en partant de l'enracinement. Un piquet planté au delà de la première hart fixe cette fascine en position. Une seconde fascine est ensuite

posée vers l'amont suivant une position inclinée par rapport au courant et de manière à ce que la tête se trouve entre le troisième et le quatrième clayonnage de la première fondation. Un piquet placé au delà de la première hart et un piquet enfoncé au point de rencontre de cette fascine avec la première, la maintiennent dans la situation inclinée. On pose une troisième fascine à côté de la première et une quatrième à côté de la seconde. Ces fascines sont piquetées comme les deux premières; on continue ce système tant à l'amont qu'à l'aval du centre de la première couche, ainsi que l'indique *zz*, Pl. XLVIII.

59. *Second lit.* — Lorsqu'on est arrivé à peu près à la berge, on pose le second lit de fascines, qui doit terminer la seconde fondation. Ce second lit $z'$, dont les fascines, piquetées au delà de la première hart, ont leurs têtes appuyées contre le premier clayonnage de la fondation déjà faite, s'arrête en $y$, environ à 2 mètres de la berge d'aval comme pour la berge d'amont. On forme ainsi une nouvelle nappe, comme pour la première fondation.

60. *Position de la première fondation.* — Cette espèce d'éventail flottant cède au poids dont il est chargé, et, tournant autour de ses points d'attache près de l'enracinement, prend la position $n'$ de la coupe, *fig.* 1. On s'occupe alors à égaliser la surface de la seconde fondation, en coupant les harts de quelques fascines trop élevées, et on la termine en établissant, comme il a été dit plus haut, quatre cours de clayonnages, ainsi que le représente la moitié de la couche $z'z'y$, *fig.* 2. Les fascines qui composent ces deux fondations sont tellement combinées entre elles et avec les piquets et les clayonnages qui les maintiennent, qu'elles forment déjà un système flottant assez solide pour ne pas être instantanément entraînées par la force du courant.

61. *Pose de la troisième couche de fondation.* — Quelle que soit la vitesse du bras sur lequel on opérera, on pourra toujours, en suivant le système de pose qui vient d'être indiqué, *fig.* 3 et 4, Pl. XLVIII, établir la troisième fondation (*fig.* 4, même planche), suivant $z''z''z''$.

62. *Premier lit de fascines.* — Cependant, ici, comme les deux premières fondations $z'$, $n'$, *fig.* 3, Pl. XLVIII, formeront déjà corps, qu'elles opèreront déjà une assez forte pression sur le pied de la berge, que les piquets de ces fondations pénétreront déjà dans le talus, on pourra avancer cette troisième fondation d'un clayonnage de plus que la précédente, c'est-à-dire que la tête de la première fascine droite, placée au milieu de la couche précédente, qui doit commencer la troisième fondation, aura sa tête appuyée contre le troisième clayonnage, à partir de l'enracinement, au lieu de l'appuyer contre le second; et que la fascine inclinée, qui doit reposer sur la fascine droite, aura sa tête posée en dehors du dernier clayonnage.

63. *Second lit.* — Il en sera de même pour toutes les fascines alternativement droites et inclinées qui composeront le premier lit de cette troisième fondation $z'''z'''z''$, et pour les fascines droites du second lit en partie exprimé de $z'''$ en $z'''$; seulement pour cette troisième fondation on s'arrêtera à quelques mètres avant les berges, afin que l'épaisseur du travail soit proportionnée à la profondeur de l'eau, profondeur dont on se sera rendu compte au moyen de sondes faites immédiatement avant chaque opération.

64. *Position des différentes couches de fondation entre elles.* — La troisième fondation terminée, et les deux couches faites précédemment ayant pris, par leur immersion, les positions indiquées par la *fig.* 3, suivant $n'z'$, Pl. XLVIII, le massif des fascinages exécutés devient déjà assez volumineux; mais, composé de matériaux plus légers que l'eau, il n'est maintenu que par les deux files de piquets enfoncés au pied de la berge et par le frottement que la première couche exerce sur le lit, frottement qui est en raison du poids dont cette première couche se trouve chargée, et qui serait insuffisant pour résister au courant si l'on ne se hâtait de consolider le système par la pose d'une couche *de correction de fondation*, et de relier ainsi entre elles et avec la rive, les trois fondations précédentes.

65. *Pose de la couche de correction de fondation.* — La *fig.* 1, Pl. XLIX, indique en coupe la manière dont est établie cette couche.

Des fascines placées en long, et ayant leur axe perpendiculaire à la berge, sont posées dans toute la largeur de l'enracinement, de manière à ce que la tête de celles du premier rang soit placée contre la paroi du fond, et que la queue des fascines du second rang se trouve dirigée dans le même sens, en reculant vers le fleuve; les têtes des fascines de ce second rang se trouvent donc posées contre celles de la surface supérieure de la seconde fondation, et celles du troisième rang contre les têtes de la couche supérieure de la troisième fondation; enfin, la tête des fascines du quatrième rang s'arrête au second clayonnage de cette troisième fondation.

Douze cours de clayonnages terminent cette couche de correction. Celui de l'extrémité vers le fleuve se retourne à l'amont et à l'aval du côté des berges, pour arrêter les extrémités des autres cours compris entre celui-ci et les clayonnages de l'enracinement. On recharge ensuite une partie de cette couche en gravier ordinaire sur 0m.16 au moins d'épaisseur, mais ce rechargement ne s'étend que jusqu'au deuxième clayonnage au delà de l'enracinement; autrement on déterminerait l'immersion complète du travail, ou l'extrémité de la dernière fondation $z'''$ ne resterait pas hors de l'eau. Les *fig.* 1 et 2, Pl. XLIX, indiquent suffisamment en plan et en coupe les détails de ce qui vient d'être développé.

66. *Pose de la quatrième fondation.* — On s'occupe alors de la pose de la quatrième fondation $v'v'v'$, *fig.* 4, Pl. XLIX; on l'exécute suivant les procédés précédemment décrits.

67. *Premier lit.* — On établit une suite de fascines inclinées, dont les têtes sont placées entre le troisième et le quatrième clayonnage de la dernière couche, puis on place d'autres fascines croisées à peu près perpendiculairement au courant; ces fascines sont destinées à compléter le premier lit, et appuient leurs gros bouts contre l'extrémité de la couche de correction; enfin, les fascines du second lit, celles qui doivent terminer la fondation, s'arrêtent au premier clayonnage de cette même couche.

68. *Second lit.* — Toutes les fascines sont piquetées au fur et à mesure de leur mise en place, comme nous l'avons indiqué. On se tient en retraite vers les berges, environ à 3 mètres, afin de n'y avoir pas trop d'épaisseur.

On exécute les quatre cours de clayonnages, après que la surface de ce second lit a été égalisée, si cela est nécessaire, et la quatrième fondation $v'v'v'$ est complétement terminée.

69. *De la couche ordinaire.* — Dans cet état, le massif du tunage s'avance déjà de plus de 6 mètres au delà de la berge; il est encore peu rattaché à la rive et faible-

ment chargé en gravier. Il faut se disposer à le consolider par une couche ordinaire, dont les clayonnages sont placés perpendiculairement au courant : les clayonnages sont de la sorte tirés dans le sens de leur longueur, et présentent la plus grande résistance possible à l'action que le fleuve exerce contre le massif en fascinages.

70. *Pose.* — Cette *couche ordinaire xsx's'*, *fig.* 4, Pl. XLIX, doit s'étendre depuis le premier clayonnage au delà de l'enracinement jusqu'au second clayonnage de la quatrième fondation. Les fascines qui la composent, sont placées jointivement, leur axe étant à peu près parallèle au courant ; les têtes vers l'amont suivant *sx*, et vers l'aval suivant *s'x'*, s'écartent un peu de *t* en *s* et de *t'* en *s'*, suivant une ouverture proportionnée à l'étendue du pied des talus qu'on doit donner en cette partie au travail ; en effet, l'immersion successive des différentes couches qui doivent composer le massif, fait tourner chaque couche autour de ses points d'attache. Alors *t s* est à peu près la base du talus d'amont, par exemple, comme *sx* est l'élément de la surface de ce talus, et cet écartement est donné chaque fois pour la formation du talus par les sondes faites immédiatement avant la pose de chaque couche.

71. *Sondes pour déterminer l'étendue des couches.* — Il en est de même des sondes faites au pourtour de chaque fondation ; elles servent à indiquer à quelle distance il faut s'arrêter en rivière pour conserver à l'extrémité du travail un talus déterminé, et pour donner à l'ouvrage un développement en rapport avec sa saillie en dehors des berges.

72. *Dispositions des clayonnages de la couche ordinaire.* — Quatre cours de clayonnages sont ensuite placés sur chacune des parties *ts* et *t's'*, et perpendiculairement à la longueur des fascines posées. Huit autres cours terminent le milieu de la couche et se dirigent vers l'enracinement, dans un sens également perpendiculaire à la longueur des fascines. Cette troisième partie de la couche ordinaire est rechargée de gravier à sa surface sur au moins 0$^{m}$.16 d'épaisseur jusqu'au second clayonnage de la quatrième fondation, *fig.* 4, Pl. XLIX.

73. *Position en coupe des couches de fondation et de la couche ordinaire.* — Cette couche terminée, la coupe, *fig* 3, fait voir les différentes positions occupées par les quatre fondations *n'.z'.z'''.v'*. La première fondation est en partie appliquée sur le lit du fleuve, où elle est fortement pressée par les couches qui la surmontent. L'ouvrage est à fond sur les deux tiers environ de la saillie, sans que la quatrième fondation, qui fait fonction de flotteur, soit entièrement plongée ; et telle est déjà la solidité de la masse, qu'il y aurait submersion complète de tout le travail, sans que cependant il y eût rupture, parce que cette submersion ne se ferait dans tous les cas qu'avec lenteur et sans déchirement.

74. *Détails généraux sur la pose des couches ordinaires qui composent les ouvrages.* — Afin de compléter tout ce qui tient à la pose des fascines des différentes couches, nous avons cru devoir représenter par les *fig.* 1, 2 et 3 de la Pl. L, les détails d'une couche ordinaire vue en plan suivant *abff'''* ; ce genre de couche est le plus usité dans la composition des ouvrages en fascinages.

La direction *af* étant celle de l'alignement d'aval de la couche, un premier rang *f* de fascines posées bien jointivement est étendu de manière à ce que les têtes soient alignées au cordeau suivant cette ligne. Un second rang *f'* est placé sur le premier, et les fascines en sont disposées en sens inverse ; c'est-à-dire que leurs têtes sont opposées à la queue de celles du premier rang, à 1$^{m}$.20 de distance, et que chaque fascine est placée de manière à remplir l'espèce de vide qui se trouve entre chacune de celles du premier rang à 1$^{m}$.20 de distance. Un troisième rang de fascines *f''f''* est ensuite placé dans le même sens que celles du second rang, en portant les têtes ou le gros bout en *f''* à 1$^{m}$.85 de l'extrémité du rang précédent. Enfin, si la couche doit être terminée suivant *bf'''*, un quatrième rang est posé comme le troisième. Les fascines des trois derniers rangs sont alignées au cordeau suivant *bf'''*, pour former la tête aval de la couche, et toujours placées dans l'intervalle compris entre deux fascines du rang qui précède celui qu'on établit. Cette pose terminée, on coupe les harts des fascines les plus élevées, afin d'égaliser la surface de la couche. On place les deux files extrêmes des piquets à 0$^{m}$.50 des têtes de la couche, et le reste de la surface est divisé par des files de piquets espacées entre elles de 0$^{m}$.70, de milieu en milieu.

Les dimensions des couches ordinaires sont toujours proportionnées aux dimensions des fascines, c'est-à-dire, qu'on leur donne rarement moins de 4$^{m}$.50, et alors les fascines sont posées comme l'indiquent les *fig.* 5 et 6, même planche ; si elles doivent avoir plus de largeur que celle dont nous venons de donner le détail, on diminue un peu la cote 1$^{m}$.85 indiquée précédemment pour arriver avec un rang de plus à s'aligner suivant la direction donnée par la seconde tête de la couche. Les dimensions indiquées sont du reste le maximum d'écartement des différens rangs de fascines, qui doivent composer une couche ordinaire.

Quand les files de piquets ont été plantées selon le mode indiqué *fig.* 1, on enlace les clayons, ainsi qu'on l'a dit (55). On enfonce ensuite les piquets en tassant en même temps les clayons, pour les faire arriver sur la surface *a'b'* des fascinages de la couche, de manière à ce qu'ils conservent une épaisseur de 0$^{m}$.16, égale à la hauteur du rechargement en gravier, dont cette surface est ensuite recouverte. La couche est alors terminée ; son épaisseur est en général de 0$^{m}$.50 ; savoir, 0$^{m}$.34 de fascinages, et 0$^{m}$.16 de rechargement en gravier.

75. *Des couches prolongées sur le terrain.* — Les *couches prolongées m* et *m'*, *fig.* 4, sont faites à sec sur le terrain, et représentent encore une espèce de couches ordinaires avec une seule tête ; les fascines en sont posées sur un seul rang, d'abord en *x* et en *y*, ainsi que l'indique la *fig.* 8, et elles sont écartées d'axe en axe de 0$^{m}$.50. Une troisième fascine *z*, *fig.* 7, se place dans l'intervalle ; on continue ce système de pose dans toute la longueur de la couche, sur laquelle on place cinq cours de clayonnages, dont le premier est à 0$^{m}$.50 de la tête *m*, *fig.* 4. La couche *m'* s'établit de la même manière après le rechargement en gravier de la première couche sur laquelle on place également 0$^{m}$.20 environ d'épaisseur de gravier vers la tête, et là où la première couche rencontre le clayonnage extrême du radier. Cette opération a pour but d'arriver au talus arrêté par la surface supérieure des couches et auquel on donne 4 à 5 mètres de base pour un de hauteur.

76. *Du radier des couches prolongées.* — Les radiers des couches prolongées se construisent aussi au moyen de couches ordinaires de 4$^{m}$.50 de largeur ; on place un premier rang de fascines *z'z'z'*, *fig.* 6, bien serrées entre elles dans l'excavation du terrain. La profondeur de cette excavation varie suivant l'épaisseur que le radier doit avoir, et elle est déterminée par la hauteur de chute des couches ordinaires qui forment la retenue. Sur ce premier rang et dans l'intervalle compris entre chaque fascine, on en

place un second rang en sens opposé suivant $z''$, *fig.* 5, en sorte que les gros bouts des fascines des deux rangs s'appuient contre les parois extrêmes de l'excavation. On égalise ensuite la couche ainsi formée, en coupant quelques harts des fascines trop élevées, et l'on place six cours de clayonnages destinés à maintenir les fascines dans la position qu'on leur a donnée. On recharge ensuite toute la surface en gravier, tel que l'indique la coupe *fig.* 4.

77. *Couches chevelues terminant les surfaces supérieures des ouvrages.* — Assez souvent, lorsque la saison n'est pas très-avancée, et qu'on a pu couper les bois en temps opportun, on termine les travaux de fascinages par une couche qu'on appelle *couche chevelue*, et qui est formée de petites fascines en bois de saule de 1m.50 à 2 mètres de longueur. Ce sont des lits partiels de petites fascines, clayonnées séparément, ainsi qu'il est indiqué en coupe en $r$, $r'$ et $r''$, *fig.* 4, et disposées de manière à ce que le seul rang de clayonnage de chaque lit soit recouvert par les fascines du lit qui vient immédiatement après. Le clayonnage du dernier rang de petites fascines, est recouvert lui-même par la première couche ordinaire du massif de retenue *mm'*.

78. *Doubles cours de clayonnages piquetés en chevalets, remplaçant les couches chevelues.* — D'autres fois on remplace les *couches chevelues* par des doubles rangs de clayonnages, qu'on place au milieu de chaque cours ordinaire, et tous les rangs des clayonnages supérieurs sont maintenus par des piquets enfoncés sous chaque cours en amont de celui sur lequel l'extrémité du piquet repose. On dit alors que la surface supérieure de l'ouvrage est terminée par des *doubles cours de clayonnages piquetés en chevalets*. Lorsqu'on peut avoir des piquets et des clayons en bois de saule exploités hors de la séve (c'est-à-dire, sans que cette exploitation nuise à la repousse des bois dans la saison suivante), cette manière de terminer les ouvrages est préférable à l'emploi des couches chevelues. L'avantage en est surtout apprécié pour le radier des barrages, que la chute des eaux détruit fréquemment.

Tels sont les principaux détails de la main-d'œuvre pour l'établissement des tunages ordinaires.

## CHAPITRE IV.

### DIGUES D'INONDATION.

79. *Débordemens du fleuve limités par des levées dites digues d'inondation.* — Dans les parties où les rives naturelles du Rhin ne sont point supérieures aux hautes eaux, et pour empêcher que les terrains cultivés ne soient soumis lors des crues aux débordemens du fleuve, l'étendue de ces submersions est restreinte dans certaines localités au moyen de digues de bordage, ou levées en terre, établies suivant des directions plus ou moins rapprochées des berges du fleuve.

Par la construction des digues de bordage, on cherche à soustraire aux inondations la plus grande surface possible de terrains. Dans l'intérêt de la conservation de ces levées, on a encore soin de les placer à une distance assez éloignée des berges, afin que la destruction souvent imprévue de ces dernières ne compromette point les digues de bordage; cette disposition a d'ailleurs l'avantage de ne pas trop diminuer la section des hautes eaux.

Malheureusement, il est à regretter que le tracé des digues n'ait point été le résultat d'un système général concerté pour les deux rives.

Plusieurs portions de digues d'inondation n'ont été en effet établies que partiellement et par suite de besoins momentanés; nous voulons parler des changemens subits opérés sans le concours d'aucuns travaux de main d'homme, dans la direction du cours principal du fleuve, lequel se porte quelquefois tout à coup dans un nouveau bras d'une moindre section; or, il ne peut s'y établir complétement qu'après avoir, par suite de son action plus ou moins prolongée, créé un nouveau lit; Et comme l'expérience apprend que, pendant que ces changemens s'opèrent, une crue peut submerger même des terrains qui, jusqu'à ce moment, s'étaient toujours trouvés au-dessus des plus hautes eaux, on s'est souvent hâté de défendre ces terrains au moyen d'une digue provisoire, et on a même été conduit à rendre définitive cette digue, parce que la rive opposée, profitant du changement opéré dans le cours principal du fleuve, barrait l'ancien lit, et avec lui souvent plusieurs bras secondaires qui l'avoisinaient, et parce qu'il en résultait un surhaussement des eaux assez considérable pour que la levée en terre dût être traitée comme les digues de première ligne, et fût définitivement rattachée à des ouvrages ou à des terrains insubmersibles.

80. *Distances des digues entre elles.* On trouve dans certaines localités que les digues de bordage laissent entre elles, d'une rive à l'autre, une distance de 3,800 mètres; dans d'autres, cette distance n'est plus que de 1,500 mètres; enfin, en certaines parties, cette distance se réduit à 400 mètres.

81. *Directions de ces digues.* — Dans le tracé des digues du Rhin, nos devanciers ont généralement préféré de grands alignemens rectilignes; il en résulte que si le courant principal du fleuve venait à s'en approcher, il serait peut-être impossible de se défendre assez promptement, et d'éviter des avaries majeures.

82. *Opinion particulière sur le tracé des digues d'inondation.* — Nous croyons que le tracé des digues doit offrir une suite de parties polygonales, concaves par rapport au fleuve, raccordées par des portions convexes peu développées, et correspondant sur les deux rives par leurs points saillans, de manière à former les parois de la section des hautes eaux. Ces points saillans, peu multipliés d'abord, le seraient ensuite davantage au fur et à mesure que le colmatage des terrains se serait opéré dans les anses concaves formées par les digues. On subordonnerait l'établissement des digues à une suite de points, les plus élevés du terrain, en laissant d'abord vers le fleuve les parties basses et marécageuses sur lesquelles il est toujours moins sûr et plus coûteux de s'établir. Le surplus de développement que ce système présenterait ne nécessiterait pas en général beaucoup plus de remblais que les lignes, moins contournées et moins longues par conséquent qu'on a généralement suivies, attendu que ces lignes, par cela même qu'elles sont plus droites, doivent passer sur les points bas, et présenter dès lors comme remblais des sections considérables pour être toujours supérieures aux hautes eaux.

Au moyen de ces dispositions, les parties saillantes des digues seraient en quelque sorte seules exposées aux attaques du fleuve; et elles seraient en même temps les plus faciles à défendre, en cas d'attaque subite, car, en supposant la hauteur des eaux telle qu'on ne pût arrêter immédiatement la dégradation de la digue même, et dans l'hypothèse encore où il y eût danger imminent pour la contrée, une contre-digue provisoire de peu de développement élevée dans l'angle saillant, empêcherait, en cas de rupture vers cette partie, la submersion du territoire; or, c'est ce qu'on ne peut faire aussi facilement pour un alignement rectiligne, dans le cas où le talus extérieur se trouve assez fortement attaqué pour que les traverses destinées à maîtriser les effets des courans latéraux soient sans efficacité (*).

83. *Des submersions par infiltration.* — Les digues du Rhin suffisent pour que les propriétés riveraines ne soient point submergées par les débordemens; mais dans bien des localités elles n'empêchent pas les submersions par filtration. A la vérité, dans le cas le plus défavorable, celles-ci sont bien moins étendues que ne seraient les submersions, s'il n'y avait pas de digue. Les eaux de filtration d'ailleurs sont limpides; elles ne forment aucun dépôt nuisible; elles ne causent aucune dégradation à la surface du sol.

Mais au printemps et vers la fin d'août, ces submersions occasionent de grands dommages aux semences et aux récoltes. Il est même, sous ce rapport, presque sans intérêt de hâter le retour au fleuve des eaux qui ont ainsi recouvert les terres cultivées, parce que le mal est en quelque sorte instantané comme la submersion.

Cependant, d'un autre côté, l'assainissement du pays réclame la disparition la plus prompte possible de ces eaux stagnantes, attendu que leur présence ne tarde guères dans les terrains marécageux à engendrer des fièvres épidémiques funestes aux populations riveraines.

(*) Il est bien entendu qu'il ne s'agit pas ici de défense de berges, qu'il n'est question que de digue d'inondation menacée par l'effet des débordemens et des courans latéraux.

Aussi s'étonne-t-on qu'aucune tentative n'ait été faite de la part des riverains pour chercher à s'affranchir de ce double fléau, et que les localités, qui ont le plus de facilités naturelles pour s'en garantir, aient même contribué à les aggraver, sans avoir rien entrepris pour y porter remède.

84. *Époque du maximum de hauteur des submersions par infiltration* — Si la crue n'est pas de longue durée, les submersions par infiltration n'arrivent à leur plus grande hauteur que lorsque le fleuve est en quelque sorte déjà rentré dans son lit. Cela tient à ce que les eaux des crues, assez généralement plus élevées que le sol de la plaine de 1m.60 à 2m.60., filtrent à travers le vaste banc de gravier qui s'étend dans toute la vallée. Ce banc de gravier, recouvert d'une couche végétale plus ou moins épaisse, s'oppose d'abord au surgissement de l'eau; mais bientôt cette couche est amollie; elle cède à la sous-pression de l'eau, qui tend à la pénétrer, et la plaine est submergée.

85. *Eaux de filtration plus élevées que le fleuve. Évaporation.* — Ainsi, lorsque la crue a cessé, le fleuve est redescendu à son état moyen, les eaux encaissées et intérieures, séparées du fleuve par les digues mêmes de bordage, se trouvent à leur tour plus élevées que les eaux extérieures; elles sont même dans les premiers instans de la baisse du fleuve à leur plus grande hauteur, et ne peuvent disparaître que par l'évaporation et par la filtration qui s'établit de nouveau en sens contraire à travers le sol.

Sans doute, au moyen de buses et d'écluses convenablement établies dans les digues, il serait facile de rejeter plus promptement les eaux dans le fleuve; cependant la construction des buses et des écluses n'est pas sans danger par la difficulté de les bien raccorder avec les digues.

86. *Moyen d'éviter les submersions par infiltration; canaux de dessèchement.* — Après avoir examiné avec attention les terrains qui avoisinent les différentes parties du fleuve, où les effets de la *couche ambiante* n'arrivent point jusques à la surface du sol, et par conséquent où aucun dommage n'est occasioné, nous sommes resté convaincu que dans les localités où les eaux ambiantes surgissent à la surface du sol, il serait préférable de prévenir la submersion au moyen de quelques canaux de dessèchement de 7 à 8 mètres de largeur au plafond, dans lesquels on ferait aboutir, en suivant les bas-fonds, quelques fossés de dimension moyenne qui y conduiraient les eaux de filtration. Ces canaux pourraient, suivant les localités, se décharger, soit dans le bras du Fort-Mortier, soit dans l'Ischert, dans la Krafft, dans la Moder, etc. (12).

87. *Ces canaux existent naturellement dans quelques banlieues.* — Nous citerons à l'appui de cette opinion les banlieues de Strasbourg, d'Offendorff et de Drusenheim, dans lesquelles, par suite de l'établissement du canal dit des Français, et des anciens bras du Rhin dits Alte-Rhein et Kritz-Rhein, on n'éprouve que très-rarement des dommages par suite des submersions par filtration.

88. *Dimensions des digues du Rhin*, Pl. LI. — Les digues du Rhin ont presque partout 3 mètres environ d'épaisseur au sommet. Le talus vers le fleuve, c'est-à-dire à l'extérieur, est dressé à deux de base pour un de hauteur. Vers les terres, c'est-à-dire intérieurement, il est réglé à un et demi de base pour un de hauteur; on donne un trentième de pente transversale à la surface supérieure, afin que les eaux pluviales ne puissent point, en tombant sur cette surface, dégrader le talus extérieur, qui est le plus important à conserver. La pente longitudinale des digues est la même que celle du fleuve dans chaque localité. Les digues ont généralement la crête extérieure élevée à 0m.50 au-dessus des plus hautes eaux.

89. *Francs-bords laissés au pied des digues, fig.* 1. — On exige que de chaque côté des digues, à partir du pied des talus, les riverains laissent des francs-bords gazonnés; ces francs-bords ont en outre leur sol fixé par des plantations en saules et peupliers. On donne 2 mètres de largeur au franc-bord extérieur, et 1 mètre au franc-bord intérieur. Ces francs-bords ont pour objet principal de limiter la culture, afin d'empêcher les dégradations des talus, et de prévenir les filtrations, qui en seraient la suite.

90. *Banquettes.* — Lorsque les digues ont plus de 2m.10 de hauteur au-dessus du sol naturel où elles sont établies, on s'attache à diminuer les filtrations résultant de la grande retenue d'eau qu'elles auraient à soutenir dans les crues; et on y parvient en établissant des banquettes au pied des talus, *fig.* 3. On prolonge suffisamment ces banquettes pour que leurs surfaces supérieures rencontrent le terrain naturel à 1m.60 en contre-bas des plus hautes eaux. On donne 1m.50 d'épaisseur en crête à la banquette intérieure; on porte cette épaisseur à 2m.50 pour la banquette extérieure. Les talus sont réglés comme ceux des parties de digues auxquelles ces banquettes correspondent.

91. *Traverses extérieures établies pour défendre les talus des digues.* — Lorsque les digues sont établies suivant de grands alignemens rectilignes, ou parallèlement au cours principal du fleuve, on évite les effets des courans latéraux qui les attaqueraient de côté, en construisant extérieurement des espèces de traverses saillantes à leur sommet, et qui avancent de 2 mètres au delà de la crête extérieure de la digue à défendre, *fig.* 1 et 3, on fait ensuite arriver à zéro du terrain, l'extrémité de cette traverse prolongée suivant un talus de quatre de base pour un de hauteur. Ces traverses sont espacées entre elles de 200 à 250 mètres; cette distance varie suivant la vitesse du courant latéral; on donne au corps quarré de ces traverses, la même épaisseur qu'à la digue, à laquelle elles se rattachent. Si la digue à défendre dans cette circonstance s'appuie extérieurement sur un mauvais terrain, l'extrémité de la traverse est terminée par quelques couches de fascines établies, ainsi qu'il a été indiqué à l'article des fascinages.

La *fig.* 2 donne la coupe de cette traverse prise au pied de la digue.

92. *Établissement de digues au passage des faux-bras.* — Quelquefois certaines portions de digues sont assises sur des terrains bas et entre-coupés de faux-bras non-encore atterris, mais qu'il est indispensable de fermer complétement sur différentes parties inutiles à conserver pour produire des atterrissemens ultérieurs. Dans ce cas on construit, à l'aval de l'emplacement que la digue doit occuper, un premier barrage en fascinages indiqué en *b*, *fig.* 4 (*). Lorsque ce travail est arrivé à 0m.50 au-dessus des eaux du jour, on établit dans les eaux mortes à l'amont un second barrage *b'* à une distance convenable du premier, pour que l'espace compris entre ces deux barrages puisse contenir le remblai destiné à supporter le massif de la digue. On forme ce remblai d'un gravier

(12) Ces rivières sont en crue en même temps que le Rhin, et, lorsqu'elles grossissent à cause de la saison avancée, les submersions ne peuvent plus causer aucun dommage aux riverains.

(*) Pour le détail de construction, *voir* ci-après le chapitre *Barrages* (98) et suivans.

qu'on tire des grèves environnantes ou du terrain naturel le plus près du travail, mais en dehors de l'emplacement de la digue. Dès qu'on a atteint le niveau du sol on dispose les banquettes et le massif principal de la digue, tel qu'il a été indiqué précédemment, et comme le représente la *fig.* 4.

93. *Digues comprises entre les parois des barrages.* — Par suite des dispositions précédentes, on remarque que le massif de la digue destiné à soutenir les eaux, ne peut éprouver que de légers tassemens auxquels il est toujours facile de remédier, attendu que ce massif repose sur un terrain factice à la vérité, mais rendu bientôt incompressible entre les deux parois des barrages qui le contiennent.

94. *Anciennes dispositions des digues au passage des faux-bras; leurs inconvéniens.* — Il n'en était point ainsi anciennement lorsqu'il s'agissait de traverser un faux-bras pour l'établissement d'une digue d'inondation. On formait d'abord un premier barrage aussi en fascinages. La coupe est indiquée en *m*, *fig.* 4. Son mode de construction était différent du système suivi pour le barrage *b*. L'affouillement d'aval, quelque fût le volume d'eau du bras à fermer, était plus considérable. Ce travail terminé, on établissait à l'amont un second barrage *m'*, qu'on portait à la même hauteur, et qui n'était éloigné du premier que de quelques mètres. On remplissait ensuite de gravier l'espace compris entre les deux ouvrages, et sur le tout on élevait le massif principal de la digue en se tenant à un mètre en retraite des extrémités de la surface supérieure des barrages en fascinages.

Ainsi le massif principal de la digue reposait sur des fascinages suceptibles d'une assez prompte destruction. Des affaissemens très-prononcés ne tardaient point à se manifester. Des crevasses se formaient dans la digue, et donnaient lieu à des filtrations quelquefois tellement abondantes, qu'à l'époque des crues il devenait impossible d'y remédier. La digue était promptement détruite, les fascinages fortement endommagés, et la plaine livrée à l'irruption du fleuve. On pourrait citer telle portion de digue ainsi construite, qui a été emportée plusieurs fois, sans qu'on se soit occupé de changer le système de construction, et, s'il existe encore différentes parties de digues ainsi établies, elles exigent les plus grands soins lors des crues, et donnent alors les plus vives inquiétudes.

Au contraire, les profils que nous avons décrits et que nous avons adoptés pour la construction des différentes parties par nous exécutées sur les bords du Rhin, n'ont jamais donné lieu à aucune avarie, tant au passage des faux-bras que dans toute autre situation, et quelles qu'aient été la durée et la hauteur des crues.

95. *Nature des remblais.* — Pour les remblais qui constituent les digues, on se sert du terrain naturel, tel qu'il se trouve, et on le transporte moyennement à deux relais de distance réduite.

Les meilleurs terrains qui bordent les rives du Rhin, à l'extérieur des digues, se composent assez généralement d'une couche de terre végétale très-légère de 0m.25 à 0m.30 d'épaisseur, laquelle repose sur des graviers d'une épaisseur en quelque sorte indéfinie, et de différentes grosseurs. Quelquefois on ne rencontre qu'un terrain de gravier recouvert d'une faible couche de terre sablonneuse. Dans les deux cas, on a grand soin de mettre les terres vers les talus, et le gravier dans le milieu en ne laissant aucun corps étranger dans les remblais, afin d'éviter les filtrations.

96. *Les digues sont plus durables en gravier qu'en terre.* — On a remarqué que les digues construites entièrement en terre, sont sujettes à éprouver de plus fréquentes avaries que celles qui sont exécutées avec un bon noyau en gravier. Cela tient à ce que les taupes ne peuvent point cheminer dans le massif de ces dernières digues, tandis qu'elles excavent facilement de nombreux canaux souterrains dans les massifs en terre franche, ce qui donne naissance, lors des crues, à des filtrations d'autant plus dangereuses, que souvent on n'est pas à même de pouvoir y remédier assez promptement, et qu'alors l'éboulement de la digue est imminent. Très-souvent même, lorsque les digues ne reposent point sur d'anciens fascinages, et qu'elles sont munies de bonnes banquettes, leur rupture n'a point d'autre cause. Les digues, du reste, lorsqu'elles sont assez élevées pour ne pouvoir être surmontées par les eaux, ne sont détruites que lorsqu'elles s'amollissent et s'éboulent, c'est-à-dire, par suite de ce que les terres qui les composent sont détrempées par les filtrations qui les ont traversées.

97. *Profil et épaisseur des digues.* — On a cherché à déterminer par le calcul, l'épaisseur à donner aux digues qui ont un talus extérieur de deux de base pour un de hauteur, pour qu'elles puissent résister sans danger à la pression des eaux. Mais ces calculs qui supposent le renversement du profil par masse, ne peuvent donner aucun résultat satisfaisant. L'épaisseur des digues ou la forme des reliefs qu'elles doivent affecter, ne peut être constatée d'une manière précise que par l'expérience; elle doit varier selon la nature des remblais employés à la construction des ouvrages, suivant la hauteur d'eau à soutenir et suivant la durée des débordemens; toutes choses égales d'ailleurs, la moindre épaisseur sera toujours applicable aux terrains graveleux mêlés de sable fin, parce qu'ils présentent le double avantage d'être moins accessibles aux filtrations et aux taupes. Un peu de terre végétale étendue sur les talus suffit du reste pour qu'une assez prompte végétation artificielle ne tarde pas à s'y développer et les mette à l'abri des attaques qui résultent du batillage des eaux, ou des effets des grandes pluies.

---

## CHAPITRE V.

### DES BARRAGES.

98. *Fermeture des bras secondaires et des bras principaux.* — Les bras secondaires qui sillonnent le lit du Rhin, occasionent très-fréquemment des variations dans le cours du thalweg, et sont, comme on l'a dit, une des causes principales des irruptions du fleuve, pendant les crues, sur les territoires limitrophes; on s'est, par ce motif, occupé de fermer ceux de ces bras, qui pouvaient ainsi déterminer le fleuve à prendre des directions offensives pour la rive de France.

En outre, et de concert avec le duché de Bade, par suite d'un essai de régularisation pour la partie du Rhin comprise entre Kehl et Strasbourg nous avons été conduit par des procédés nouveaux à fermer plusieurs fois tout le cours du fleuve, pour lui donner une nouvelle direction.

Nous pensons que la construction de ces barrages mérite toute l'attention des hommes de l'art; c'est ce qui nous a déterminé à en donner ci-après les détails.

99. *Les barrages sont toujours submersibles, au moins en partie.* — En fermant un bras quelconque, on a d'une part tout fait pour la défense de ses rives; et si, par des dispositions particulières, les barrages déterminent l'ensablement du bras fermé, on a, d'une autre part, tout obtenu pour l'augmentation et la conservation du territoire riverain. Pour remplir ces conditions, tous les barrages que nous avons fait exécuter sur le Rhin, ont été ou complétement ou en partie submersibles.

100. *Les barrages doivent être éloignés de l'orifice supérieur.* — Chaque fois qu'il s'est agi de fermer un bras du Rhin, et contrairement à ce qui a été pratiqué sur la plupart des autres fleuves, nous avons en outre toujours placé les barrages à une certaine distance des orifices supérieurs, sans trop les rapprocher des confluens. Ainsi jamais nos barrages n'ont été établis à l'orifice même, parce que cette dernière disposition, en formant du barrage même la berge en quelque sorte du nouveau lit, nous a toujours paru exposer cet ouvrage à une prompte destruction; et en effet, si le barrage est insubmersible, à moins qu'on ne défende les berges sur une assez grande étendue, il ne tardera pas dans ce cas à être tourné, par les enracinemens, et s'il est submersible, le danger, pour être moins imminent, n'en sera pas moins réel.

On sait d'ailleurs que le meilleur moyen de défense à opposer à l'attaque d'un courant est de couvrir le point menacé par un certain volume d'eau morte, contre lequel l'action du courant vient s'anéantir; or, en éloignant les barrages des orifices, on obtient sans peine ce secours; on n'a pas à s'occuper de leur défense contre les effets du courant du bras supérieur, dont on s'est isolé. On a en outre plus de sécurité et de facilité dans l'exécution de toutes les manœuvres que les équipages doivent opérer lors de l'établissement des travaux; de sorte que l'on diminue considérablement les chances d'accidens sans empêcher cependant que l'on n'ait encore de temps à autre à déplorer la perte de quelques travailleurs.

Comme on vient de le dire, le but qu'on se propose par la fermeture d'un bras est d'ailleurs non-seulement d'empêcher que ce bras s'arrête dans les développemens qu'il tend à prendre aux dépens des berges, mais encore de provoquer le plus promptement possible son ensablement; or, pour cet effet, il est nécessaire que le barrage soit placé à l'aval de l'orifice supérieur, et qu'il soit en même temps submersible lors des crues sur une certaine étendue; s'il en était autrement, les eaux chargées des matières qu'elles transportent ayant une fois rempli le bras fermé et fait leur dépôt, ne trouveraient point d'issue pour s'écouler et pour faire place à d'autres eaux également chargées de matière en suspension; l'atterrissement ne serait alors qu'insensible, tandis qu'il devient considérable si, à l'instant où les premières eaux ont abandonné les matières qu'elles tiennent suspendues, elles peuvent être remplacées par d'autres eaux troubles, remplacées elles-mêmes par des eaux nouvelles, et ainsi de suite, pendant toute la durée de la crue, ce qui ne peut avoir lieu qu'au moyen de barrages submersibles ou avec passes.

Si le barrage a été descendu vers le confluent du bras, et que dans cette position cet ouvrage soit submersible, afin de lui donner une influence marquée sur la vitesse des eaux à l'amont et pour faciliter les dépôts, il faut qu'il ait presque toujours une grande hauteur, surtout pour les bras secondaires, dont la pente est plus considérable que la pente du cours principal; presque toujours cette hauteur devra dépasser celle des berges voisines; elle occasionera dès lors dans l'état ordinaire du fleuve la submersion des propriétés riveraines, et causera par conséquent des dommages aux cultures voisines; de plus, la retenue des eaux devenant plus considérable qu'elle ne l'aurait été, si le barrage avait été placé plus à l'amont, les difficultés d'exécution deviennent aussi plus grandes, et les dépenses augmentent en proportion.

Si, d'un autre côté, dans cette position, on tient le barrage à la hauteur ordinaire, c'est-à-dire à environ $0^{m}.50$ en contre-bas des berges, son influence ne se fait sentir que sur une certaine étendue à l'amont, et au delà, la vitesse restant à peu près la même, il ne se forme aucun dépôt; mieux eût valu alors remonter ce travail, afin que son influence se reportât jusqu'à l'orifice.

La distance à conserver entre le barrage et l'orifice supérieur a donc une limite, passé laquelle on se crée souvent de grandes difficultés sans en retirer définitivement aucun avantage.

101. *Un seul barrage ne suffit pas pour l'atterrissement complet d'un faux-bras.* — Il reste d'ailleurs à remarquer qu'au moyen d'un seul barrage, quelle que soit la position qu'on lui donne, on ne peut que rarement produire l'atterrissement complet d'un bras d'une certaine étendue. En effet, du moment que la vitesse est ainsi sensiblement diminuée par l'établissement du barrage, les graviers charriés n'entrent plus dans le bras fermé; ils ne se déposent qu'en partie à l'orifice supérieur; ils suivent le nouveau lit. Les atterrissemens du bras fermé ne se forment donc plus que par la vase suspendue dans les eaux des crues. On ne peut donc obtenir ces atterrissemens, qu'en divisant la longueur du bras en plusieurs bassins de retenue au moyen de seuils ou barrages secondaires moins élevés (13) que le barrage principal; l'aval du der-

(13) On conçoit, du reste, que ces barrages secondaires peuvent être établis d'une manière moins solide et moins dispendieuse que les barrages principaux.

nier barrage secondaire n'est ensablé naturellement que par l'effet du remou du confluent, lequel vient se développer à l'embouchure du bras fermé, et y détermine un dépôt (14).

102. *Les barrages ont été placés perpendiculairement aux berges.* — Tous les barrages exécutés ont été établis perpendiculairement aux berges, afin qu'ils eussent moins de développement, et que la chute fût le moins offensive possible pour la rive. Au contraire, avec une direction oblique, l'écoulement s'opère normalement à la crête du barrage, et se porte directement vers celle des deux berges d'aval qui forme le plus petit angle avec la direction du barrage; il faut alors défendre cette berge, tandis qu'au contraire elle n'est point attaquée lorsque le barrage est perpendiculaire au courant.

La direction oblique présenterait encore une difficulté d'exécution lors de l'établisssement des fascinages, pour la partie du travail établi sur la rive qui forme le plus grand angle à l'aval avec la direction du barrage; En marchant vers l'amont avec les couches de fascinages, qui doivent composer cette partie, on éprouverait plus de résistance et il y aurait plus de danger. On recevrait d'ailleurs dans cette situation difficile le choc du courant lancé par l'obliquité de la branche du barrage, qui partirait de la rive opposée. Enfin, pour les barrages à claies, la disposition oblique au courant serait inadmissible, attendu que la pose des claies déjà si difficile, lorsque leur axe est dans le sens du courant, deviendrait impossible si l'axe faisait un angle avec ce courant; et en effet, les claies seraient toutes, au fur et à mesure de leur mise en place, retroussées contre les pieux; aucune n'irait à fond.

On pourrait à la vérité objecter, qu'au moyen de dispositions obliques, on se propose quelquefois d'avoir une moindre hauteur d'eau lors des crues, au-dessus de la crête des ouvrages, et de diminuer les affouillemens d'aval dans le lit du fleuve; mais précisément sur le Rhin, pour donner plus de solidité au travail, on établit au contraire les barrages dans les parties du fleuve déjà profondément affouillées, et, d'une autre part, on donne toujours aux radiers une assez grande épaisseur pour n'avoir rien à redouter de la chute produite par la retenue.

Dans tous les cas, enfin, l'établissement d'une couche de fascinages en surplus sur le radier, et le prolongement en surface de quelques mètres de plus dans la direction perpendiculaire aux berges, seront des opérations bien moins dispendieuses que les travaux nécessités par le plus grand volume d'ouvrages à faire par suite du développement plus considérable d'une direction oblique; ainsi la question d'économie doit être définitivement jugée en faveur de la direction normale au fleuve.

103. *Arrière-radiers à l'aval; enracinement dans les berges.* — Dans tous les barrages submersibles, ou avec passes submersibles, il a fallu un arrière-radier, dont l'étendue était proportionnée à la hauteur de la chute, afin d'éloigner du massif principal du barrage les effets des affouillemens. Au moyen de cette précaution, les barrages, une fois terminés, n'ont jamais éprouvé d'avaries par suite d'approfondissemens du lit du fleuve opérés en aval des ouvrages lors des crues, approfondissemens qui, sur le Rhin, arrivent néanmoins très-promptement à leur maximum de profondeur. Il faut aussi attribuer ce bon résultat à la mobilité et à la flexibilité des matériaux employés dans la confection des ouvrages.

Les barrages ont toujours été en danger, plutôt vers leurs enracinemens dans les berges (*Note* D).

(14) Nous croyons qu'on doit attribuer la formation et les effets des remoux des confluens au peu de vitesse des bras fermés, et à la différence qui existe entre la pesanteur spécifique des eaux en mouvement, plus ou moins chargées de matières bourbeuses.

Nous avons cependant et constamment réussi à préserver ces extrémités du travail par un moyen bien simple, et qui consiste à défendre la surface du sol submersible par des couches prolongées (112).

104. *Dispositions générales des barrages.* — Les barrages et les seuils destinés à fermer les bras du Rhin, ou à préparer leur fermeture, sont exécutés par différens procédés, suivant la profondeur, la pente, la vitesse et le volume des eaux du bras à barrer.

Nous ne parlons pas de la mobilité du fond, elle est à peu près partout la même; et, toutes choses égales d'ailleurs, on aura, en employant la même méthode, à peu près partout le même affouillement. C'est dans cette grande mobilité du sol que gît toute la difficulté que présente l'exécution des barrages : si le fond du lit était solide, en employant simplement le système *des tunages ordinaires*, et suivant pour leur construction les détails sur lesquels nous reviendrons (116), on arriverait sans peine à la fermeture d'un bras quelqu'important qu'il pût être; mais il faut d'autres précautions en face d'affouillemens qui peuvent descendre au delà de 15 mètres de profondeur au-dessous de l'étiage.

Tous les barrages exécutés sur le Rhin ont été, par les motifs que nous avons exposés (100), placés à 200 et 250 mètres des orifices supérieurs, suivant des directions perpendiculaires au fil de l'eau.

105. *Largeur des passes submersibles; niveau de leur crête.* — Lorsque ces barrages ont eu plus de 30 mètres de longueur, ils ont été composés de deux parties insubmersibles $m$ et $m'$, Pl. LII, *fig.* 2, d'une étendue dépendante de la largeur des bras à fermer, et d'une partie submersible $r$, dont la longueur, ainsi que le niveau variaient suivant l'étendue du bras et suivant la vitesse que l'on voulait conserver à l'amont.

La longueur de ces parties submersibles a toujours été fixée entre 30 et 60 mètres.

Quant à la hauteur de la crête de ces passes, il a fallu souvent la subordonner provisoirement à l'état des eaux au moment de la fermeture du barrage. En général, lorsqu'on n'était pas trop gêné par la hauteur du fleuve, au moment de la fermeture complète, on tenait la crête des passes de 1$^{m}$.50 à 2$^{m}$.00 au-dessous des plus grandes crues.

106. *Radiers de chute; leur étendue.* — Afin de prévenir les affouillemens qui résulteraient de la chute des eaux passant sur la partie submersible du massif principal du barrage, on établit à l'aval un radier $r'$, dont la largeur dépend de la hauteur de la retenue. Cette largeur a été fixée à 10 mètres pour toutes les chutes moindres de 1$^{m}$.50 de hauteur. Pour celles qui étaient plus élevées on a augmenté cette largeur de cinq fois la différence entre la hauteur réelle de la chute et la hauteur initiale de 1$^{m}$.50.

Le radier, par son épaisseur verticale, doit présenter la plus grande solidité; dès lors on a soin d'établir la passe submersible au droit de la plus grande profondeur, et lorsqu'elle ne peut pas avoir 3 à 4 mètres, on provoque l'affouillement nécessaire pour arriver à cette épaisseur.

Le radier est tenu de niveau avec la banquette $r''$, qui règne ordinairement à l'aval des barrages, et au moyen de laquelle on fait disparaître ces irrégularités qui, dans la pose des fascinages, sont la suite des difficultés qu'on rencontre dans l'établissement de ces ouvrages. Ces difficultés, qu'il faut combattre à chaque instant, dépendent d'une foule de circonstances telles que la variation du niveau des eaux, l'action des courans, les submersions partielles que cette action détermine, etc., etc. On peut ainsi aligner les crêtes et régulariser les profils; toute l'incorrection des fondations n'a dès lors, pour conséquence, que de donner à la banquette des largeurs qui varient entre 3 et 4 mètres.

107. *Contre-forts correspondans aux parties insubmersibles des barrages.* — La rencontre des barrages avec les talus des berges est couverte et protégée au moyen de massifs en tunages *cc'*, qu'on appelle contre-forts, et qui se développent à l'amont et à l'aval des parties insubmersibles *m* et *m'*. La surface supérieure de ces contre-forts affleure le sol naturel des rives qui y correspondent, et dans lesquelles ils sont enracinés vers leurs extrémités. Les contre-forts d'amont ont 10 mètres de longueur, et ceux d'aval 20 mètres. On leur donne 4m.50 de largeur au couronnement (*).

108. *Jetées à l'amont des passes pour garantir les talus.* — A l'amont des passes des grands barrages, et sur chacun des côtés, on a établi des massifs *dd'*, en forme de jetées, qui s'étendent dans le sens de leur longueur, à quelques mètres au delà du pied des talus d'amont des parties insubmersibles. Ces massifs ont pour objet d'empêcher qu'il ne s'établisse à l'époque des crues, latéralement au barrage, des courans qui, se dirigeant par la passe submersible, entraîneraient nécessairement les remblais en terre graveleuse qui composent les talus de ces ouvrages. Ces jetées sont réglées à la même hauteur que les crêtes d'aval des parties insubmersibles *mm'*. On leur donne 6 mètres d'épaisseur en couronnement.

109. *Inclinaison des talus des ouvrages.* — Les talus des travaux de fascinages ordinaires pour les barrages se règlent, autant que possible, à 45°; quelquefois pour les grands barrages, lorsque la profondeur devient considérable, on est obligé en cours d'exécution, de donner moins d'inclinaison encore, pour que les couches partielles, au moyen desquelles on arrive à la fermeture vers les points de jonction, n'aient pas trop d'étendue. Néanmoins les talus des radiers des passes ont encore jusqu'à 2 mètres de base pour un de hauteur. Quant aux talus des remblais en gravier placés à l'amont des barrages et destinés à prévenir les filtrations, ils sont réglés pour les grandes profondeurs à deux de base pour un de hauteur. Lorsque ces profondeurs ne dépassent pas 4 mètres, on leur donne jusqu'à 3 à 4 mètres de base pour un de hauteur, afin qu'ils aient assez d'épaisseur pour prévenir les filtrations.

110. *Raccordement des parties submersibles et insubmersibles des barrages avec les digues d'inondation.* — Les barrages avec passes submersibles sont toujours raccordés à une de leurs extrémités aux grandes digues d'inondation au moyen d'une branche de digue plus ou moins longue, qui arrive à quelques mètres de la berge du bras fermé. Sans cette précaution, les eaux du fleuve, lors des crues, en se déversant sur le terrain naturel, ne tarderaient pas à s'y frayer un passage et à s'y former un nouveau lit.

Le raccordement de cette branche de digue avec le massif en fascinages insubmersibles, s'opère ainsi qu'il suit : soit l'extrémité du massif représenté par *m*, *fig.* 2, ou par *xe''*, *fig.* 3, et la digue par *e''*, on laisse au milieu du massif *gh*, *fig.* 6, un espace vide *x'*, dont les parois formées par les têtes des couches sont verticales, et éloignées entre elles de manière à laisser, sur environ 10 mètres de longueur, une largeur de 2 à 3 mètres égale à l'épaisseur du sommet de la digue. La coupe, *fig.* 6, suivant N''T'', fait voir en *x'* le massif du corps quarré de la digue soutenu par les tunages *g* et *h*, qui remplacent les talus de la digue pour la partie en raccordement; par ce moyen on prévient les filtrations qui pourraient s'établir à la rencontre de la digue et des tunages; et ceux-ci, rendus indépendans dans leurs tassemens, n'éprouvent point de mouvemens qui puissent compromettre leur solidité. Vers la rive opposée, *fig.* 2, les parties insubmersibles *m'm''* des barrages se terminent ordinairement à la berge du lit nouveau que le fleuve a creusé, après avoir été détourné du bras qu'on a fermé. La berge, *fig.* 1 et 2, est alors défendue par un enrochement mixte *f*, dont le détail sera donné, lorsqu'il s'agira de la construction des travaux destinés à la défense des berges.

111. *Les petits barrages sont entièrement submersibles.* — Lorsque les bras à fermer ont moins de 30 mètres de largeur, les barrages sont entièrement submersibles, et les dispositions de la passe et du radier sont en quelque sorte toujours les mêmes. On tient cette passe ordinairement à 0m.50 au-dessous des rives; les contre-forts d'aval présentent également les mêmes dispositions que ceux des barrages insubmersibles; on leur donne 15 à 20 mètres de longueur, suivant la longueur du radier de chute qu'ils dépassent de 6 à 7 mètres; mais les contre-forts d'amont *c'*, *fig.* 3, sont disposés d'une manière toute particulière.

112. *Des couches prolongées et de leur objet.* — Comme le barrage est submersible, et comme il arrive souvent que les eaux peuvent également recouvrir une très-grande étendue du terrain environnant, afin d'atteindre dès lors le double but de laisser aux crues le débouché convenable, et de provoquer l'atterrissement des terrains bas, on établit sur le sol des espèces de barrages peu élevés, *fig.* 3, qu'on appelle *couches prolongées ee'* (*), elles partent des contre-forts d'amont *c'c'*, et se dirigent perpendiculairement au bras fermé jusqu'à la rencontre des terrains plus élevés, pour s'y raccorder avec une branche de digue *xe''*.

Ces ouvrages sont d'abord formés d'une couche *e'* encaissée dans le terrain; cette couche est surmontée d'une ou de deux autres qui se retournent d'équerre vers les contre-forts d'amont, et s'inclinent de manière à arriver, après une longueur de rive de 10 à 12 mètres, à *zéro* de la surface des contre-forts *c'* à l'amont du barrage qu'elles doivent protéger (**) : on laisse 4 mètres de largeur de surface à la couche qui doit former, suivant *e'*, radier de chute, et 5 à 7 mètres à la surface supérieure des couches qui doivent composer le massif de la retenue *e*. Ces couches prolongées ont leur crête assez généralement à 0m.50 au-dessous des plus grandes crues. On voit, par cette disposition, que les eaux, au moment où elles débordent sur le terrain, sont contenues de manière à n'avoir que peu de vitesse lorsqu'elles viennent à se déverser au-dessus du massif *e* pour tomber sur le radier *e'* destiné à amortir l'effet de la chute. Cet épanchement a en effet lieu à peu près sans vitesse initiale (la hauteur des couches étant déterminée en conséquence), ce qui occasione le dépôt successif des *troubles* dont les eaux sont chargées; les eaux claires s'écoulent pour faire place à de nouvelles *troubles*; le rehaussement du sol s'opère en même temps que la surface se trouve défendue tant à l'amont qu'à l'aval de la position du barrage; il ne peut s'y former aucun ravin dangereux pour les berges, comme cela aurait lieu si

(*) Pour les barrages entièrement submersibles, les parties supérieures des contre-forts affectent d'autres dispositions, dont nous rendrons compte ci-après (111) et (112).

(*) *Voir* en même temps, pour plus de détail, la *fig.* 4, Pl. L, qui donne à une grande échelle la coupe d'une couche prolongée.

(**) Le détail des couches prolongées est encore donné par la coupe NT, *fig.* 5.

les eaux de submersion pouvaient rentrer à l'aval du barrage, dans le bras fermé, presque immédiatement après les contre-forts, c'est-à-dire si ces couches prolongées n'existaient pas. Au surplus, avec ces précautions, et lors même qu'il arriverait que, par suite d'une trop grande diminution de la section d'écoulement, le courant, qui part des extrémités pour rentrer à l'aval du bras fermé, prendrait assez de vitesse pour entamer le sol et la berge aux points de rencontre, cette dégradation serait si éloignée du barrage, qu'avant qu'elle pût l'atteindre, on aurait grandement le temps de remédier au mal, quand même la crue aurait une longue durée; et au contraire on peut presque assurer que, sans couches prolongées, il n'y a aucune sécurité pour les barrages submersibles, attendu que, sans cette condition, le barrage peut être tourné par les eaux à la première crue qui submerge les rives.

113. *Les couches prolongées sont quelquefois insubmersibles sur une certaine longueur.* — Quelquefois le terrain qui avoisine le barrage n'est composé que de sable fin nouvellement déposé; dans ce cas on ne se contente point de défendre le barrage au moyen de couches prolongées. On élève encore à 0m.50 au-dessus des plus hautes eaux les parties $x$ de ces couches qui avoisinent les contre-forts d'amont, *fig.* 3. Dans ce cas encore, les contre-forts d'aval sont prolongés en $c''$ aussi profondément que l'état des eaux du bras le permet au moment de leur exécution, en sorte que le déversement se fait au delà de ces contre-forts, qui se trouvent alors, par ce moyen, suffisamment garantis.

Ces couches prolongées servent non-seulement à protéger les barrages submersibles contre les effets des crues, mais leur application s'étend encore à une foule de cas, soit pour réunir les bancs de gravier, soit pour en provoquer le rehaussement, soit pour faire atterrir les parties basses des îles, etc. Les détails de ces couches sont donnés par la *fig.* 4, Pl. L; on y voit une excavation faite dans le terrain suivant $ab$, et de 4m.50 de largeur sur 0m.50 de profondeur. Une couche en fascinages ordinaires se trouve placée dans cette excavation; elle y est maintenue par six cours de clayonnages, et rechargée de 0m.16 de gravier, la surface en est terminée par une couche chevelue en petites fascines posées et clayonnées, comme il a été dit précédemment (77). Deux couches ordinaires forment la retenue, qui est ici de 1m.00 de hauteur, et le travail est conduit de manière à ce que la couche en gravier du rechargement supérieur ait un talus de cinq de base pour un de hauteur. Lorsque les couches prolongées sont plus élevées, on ajoute une couche au radier; rarement elles dépassent 2 mètres, et si au moment du déversement des eaux au-dessus de la retenue, la partie aval devait être à sec, la première couche ordinaire $m$ de cette retenue serait avancée de 1m.50 sur le radier, qui n'aurait alors que 3 mètres.

114. *Raccordement des couches prolongées avec les digues.* — Lorsque les couches prolongées doivent être terminées par une branche de digue $e'''$, *fig.* 3, Pl. LII, on élève le radier $e'$, comme il est indiqué en $h$ jusqu'au niveau du sommet de la digue $e''$. Les couches ordinaires de la retenue $e$ sont de même conduites jusqu'à cette hauteur, ainsi qu'il est indiqué en $x$ et sur 3 mètres, à partir de leur extrémité vers la couche prolongée. Ces deux parties se touchent, ainsi que le fait voir le profil N'T', *fig.* 7. Après cette longueur de 3 mètres, ces deux massifs s'écartent pour laisser un vide $x'$, et le raccordement s'opère alors, comme il a été dit pour les barrages submersibles (111). Alors les portions de tunages $g$ et $h$, sont dans la même situation que si les couches prolongées avaient été insubmersibles, comme elles le sont suivant N''T''.

Telles sont les dispositions générales des différentes parties qui composent les barrages, soit qu'étant à passes submersibles, elles se rattachent aux digues d'inondation, et se terminent vers le cours principal du fleuve, soit qu'étant entièrement submersibles elles enveloppent, *avec des couches prolongées*, le terrain bas qu'il s'agit de rehausser, ou qu'elles viennent s'appuyer au terrain naturel; soit enfin qu'elles doivent se raccorder avec l'extrémité des branches secondaires des digues qui s'étendent jusqu'aux grandes digues d'inondation.

115. *Divers modes de construction applicables aux barrages.* — Les barrages s'établissent en *tunages ordinaires*, lorsque les bras à fermer sont à sec, ou qu'on peut les rendre tels par la construction de bourrelets qu'on exécute à l'origine; on les exécute aussi au moyen *d'enrochemens et de claies*; enfin on les exécute encore par *enrochemens et tunages ordinaires*.

## *Barrages en tunages ordinaires.*

116. *Construction.* — Avant 1810 on n'avait employé, pour fermer les bras secondaires du Rhin, que les *tunages ordinaires*. Le plus souvent on attendait que ces bras fussent à peu près à sec. Les barrages étaient surmontés d'une digue faite en terre, et par conséquent complétement insubmersible, *fig.* 4, Pl. LI, en sorte que la partie aval n'était jamais atterrie, et qu'à la moindre avarie le fleuve y reprenait son cours.

Pour opérer la fermeture d'un bras secondaire et de moyennes dimensions, on commençait par déblayer dans les berges (suivant l'axe du massif $m$ du barrage) deux enracinemens semblables à celui qui est indiqué par $ab$, *fig.* 2, Pl. XLVII, on leur donnait 10 mètres de profondeur; en partant de chacun de ces enracinemens, et au moyen des procédés indiqués Pl. XLVII, XLVIII et XLIX, on avançait dans le lit du fleuve deux ouvrages saillans qui venaient se rejoindre à peu près au milieu du lit, et fermer ainsi complétement le bras du fleuve. Mais comme on diminuait la section par le massif de tunages, tandis que le volume d'eau à écouler dans un temps donné restait toujours le même, il fallait que la surface de la section primitive se rétablît aux dépens du lit. Des affouillemens très-prononcés s'opéraient en aval des deux branches du travail. Pour les combler, il fallait un temps considérable, des dépenses énormes, et encore n'était-il pas rare que, par suite du peu de résistance du terrain, une crue emportât complétement l'ouvrage. Lorsqu'on parvenait à fermer un bras, ce n'était donc qu'après des sacrifices exorbitans. Ce premier travail terminé, on établissait à l'amont un nouveau barrage $m'$, Pl. LI, et l'espace $x$ compris entre ces deux ouvrages était rempli en gravier pour étancher les filtrations; On rechargeait ensuite d'une digue $m''$ suffisamment prolongée le massif de travail, afin de le rendre insubmersible. On conçoit qu'avec un semblable système sur un fleuve comme le Rhin, il était difficile de pouvoir entreprendre, avec quelques chances de succès, la fermeture d'un bras de quelqu'importance.

117. *On ne fait que rarement usage des seuls tunages ordinaires pour les barrages.* — Maintenant on réserve exclusivement l'emploi des tunages ordinaires à la construction de barrages dans les bras à sec, ou dans ceux qu'on peut rendre tels au moyen d'un bourrelet convenablement établi à l'orifice supérieur, ou encore dans les bras dont la vitesse n'excède pas 1m.20 par seconde, et dont la profondeur d'eau ne dépasse pas 1m.50. Quant au mode même de fermeture de ces barrages, on ne suit plus l'ancien procédé; nous l'avons modifié ainsi qu'il suit.

118. *Modifications apportées dans ces constructions en tunages ordinaires.* — Après avoir arrêté la direction du

6

barrage, on déblaie suivant l'axe de chaque rive deux enracinemens d'environ 6 à 8 mètres de profondeur, d'où l'on part en même temps au moyen de couches de fondation reliées par des couches ordinaires, ainsi qu'il a été indiqué précédemment. Lorsque l'on est arrivé de chaque côté à 6 ou 7 mètres des berges, et qu'on est entré avec une couche ordinaire dans les enracinemens, on recharge fortement en gravier les tunages exécutés vers une des rives, de manière à les faire échouer bien à fond. Le tunage de la rive opposée est continué, et les couches ordinaires rechargées de manière à ce que l'on soit assez promptement à fond sur environ 5 à 6 mètres, en conservant à flot et au-dessus de l'eau la dernière fondation. On fait déposer sur la partie de l'ouvrage qui est à fond une hauteur d'environ 1$^{m}$.50 en gravier, pour donner une certaine stabilité à cette partie et en rendre l'entraînement plus difficile. On continue à pousser le travail en avant au moyen de couches de fondation reliées entr'elles, au nombre de trois, par des couches ordinaires qu'on ne recharge pas. De cette manière, on forme une nappe flottante jusqu'à la moitié environ de la largeur du bras; on a soin de donner à cette nappe une largeur à peu près égale à sept fois la plus grande profondeur du bras. On se hâte de bien recharger cette nappe en la faisant enfoncer d'abord par l'amont, afin que la pression de l'eau et la force du courant déterminent sa prompte submersion sans la retrousser ni la déchirer, ce qui ne manquerait pas d'avoir lieu si l'on déterminait la submersion par l'aval au lieu de l'effectuer par l'amont. Des dépôts de gravier faits à l'avance servent à cette submersion, pour laquelle, en outre, on a réuni une quantité suffisante de bateaux pour le transport du gravier nécessaire à l'immersion complète du travail. Lorsque cette partie est bien à fond et couverte d'une bonne couche de gravier, on se porte vers la rive opposée, qui, défendue par le premier ouvrage, n'a éprouvé aucune dégradation. On commence les fondations qui doivent former la seconde nappe et fermer la seconde partie du bras. On part de l'extrémité du premier ouvrage de garantie de la berge, comme si c'était la naissance d'un enracinement; lorsqu'on est à fond sur 5 à 6 mètres, on laisse flotter la dernière fondation comme pour la première nappe; on établit un bon dépôt de gravier sur cette partie, et l'on continue ensuite à se porter en avant en fondations et couches ordinaires comme pour la première nappe. Lorsqu'on est arrivé à 4 ou 5 mètres au delà de l'extrémité de la première nappe échouée, on recharge la seconde nappe qu'on vient de construire, et on en détermine ainsi l'immersion; elle vient se réunir à la première, et le lit du bras se trouve tapissé par un ouvrage en fascinages qui le défend contre les effets du courant.

Pendant la construction de la première nappe, les eaux s'écoulent par une section successivement rétrécie, et réduite à peu près en définitive aux trois quarts de la surface primitive; il doit nécessairement en résulter un peu d'approfondissement; mais la berge opposée ne peut en souffrir, puisqu'elle a été préalablement défendue par un tunage provisoire. Lors de l'établissement de la seconde nappe, la moitié de la surface du lit étant revêtue par l'échouage de la première partie du travail, et les eaux pouvant se déverser au-dessus et passer sous la nappe en construction, l'approfondissement est encore peu considérable. Cette seconde nappe échouée, l'approfondissement cesse. Les opérations doivent s'exécuter avec célérité; les eaux alors n'ont pas le temps d'agir fortement.

Les deux nappes terminées, on part des deux berges pour fermer le bras, en marchant en tunages ordinaires; et comme le fond du lit ne peut plus être attaqué, que le volume des eaux n'est pas considérable, on parvient ainsi à fermer le bras du fleuve sans accident et à peu de frais.

Du reste, ce procédé bien simple ne doit être employé que lorsque le bras n'excède pas 100 mètres, et qu'on peut, avec quelque certitude, compter sur les basses eaux sans crues pendant une quinzaine de jours. La *fig.* 1, Pl. LXVIII, peut s'appliquer au travail que nous venons de décrire.

## *Barrages à claies.*

119. *Changemens importans introduits dans la construction des barrages à claies.* — Pour la fermeture des bras secondaires du Rhin, il paraît qu'il avait précédemment été question de barrages *à Claies*; mais la méthode prescrite pour la pose des claies était tellement défectueuse, qu'il nous a paru démontré, lorsque nous avons voulu nous en servir, qu'on n'en avait jamais fait usage. Nous avons donc dû modifier les traditions à nous transmises à ce sujet, tant dans la disposition des pieux destinés à servir de coulisses pour mettre les claies à fond, que dans la forme de ces claies; nous avons établi préalablement des arrière-radiers, et maintenant les barrages à claies ne peuvent manquer de réussir (15), même dans les cas les plus difficiles.

120. *Barrages à claies exécutés au Raukopf.* — Nous prendrons pour texte de notre description les travaux du barrage du Raukopf à l'aval de Strasbourg. Il s'agissait de porter le fleuve du Rhin dans une ancienne coupure à peu près ensablée, qui avait été ouverte de concert avec le gouvernement badois, et dans laquelle, malgré les travaux les plus dispendieux, on n'avait jamais pu introduire qu'un faible volume d'eau (218). Ce travail était, avec raison, regardé comme la base des travaux de régularisation du cours du Rhin.

121. *Situation du bras à fermer.* — Le bras du Rhin, qu'il s'agissait de barrer vis-à-vis l'île dite du *Raukopf*, et dans lequel toutes les eaux du fleuve étaient en très-grande partie réunies, avait, à la ligne d'eau, 310 mètres de largeur, sa plus grande profondeur était de 4$^{m}$.30 au-dessous de l'étiage, et la vitesse du thalweg de 2$^{m}$.03 par seconde. Les travaux ont été commencés le 8 octobre 1821, et entièrement terminés vers la fin de juillet 1822.

122. *Etat du fleuve pendant le cours des travaux.* — Au commencement des travaux, le Rhin était à 2$^{m}$.09 à l'échelle du pont de Kehl, et pendant leur exécution il n'est point descendu au-dessous de 1$^{m}$.08. La plus grande hauteur de crue n'a pas dépassé la cote 2$^{m}$.94 de cette échelle; la cote des plus hautes eaux étant de 3$^{m}$.80.

123. *Dispositions générales du barrage.* — L'axe du barrage formait un chevron brisé, dont la plus grande branche, partant de la rive droite, avait 226 mètres, et dont la plus petite branche, celle qui arrivait de la rive gauche, avait 87 mètres; l'angle était dirigé contre le courant. Cette disposition a été prise parce que le thalweg, au point où on était obligé de se placer en raison de l'état des rives, se portait en diagonale d'une berge à l'autre; et comme pour la pose des claies on est obligé de se placer perpendiculairement au courant, la ligne, en partant de la rive droite, a dû faire un angle avec la berge; son prolongement eût dépassé le confluent de la coupure à ouvrir à l'amont; de sorte que, pour enraciner le barrage

(15) Nous avons déjà, après la construction du barrage du Hellwasser, que nous avions exécuté en 1819, donné, dans la lithographie de l'école des ponts et chaussées, la description de ce procédé: mais, en comparant les détails dans lesquels nous allons entrer avec le dessin que nous rappelons, il sera facile de reconnaître les améliorations importantes que nous avons encore apportées à ce système de barrage depuis 1819.

Avant la construction du barrage du Hellwasser, nous avions fermé à claies plusieurs bras considérables du Rhin, tels que le Steingrün-Giesen, le Kœnigs-Giesen, les Wolfechollen-Giesen, le Schutzen-Giesen et le Bras-Mabile.

dans la rive gauche en un point convenable, il a fallu former une ligne brisée. Cette direction arrêtée, on a déblayé deux enracinemens dans la berge, et l'on a établi les amorces des contre-forts en *tunages ordinaires*, sur 15 mètres de longueur, attendu que le terrain était très-bas et de peu de consistance. Celui de la rive droite a été avancé à l'amont sur 35 mètres; on a battu en même temps 16 pieux d'amarre espacés de vingt en vingt mètres, suivant une ligne perpendiculaire aux berges, et à 20 mètres de l'angle saillant de l'axe du barrage. Un fort cordage a été passé à la tête de chaque pieu, et arrêté sur les rives par deux cabestans. En outre, une cinquenelle de sûreté, supportée par des batelets, passait d'une rive à l'autre, et était tendue au moyen de cabestans. Telles sont les dispositions générales qu'on a cru d'abord devoir prendre.

124. *Différentes parties du barrage.* — Le barrage du Raukopf, dont la coupe par masse d'ouvrages est représentée *fig.* 2, Pl. LIII, devait se composer d'un seuil général *rrr* allant d'une rive à l'autre, formant arrière-radier, et s'étendant sur environ 25 mètres à l'aval de la position que devait avoir la crête du barrage. Ce radier général, ou seuil, a été construit au moyen de saucissons disposés par système, convenablement échoués, et maintenus par des blocs de pierre de 5 à 600 décimètres cubes.

125. *Saucissons bourrés en gros gravier.* — Chaque saucisson avait 4 mètres de longueur, $0^m.80$ de diamètre au milieu; il était composé de sept fascines, entourant 600 décimètres cubes de très-gros gravier, et le tout était lié et fortement serré par douze harts ou clayons de choix.

La Pl. LIV donne le détail de la confection des saucissons, ainsi que la manière dont ils étaient disposés au moment de l'échouage.

Le chantier destiné à l'établissement des saucissons, vu en plan, *fig.* 9, se composait de deux fortes perches *a*, *b* de $4^m.00$ de longueur et de $0^m.15$ de diamètre. Ces perches, appuyées sur le terrain naturel à $0^m.50$ l'une de l'autre, étaient maintenues en position par quatre petits piquets placés vers les extrémités. Sur ces perches on avait posé six petits blochets *c* de $0^m.90$ de longueur et de $0^m.10$ de diamètre; ceux des extrémités étaient à $0^m.35$ des bouts des perches *a* et *b*, et les autres divisaient en cinq parties égales l'espace compris entre les blochets extrêmes. Douze forts piquets inclinés *t*, ayant $1^m.00$ de longueur et $0^m.05$ de diamètre, étaient enfoncés dans le terrain de $0^m.25$, et disposés de manière à s'appuyer contre les blochets *c*; ils pouvaient s'enlever facilement. Deux autres piquets *x*, *x'*, placés suivant l'axe du châssis, à 4 mètres l'un de l'autre, déterminaient la longueur que le saucisson devait avoir. Les *fig.* 2 et 7 donnent la coupe et l'élévation de ce chantier. Tous les bois employés étaient bruts et tels qu'on les avait exploités à la forêt.

Le chantier ainsi établi, pour faire un saucisson on étendait entre les piquets *t* quatre fascines; on en coupait les harts; on les disposait de manière à former une enveloppe concave, dans laquelle on plaçait, jusqu'à $0^m.30$ des extrémités, 600 décimètres cubes de gros gravier rassemblé au râteau sur les grèves. Sur cette longueur de $0^m.30$ réservée aux deux bouts des saucissons, on plaçait de bons bouchons en roseaux pour empêcher l'écoulement du gravier. On employait ensuite trois nouvelles fascines qu'on étendait comme les premières, de manière à former un cylindre dont le gravier occupât le milieu, ainsi que l'indique la *fig.* 6. On commençait ensuite par placer les harts des extrémités; à cet effet, on entourait le massif, qui devait composer le saucisson, d'une forte corde *d*, *fig.* 4, terminée par deux boucles dans lesquelles on introduisait deux leviers *s*; et quatre hommes, pesant sur ces leviers, serraient fortement le massif jusqu'à ce qu'il n'eût plus que $0^m.80$. de diamètre. On passait près de la corde une forte hart bien tordue au feu pour arrêter l'enveloppe des saucissons. Douze harts semblables étaient ainsi placées, et le saucisson était terminé. On enlevait les piquets *t*, et l'on roulait le saucisson sur la partie de l'atelier destinée à son dépôt, en attendant qu'il fût échoué isolément, *fig.* 5 et 10, Pl. LIV, ou par système, *fig.* 3 et 8.

126. *Poids des saucissons; volume d'eau déplacée; leur pesanteur spécifique; leur prix.* — Un saucisson, composé et façonné comme il vient d'être dit, pesait dans l'air $1198^k.80$; par son immersion complète il déplaçait un volume d'eau de $0^m.571$, et ne pesait plus alors que $627^k.80$; sa pesanteur spécifique, celle de l'eau étant prise pour unité, était donc de 2.0994. Échoué isolément, il revenait à $3^{fr}.63$ (16), ou à $1^{fr}.61$ le mètre cube (*Note* K, § 2).

127. *Équipage employé à l'échouage des saucissons par système.* — L'équipage dont on s'est servi pour échouer les saucissons par système est représenté *fig.* 1, 2 et 3, Pl. LV. Cet équipage se composait de deux bateaux, *fig.* 3, d'environ 18 mètres de longueur sur $2^m.60$ de largeur au milieu, écartés l'un de l'autre de 4 mètres, et maintenus dans cette position au moyen de six poutres *s*; chacune de ces poutres était brêlée avec les bateaux au moyen de quatre cordages; les trois premières poutres étaient placées vers l'amont des bateaux, à $3^m.70$ des extrémités; les trois dernières étaient fixées à l'aval et à 4 mètres des abouts des bateaux; il se trouvait dès lors entre les trois premières et les trois dernières solives un vide de $4^m.60$. Huit autres petites poutres *s'* étaient ensuite appuyées sur les bordages des bateaux et brêlées avec les mêmes bords; les quatre poutrelles du milieu en *r* ne laissaient entre elles qu'un espace de $0^m.20$. Un plancher fixe en madriers de sapin de $0^m.05$ d'épaisseur était ensuite cloué sur le pontage disposé comme il vient d'être dit, et de manière à former la plate-forme *ab*, en laissant toujours dans le milieu un espace vide *a'b'* de 4 mètres de longueur sur $4^m.60$ de largeur. Cet espace était fermé par un tablier mobile *a'b'* formant bascule au moyen d'un axe dont les tourillons *rr*, *fig.* 1 et 3, étaient appuyés sur les sommiers *x'*; ceux-ci étaient supportés par les traverses *o* que maintenaient les contre-fiches *z*; ces dernières reposaient sur des semelles *x* qui portaient sur le fond des bateaux; le plus grand côté de cette bascule, celui qui était vers l'aval, avait $0^m.20$ de plus de longueur que celui d'amont, ou $2^m.40$. Cette bascule *a'b'* pouvait prendre à volonté la position *a''b''*, *fig.* 2, lorsque la poutrelle *p*, destinée à entrer ordinairement dans les crochets *cc*, était dégagée de ces mêmes crochets; ce dégagement s'opérait au moyen de leviers *t*, autour desquels étaient enroulées des cordes attachées aux extrémités de la poutrelle. On prenait des points d'appui sur les petits tasseaux *e*: les leviers passaient de la position *t* en *t'*, *fig.* 2, produisaient l'échappement de la poutrelle *p*, et la bascule, en vertu de la différence de la longueur de son côté d'aval et du poids des crochets en fer *c*, tournait autour de son axe *rr* pour prendre la position inclinée *a''b''*.

L'équipage était tenu au large par deux ancres de sû-

(16) En cubant exactement un saucisson, on trouve que son volume est de $1^m.77$ quand il est échoué isolément; mais, eu égard aux vides entre les saucissons, nous évaluons l'espace occupé par un saucisson échoué, au quarré de sa moyenne dimension multiplié par sa longueur. Ce qui donne :

$$0^m.5625 \times 4^m.00 = 2^m.25.$$

reté; au moyen de deux cordages arrêtés à une traverse soutenue par les pieux d'amarre (123), une cinquenelle de sûreté allait en outre d'une rive à l'autre et reposait sur les bateaux à l'amont du tablier *ab*.

128. *Équipages pour les transports.* — Un équipage ponté de la même manière, mais sans bascule, faisait le transport des saucissons du chantier à l'équipage d'échouage; quant à celui-ci, sa seule manœuvre consistait à changer de place au fur et à mesure qu'un système de saucissons était submergé.

129. *Dispositions des saucissons par système.* — Les saucissons étaient roulés par trois sur la bascule et disposés par système, *fig.* 3 et 8, Pl. LIV, ils formaient un trapèze *m n*; le petit côté exposé à l'amont avait 2 mètres de longueur, et le grand côté ou la base 3$^{m}$.50; la hauteur était la longueur même d'un saucisson placé au milieu du système. Ces trois saucissons étaient réunis au petit côté par cinq piquets et par trois cours de perches *z*, placés l'un au milieu et les deux autres aux extrémités, à 0$^{m}$.40 du bout des saucissons. Ces perches étaient arrêtées chacune par six harts et consolidaient parfaitement le système; deux anneaux en osier étaient attachés en *x* à la troisième hart, à partir du grand côté du trapèze. Toutes ces opérations s'exécutaient sur la bascule même de l'équipage d'échouage, afin de n'avoir, pour opérer la submersion, qu'à enlever la poutrelle *p*. La bascule s'inclinait, le glissement du système s'opérait, et les saucissons allaient à fond dans la position que leur assignait le plus ou moins grand éloignement de l'équipage vers l'amont; éloignement qui était donné à son tour, d'une part par la sonde employée pour connaître exactement le vide à remplir; ou, d'une autre part, au moyen d'un premier échouage d'essai que l'on faisait pour chaque position de l'équipage, afin d'apprécier les effets de la vitesse du courant.

130. *Dispositions particulières pour la régularité de l'échouage.* — Au moyen de petits anneaux *x* on pouvait diriger l'échouage de manière à ce que les premiers rangs fussent assez bien placés entre eux. Deux cordes doubles, passées dans les anneaux et attachées sur le côté des bateaux, indiquaient la position de l'emplacement occupé par le premier système; on remontait ou on descendait l'équipage si l'échouage ne donnait pas, quant à l'emplacement, le résultat désiré. On n'enlevait point la corde du côté du saucisson contre lequel le système suivant devait arriver. Lorsque le second système devait être submergé, on passait dans l'anneau correspondant un des bouts de cette corde, en sorte que cette corde enfilait à la fois et l'anneau du système échoué et l'anneau du système à échouer à la suite; on tendait bien cette corde; elle servait alors à diriger l'échouage et à conduire les saucissons à côté du trapèze déjà placé au fond de l'eau. La corde qu'on avait placée sur le côté opposé servait au système suivant. Il était facile de la retirer en lâchant un des bouts de cette corde (17). De cette manière on a formé en grande partie le massif *r*, *r*, *r* du radier général dont la coupe est représentée *fig.* 2, Pl. LIII.

131. *Prix.* — Chaque système de saucissons composant ce massif revenait, tout compris, à 13$^{fr.}$.46, et le mètre cube à 1$^{fr.}$.53 (*Note* K, § 2).

132. *On s'était proposé d'échouer les saucissons isolément.* — Notre projet avait été d'abord de former le massif du radier général en saucissons traversés par une perche, *fig.* 5 et 10, Pl. LIV; mais, après l'échouage des 120 premiers saucissons, nous reconnûmes qu'il était impossible d'espérer un résultat satisfaisant, et qu'il fallait opposer au courant des masses plus considérables. Nous conçûmes alors l'idée d'opérer l'échouage par système, ainsi que nous venons de le décrire; cette disposition a pour objet en outre de produire, sans dépense aucune, un plus grand volume, attendu que les vides ne tardent pas à être remplis par le gravier que le fleuve charrie.

133. *Échouages pour radier général.* — Pour l'établissement du radier général ou seuil *rrr* du barrage du Raukopf, *fig.* 2, Pl. LIII, il a été échoué par système 1614 saucissons; 143 ont été échoués isolément, d'abord comme essais, et ensuite pour remplir quelques vides dans lesquels plusieurs saucissons ne seraient pas entrés. On estime qu'il y avait au moins autant de vide que de plein. Le pied du massif a été arrêté par 700 mètres cubes de blocs échoués au moyen d'un équipage ponté comme celui qu'on avait adopté pour les saucissons, mais sans bascule. Les pierres étaient disposées sur les côtés du pontonage lesquels portaient des tasseaux dressés en biseaux. Elles étaient jetées à l'eau au moyen de leviers qui les soulevaient, on avait seulement soin de dégager les deux bords à la fois. L'équipage était conduit au large et en position au moyen de cordes flottantes dont les extrémités d'amont était fixées au fort cordage qui reliait les têtes des pieux d'amarre; cet équipage était ainsi halé à bras; la marche des échouages était du reste déterminée par des sondages préalables; ce travail s'est effectué sans présenter aucune grande difficulté.

134. *Chutes d'eau que le radier a dû supporter.* — Le radier général ainsi établi a résisté pendant plusieurs mois à des chutes de 1$^{m}$.50 à 1$^{m}$.80 de hauteur sur 308 mètres de longueur; la chute a même, pendant longtemps, dépassé 2 mètres sur une étendue de 224 mètres sans qu'il en soit résulté le moindre déplacement; les lames à l'aval avaient une grande amplitude, elles s'étendaient à plus de 150 mètres de la retenue opérée tant par le radier que par le massif à claies.

135. *Battage des pieux pour la pose des claies.* — Vers la fin de décembre, le seuil en saucissons était arrivé à environ 1$^{m}$.80 au-dessous de l'étiage et la chute (de plus d'un mètre) qu'il opérait était uniforme, la température douce qui régnait ne faisant présager aucun grand froid au dire des observateurs, nous nous décidâmes à faire commencer le battage des pieux destinés à former le massif à claies *x*, *fig.* 2, Pl. LIII; ce battage s'est composé de 199 pieux, il a été exécuté en 29 jours par trois sonnettes, dont deux à déclic et une à tiraudes.

136. *Dimensions des pieux.* — Ces pieux, de onze à douze mètres de longueur et d'un équarrissage moyen de 0$^{m}$.30 à 0$^{m}$.32, étaient en bois de sapin en grume; ils ont été plantés sur deux files, et disposés, ainsi que l'indique le plan de battage, *fig.* 3, même planche.

137. *Dispositions, écartemens.* — Ces pieux ont été mis en fiche sur deux rangs. Ceux du rang d'amont, ou de la première file, étaient distans des pieux du rang d'aval de 1$^{m}$.85, de milieu en milieu, et espacés entre eux aussi d'axe en axe de 3$^{m}$.32. Le premier pieu était mis en fiche au pied du talus de la rive droite, et le dernier

(17) Dans nos premiers essais il n'y avait pas de bascule. Les saucissons étaient placés au-dessus du vide laissé au milieu du pontage, une forte perche, supportée par un excentrique à une de ses extrémités, soutenait les trois saucissons, et élevait une cheville qui maintenait l'excentrique. La perche tombait à l'eau, elle était retenue par un de ses bouts au moyen d'une corde. On faisait alors plier un peu les saucissons, et l'échouage s'opérait. Cette manœuvre n'était pas sans inconvénient, et présentait du danger pour les ouvriers; mais il avait fallu, sans y être préparé, installer de suite des équipages d'échouage par système, et faute de mieux, nous avions dû employer d'abord ce premier procédé que nous avons perfectionné plus tard par l'application de la bascule.

au point où le pied du tunage de la rive gauche devait aboutir à la paroi à claies *x*.

Le premier pieu du rang d'aval placé à 1^m.85 de milieu en milieu du premier pieu du rang d'amont, avait son axe à 0^m.66 du pied du talus du contre-fort de la rive droite. La distance, toujours mesurée d'axe en axe, observée entre les pieux suivans, a été fixée :

| | |
|---|---|
| Du 1^er. au 2^e. pieu, | à 2^m.32 |
| Du 2^e. au 3^e. | à 1^m.00 |
| Du 3^e. au 4^e. | à 2^m.32 |
| Du 4^e. au 5^e. | à 1^m.00 |

et ainsi de suite jusqu'au dernier pieu, lequel était éloigné de 2^m.32 du précédent; le dernier pieu était en outre distant de 0^m.66 du pied du talus du tunage, lequel, partant de la rive gauche, devait arriver à la paroi à claies. 132 pieux ont été battus pour le premier rang ou file d'aval, et 67 pour la file d'amont. Ils ont pris de 4^m.00 à 4^m.50 de fiche.

138. *Moisage. Pont de service.* — Au fur et à mesure du battage, les pieux étaient immédiatement maintenus entre eux par des cours de moises *ee*, *fig.* 1 et 2, Pl. LVI, et par des croisillons *rr*; le tout cloué avec de fortes broches contre les faces des pieux; des madriers *mm* étaient ensuite jetés sur le moisage pour former pont de service entre les deux rives.

Les opérations de battage et de moisage des pieux étant terminées, et les sondes faites ayant démontré que le seuil d'aval n'avait éprouvé aucun dérangement sensible, le 16 février on commença la pose des claies destinées à former le masif représenté par *x*, *fig.* 2, Pl. LIII.

139. *Des claies; de leur confection.* — Les claies sont des espèces de matelas *abcd*, représentées en plan, *fig.* 4, Pl. LV. Elles sont composées de huit fascines étendues et placées jointivement les unes à côté des autres, suivant les grandes dimensions de la claie; les têtes sont dans le même sens, et les liens en sont ensuite coupés, afin d'avoir une épaisseur toujours la même sur la largeur de la claie, mais qui va en diminuant vers l'extrémité *ab*. On ajoute ordinairement six perches de moyenne grosseur aux bois de fascinages, et on les prolonge jusqu'à *cd*. Les bois de fascinages, qui doivent composer une claie, sont maintenus par quatorze perches ordinaires; sept de ces perches sont placées en dessous, et sept en dessus; ces perches sont maintenues entre elles par cent harts qui pénètrent le massif de la claie, et viennent en se croisant sur les perches former un tout solide et bien serré. Une dernière perche de forte dimension *f*, dite perche extraordinaire, est ensuite placée en travers, de manière à dépasser les bords de la claie de 0^m.25, et à pouvoir, lors de la pose, s'appuyer contre la face extérieure des pieux de la première file d'amont; la position de cette perche est déterminée pour chaque claie d'après le relevé du plan de battage. Les cases du battage sont numérotées, et le numéro de chaque case du pilotage est appliqué à la claie correspondante. Chaque claie doit être établie pour l'espace qu'elle doit occuper dans le barrage, et d'après la position exacte que les pieux ont prise; chaque claie doit donc présenter des échancrures *m''c* et *n''d*, disposées de manière à ce que les parties *m''* et *n''* viennent s'appliquer contre les pieux d'aval, et que les deux bouts de la perche extraordinaire puissent en même temps s'appuyer contre les pieux d'amont. Un saucisson de 0^m.30 de diamètre *m''n''*, est ensuite placé en travers de la claie, afin d'arrêter le gravier destiné à opérer l'échouage.

140. *Dimensions des claies.* — Les claies, ainsi confectionnées, ont 4 mètres de longueur sur une largeur de 3 mètres de *a* en *b*, réduite, au moyen de deux échancrures, à 2 mètres de *c* en *d*. La profondeur des échancrures est de 1 mètre, et leur largeur de 0^m.50; la grosse perche est placée à peu près à 1^m.85 des points *m''* et *n''* des échancrures.

141. *Pose des claies.* — Les claies ont été posées isolément entre chaque châssis des deux files de pieux, au moyen d'équipages disposés à cet effet, et composés chacun de deux bateaux de moyenne grandeur, de 11 mètres de longueur sur 1^m.60 de largeur au milieu; ces deux bateaux, amarrés à la rive vis-à-vis le chantier des claies à l'amont du barrage, laissaient entre eux un espace d'environ 4 mètres, au-dessus duquel étaient disposées deux fortes perches supportant la claie qui devait être posée. L'équipage descendait ensuite en suivant la berge jusque vis-à-vis la ligne des pieux d'amarre qu'il suivait pour prendre le large sans danger, jusqu'à ce qu'il fût vis-à-vis le châssis où la claie devait être posée. Ensuite, au moyen des cordages *m''m''*, *fig.* 1, Pl. LVI, attachés aux traverses des pieux, qu'on enroulait au nez de chaque bateau de l'équipage en lâchant les cordages, l'équipage descendait jusqu'aux files des pieux, et se plaçait dans la position représentée *fig.* 1. Les bateaux étaient alors arrêtés par les cordages *m''*; on s'attachait ensuite avec la cinquenelle *ss* aux points *m'm'*. L'équipage dans cette situation étant bien fixé, on avançait la claie *ab* après avoir enlevé la perche *z*, et en glissant la perche de support *z'z'* sur le bord des bateaux dans la situation *a'*, *b'*, *c'*, *d'*, *fig.* 1 et 2. Dans cette manœuvre, et avant l'enlèvement de la perche *z*, on avait passé dans le saucisson *m''n''* deux cordages doubles qui étaient attachés en *t* aux croisillons correspondant à la face intérieure des pieux d'aval.

142. *Saucissons pour couvrir les échancrures et les vides de côté.* — Des cours de petits saucissons *s's'* préparés à cet effet étaient attachés à la partie aval de la claie pour couvrir les échancrures, et sur l'un des côtés pour ne laisser aucun vide. Cette opération terminée, on rechargeait la claie d'environ 0^m. c.60 de gros gravier, et alors on se disposait à la mettre à fond. Pour cela on se préparait à dégager la perche *z'* au moyen de leviers, et, à un signal donné par le maître poseur, cette perche était poussée en dehors de la claie; au même moment les deux cordages, faiblement enroulés en *t* autour des croisillons, étaient lâchés, et deux poseurs, en appuyant fortement à l'amont avec des gaffes sur la queue de la claie, la faisaient plonger. L'eau, en arrivant sur cette queue, déterminait promptement l'enfoncement de la partie aval, et la claie arrivait immédiatement à fond par l'effet de la pression de l'eau et du poids du gravier dont elle était chargée. Le gravier du reste ne pouvait être entraîné, par suite de ce que le saucisson, placé à l'amont de la file des pieux d'aval, s'y opposait.

143. *Rechargement de la claie après son échouage; composition du talus d'amont.* — On se hâtait de jeter sur la claie ainsi posée environ 2 mètres cubes de gros gravier déposé à cet effet dans les bateaux. Bientôt après d'autres bateaux, portant du gravier ordinaire, venaient verser leur charge à l'amont des claies pour les recharger et former le talus d'amont. Quelques mètres cubes de moellons étaient ensuite échoués dans la même partie, ainsi que des paniers coniques de 1^m.30 de longueur, 0^m.30 de diamètre (18) au milieu, qui étaient bourrés en gros gra-

(18) Lors de l'établissement des derniers barrages à claies, dont la construction avait précédé celle du Hellwasser, afin de donner plus de consistance au talus d'amont qu'on forme en posant les claies, nous avions employé des *petits saucissons en roseaux*, d'un mètre de longueur, de 0^m.40 de diamètre, et bourrés en gros gravier; au Hellwasser nous avons remplacé ces saucissons par des *paniers coniques*, d'abord d'une dimension faible ainsi que nous venons de l'indiquer, et que nous avons ensuite modifiés comme le représentent les *fig.* 3, 7 et 8, Pl. LVIII Les petits saucissons ont encore été remplacés par ceux indiqués, Pl. LIV, et employés pour la première fois au barrage du Raukopf (125 et 188).

vier, pour présenter plus de résistance à l'action du courant contre les talus.

144. *Prix des claies ; leur quantité.* — 281 claies ont été ainsi échouées par couches horizontales. Arrivé à 2m.50 au-dessus du fond, on a rempli en moellons et gravier l'espace compris entre les têtes des premières claies et le commencement du seuil. Chaque claie échouée revenait à 11fr.29 (*Note* K, § 1er.)

145. *Perfectionnement des talus d'amont.* — On a en même temps allongé le talus d'amont par de plus grands remblais ; enfin, arrivé à 0m.80 au-dessus de l'étiage, la chute de l'amont à l'aval étant de 1m.90, on s'est hâté de terminer en gravier le remblai *y*, *fig.* 2, Pl. LIII, auquel on a donné trois de base pour un de hauteur, et en même temps on continuait les tunages ordinaires qui devaient partir du contre-fort de la rive gauche sur 85 mètres de longueur pour arriver à la naissance du barrage à claies.

146. *Matériaux employés pour la paroi à claies et le talus d'amont.* — Outre les 281 claies employées à former la paroi *x*, il a été échoué 7,106 petits paniers coniques, et 1,284m. c..05 de moellons. Lors de la pose des claies on avait encore versé 10,839 mètres cubes de gravier. Le barrage se trouvait à ce moment dans la situation représentée *fig.* 2, par la coupe *r*, *r*, *t*, *x*, *y*.

147. *Tunages ordinaires pour fermer en amont de la paroi à claies.* — Dans cette situation, il fallait se hâter d'arriver au-dessus des eaux par la construction des massifs *v*, *v'*. Deux ateliers ont été placés sur les deux rives, afin de marcher à la rencontre l'un de l'autre au moyen de tunages ordinaires, et en suivant, pour les couches de fondation, de correction et ordinaires, les procédés de pose indiqués précédemment et détaillés Pl. XLVII, XLVIII et XLIX. La longueur du déversement des eaux n'était plus alors que de 222 mètres. L'exécution des tunages ordinaires représentés par les massifs *v* et *v'*, diminuait à peu près chaque jour cette longueur de 20 mètres, en sorte que, vers le commencement d'avril, on était parvenu à joindre les deux branches de tunages ordinaires partant de chaque rive, et à s'élever au-dessus des eaux du jour de 0m.60. La différence de retenue de l'amont à l'aval était, au moment de la fermeture, de 2m.10. Le fleuve passait alors complétement par la coupure qui avait été ouverte à l'amont suivant une direction perpendiculaire à celle du barrage ; on n'avait amorcé cette coupure, qui était faite en partie dans le lit ensablé de l'ancienne, que sur une largeur de *trois mètres* au plafond.

En construisant la partie *v*, on l'avançait toujours de 10 mètres de plus que la partie *v'*; On pouvait alors niveler en gravier, moellons et paniers l'espace compris entre la tête des claies et le niveau du seuil ou avant-radier, pour ne laisser aucun vide, et pouvoir bien asseoir le massif *v'*. Afin qu'il ne pût s'établir en dessous aucune filtration nuisible, on étanchait en même temps, au moyen de foin et de roseaux, les vides qui se trouvaient dans la paroi à claies ; et, en effet, quelques jours après la construction du massif *v* et *v'*, le travail était assez étanche. On avait, pendant ce temps, appuyé le bout des couches de fondation du massif *v* au moyen de paniers coniques indiqués par *z* ; et le talus *z'* formé en gravier était terminé à peu près en même temps que les tunages *v'*. On s'était tenu fort étroit pour le massif *v* ; il n'avait pas grand effort à soutenir, puisqu'il s'appuyait à l'aval contre les pieux d'amont qui avaient servi de coulisses à la pose des claies. Deux fondations et deux couches ordinaires suffisaient pour arriver au-dessus de l'eau.

148. *Profil du barrage. Banquettes à l'aval.* — Le barrage devait être terminé par une couche générale de 10 mètres de largeur, inclinée, à sa surface supérieure, de 0m.50 de l'aval vers l'amont ; sa crête devait être réglée à 0m.20 au-dessus des plus hautes eaux. Un massif en terre et gravier devait être établi en *e* pour prévenir les filtrations. Ce massif devait avoir 8 mètres d'épaisseur au sommet, et avoir son talus à 45°. Une première banquette de 2m.60 d'empatement devait être établie à l'aval à 1m.50 en contre-bas de la crête du barrage. Une deuxième banquette de 5 mètres d'empatement devait être établie à un mètre en contre-bas de la première, les talus de ces banquettes devaient être réglés à 45°.

La banquette *e'* a été faite en paniers coniques rechargés en gravier et moellons, on a parementé les talus et la surface supérieure de cette banquette ; au moyen de trois couches ordinaires en fascinages on a commencé la seconde banquette *d* ; trois autres couches générales ont terminé complétement le barrage, *coupes* 1 et 2.

149. *Le travail avant d'être terminé était à l'abri des avaries.* — Il n'y avait du reste plus rien à craindre du moment qu'on était arrivé au-dessus de l'eau, par suite du genre de construction employé, tant pour le seuil *rr*, ou radier général, que pour la paroi à claies *x*, et pour les massifs en tunages ordinaires *v* et *v'* qui l'entouraient à l'amont et à l'aval. Une crue, qui aurait tout submergé eût été sans le moindre danger, et n'aurait produit qu'un tassement général dans la partie nouvellement faite, sans en opérer la désunion. Cette crue ne s'est point présentée.

150. *La passe a été reportée sur la rive droite.* — Par décision de la commission mixte, et par suite de considérations dans l'intérêt de la défense, la passe submersible du barrage, au lieu d'être placée au milieu du travail, a été reportée près de la rive droite. On a été obligé de laisser affouiller le lit afin d'obtenir la profondeur nécessaire pour que le radier eût l'épaisseur convenable, et que sa surface fût à 0m.50 en contre-bas de celle de la première banquette. Cette opération était extrêmement délicate, il fallait pour l'entreprendre être certain de pouvoir à volonté se rendre maître de l'affouillement par une grande habitude de travaux.

151. *Couches prolongées sur la rive droite.* — Dans l'intention de garantir le barrage vers la rive droite, les dernières parties de tunages du contre-fort d'amont ont été conduites *en couches prolongées*, *fig.* 4, Pl. L. Ces couches ainsi développées sur le sol de l'île du Raukopf affleuraient le terrain naturel à 200 mètres de la berge. Leur crête a été tenue à 0m.70 au-dessous des grandes eaux.

152. *Raccordement sur la rive gauche avec la digue du Lobstein-Woerth.* — A partir de la rive gauche de la passe, le barrage a été couronné à 0m.50 au-dessus des plus hautes eaux connues. De cette manière il se raccordait avec la digue en terre, formée des déblais de la coupure ouverte dans l'île du Lobstein-Woerth, suivant la direction curviligne arrêtée pour le nouveau cours du fleuve. Cette digue se développait sur la rive gauche et rejoignait la levée du Hellwasser, prolongée elle-même dans l'île des Épis jusque vers le pont de Kehl.

153. *Le barrage a été, depuis, submergé de 0m.10 ; aucune dégradation.* — On voit, *fig.* 1 et 2, Pl. LIII, que le barrage qu'on avait cru rendre insubmersible au delà de la passe a été surmonté de 0m.10 par les eaux de la crue extraordinaire de 1824. Depuis, on a relevé la crête

du barrage au moyen d'une couche de tunages ordinaires, afin de ne laisser submersible que la passe. Lors de l'inondation de 1824, la chute de l'amont à l'aval n'était que de 0m.60; il n'en est résulté aucune avarie.

154. *Ensablemens considérables à l'amont et à l'aval du barrage.* — De 1822, époque de la clôture des travaux, jusqu'en 1833, les ensablemens ont été très-considérables. Leur coupe est représentée par les lignes *s*, *s*, *fig.* 2. On voit que l'affouillement d'aval, qui était de 7m.50 au-dessous du lit primitif ou de 11m.20 au-dessous de l'étiage, est entièrement comblé; que près du barrage, tant à l'amont qu'à l'aval, ces atterrissemens se sont élevés au-dessus de cet étiage; et que le seuil d'aval ou radier général, ainsi qu'une grande partie du talus de la première banquette, est entièrement envasé; cet envasement s'élevait déjà de plus de 2 mètres au-dessus de la surface du radier, bientôt le barrage disparaîtra sous les atterrissemens (19).

155. *Dépense du barrage.* — La dépense faite, ainsi qu'elle se trouve détaillée à la *Note* L, § 1er., ne s'est élevée qu'à 156,383fr.75, dans laquelle somme se trouve comprise l'acquisition des bois de fascinages pour 18,251fr.45.

156. *Diminution des dépenses par l'emploi des paniers.* — S'il s'agissait de la construction d'un nouveau barrage, dans les mêmes circonstances, la dépense pourrait encore éprouver des réductions, en supprimant, par exemple, les blocs et en les remplaçant par des paniers prismatiques quadrangulaires (174), qui ne coûtent que moitié. On pourrait de même supprimer tous les moellons, et les remplacer par des paniers coniques et des tunages ordinaires, ouvrages d'un prix également bien moindre.

157. *Barrages de bras secondaires; même système de claies.* — Les détails dans lesquels nous venons d'entrer sur la construction du barrage à claies du Raukopf, sont applicables à tous les barrages à claies.

Ils n'éprouveraient que de très-légères modifications s'il s'agissait d'appliquer ce système à des bras secondaires d'une moindre importance.

Ainsi les radiers généraux ou seuils se construiraient de la même manière; mais les pieux pour la pose des claies varieraient d'équarrissage, et, suivant la largeur et la profondeur des bras, on réduirait la dimension de ces pieux, soit à 0m.25 sur 0m.30, soit même à 0m.15 sur 0m.20; et leur fiche, soit à 3m.50, soit même à 2 mètres. Les claies conserveraient la même forme; mais on les ferait plus légères, en n'employant que douze perches à leur confection. Les prix de ces travaux varieraient aussi alors conformément au bordereau placé à la fin de ce mémoire. On réduirait également les remblais à l'amont au volume strictement nécessaire, afin de prévenir les filtrations. Ne perdons pas de vue d'ailleurs que, pour le barrage du *Raukopf*, c'était la première fois qu'on fermait le thalweg du Rhin, et que, comme ce barrage sortait de la ligne ordinaire de ce genre d'ouvrages, nous avons cru devoir faire usage de dimensions extraordinaires et prendre des précautions, peut-être poussées trop loin, contre les effets à redouter. Nous avons jugé ensuite qu'on pouvait sans danger restreindre ces mêmes précautions, et nous l'avons fait sans inconvénient au barrage par enrochement du *Laemmerich-Giesen*, dont les détails seront donnés ci-après (180).

(19) La *fig.* 1, Pl. LIII, a pour objet de rendre sensibles les divers travaux exécutés pour les différentes parties du barrage du Raukopf, et de détailler les ouvrages qui sont donnés en masse, *fig.* 2.

## *Barrages par Enrochemens et Tunages ordinaires.*

158. *Application du système d'enrochement sans le secours des claies.* — L'établissement par enrochement du radier général, auquel on doit attribuer une grande partie du succès obtenu dans la construction du barrage du *Raukopf*, nous avait fait pressentir la possibilité de fermer les bras secondaires du fleuve, en appliquant toujours le même système, mais sans autre secours ensuite que celui des tunages ordinaires, et en supprimant par conséquent les parois à claies.

En effet, au moyen du mode de radier par enrochement, le lit du fleuve devenait en quelque sorte inaffouillable, puisqu'on pouvait étendre à volonté la surface de ce radier tout en conservant une section suffisante; d'un autre côté on atteignait ce but important à peu de frais, par suite surtout de la suppression des blocs de pierre.

159. *Barrage du Schiffbruck-Grund.* — Le premier essai de ce genre de barrage par enrochement et tunages ordinaires, a été appliqué à la construction du barrage du *Schiffbruck-Grund-Giesen*, situé à l'aval du pont de Kehl; il s'agissait, d'après ce qui avait été convenu avec la rive droite pour la régularisation du cours du Rhin vis-à-vis Strasbourg, de réunir, dans un lit unique, toutes les eaux du fleuve à leur état moyen. La fermeture du bras secondaire devenait nécessaire pour empêcher que le thalweg ne vînt à s'y porter et à déranger, par cette nouvelle divagation, l'exécution des travaux arrêtés de concert avec les autorités badoises pour la défense de cette localité.

160. *Situation du fleuve au Schiffbruck-Grund.* — Le bras secondaire du *Schiffbruck-Grund-Giesen* avait 275m.30 de largeur entre ses berges; sa plus grande profondeur, au-dessous de l'étiage, était de 2m.54 ou 4m.30 au-dessous des eaux moyennes, et sa vitesse dans cet état était de 1m.65 par seconde. Ainsi l'essai avait lieu sur un bras secondaire d'une assez grande importance, et devait être concluant.

161. *Disposition du barrage.* — Nous voulions d'abord faire un seuil général en saucissons et en petits paniers; nous l'eussions consolidé vers les berges par deux contreforts, et nous eussions ensuite laissé agir le fleuve; mais comme il s'agissait d'un projet concerté avec le grand-duché de Bade, et qu'il pouvait être à craindre, si le massif du seuil venait à se rompre, que le thalweg ne se jetât dans le bras, nous nous décidâmes à fermer le *Schiffbruck-Grund-Giesen* au moyen d'un barrage complet, avec passe submersible de 30 mètres au plafond, et d'une retenue fixée à 1m.87 au-dessous des grandes crues; les crêtes des parties insubmersibles étant arrêtées à 0m.25 au-dessus des plus hautes eaux.

162. *Etat des eaux.* — La plus grande profondeur du *Schiffbruck-Grund-Giesen* se trouvait à peu près aux deux tiers de sa largeur à partir de la rive droite, et ne s'étendait que sur 122 mètres; ensuite, de chaque côté de cette plus grande profondeur, le lit allait en se rehaussant vers les berges, de manière à n'avoir à leur pied que 1m.20. Nous avons pensé qu'il suffisait de faire le radier général sur cette première étendue de 122 mètres, parce que le reste pouvait sans danger se fermer simplement en tunages ordinaires.

163. *Commencement des tunages à partir des rives.* — On a commencé par établir à l'amont, où devait être construit le radier général, une file de pieux d'amarre disposés comme il a été expliqué (123) pour le barrage du *Raukopf*, et l'on s'est immédiatement occupé de l'é-

chouage des saucissons par système sur les 122 mètres de largeur de lit, correspondante à la plus grande profondeur. Lorsque trois rangs continus de saucissons ont été placés sur le fond du lit, on est parti des deux rives en tunages ordinaires, sans crainte d'augmenter sensiblement les affouillemens, et en suivant pour la pose des couches le système précédemment décrit (118). Arrivé à la rencontre des saucissons, on s'est encore avancé de 10 mètres de chaque côté, afin de ne laisser aucun vide à la rencontre des tunages ordinaires et du radier général.

Ces deux branches de tunages ordinaires ont été conduites de manière à ne s'élever qu'à $0^m.50$ au-dessus des eaux du jour, afin que si une crue survenait elle fît le moins de mal possible.

164. *Section d'écoulement après les premiers travaux.* — La section d'écoulement était, à ce degré d'avancement des travaux, réduite à 102 mètres, avec une chute de $0^m.70$ de l'amont à l'aval.

165. *Formation du radier général en gros saucissons échoués par système.* — On a ensuite poussé l'échouage des saucissons avec activité. Les vides reconnus par la sonde ont été remplis en petits paniers coniques de $1^m.30$ de longueur. Après l'échouage de 918 saucissons et de 3,217 petits paniers coniques, le seuil ou radier général avait à peu près dans toute son étendue une largeur en crête de 16 à 18 mètres. La plus grande profondeur de l'affouillement opéré à l'aval du seuil primitif, vis-à-vis le point de jonction ou de la fermeture du barrage, n'avait pas été au delà de $4^m.46$ après la fermeture.

166. *Fermeture en tunages ordinaires.* — Le seuil étant d'une hauteur convenable, on s'est porté en avant vers l'amont au moyen de tunages ordinaires, et le barrage a été complété sans obstacle. La chute, au moment de la fermeture, était de $1^m.60$.

167. *Etablissement du radier de chute.* — La surface du seuil, sur laquelle devait reposer le radier de la passe, ayant été nivelée au moyen de 1,200 petits paniers coniques, on a ensuite posé les deux couches ordinaires destinées à former le radier de chute à l'aval de la passe; la retenue avait été fixée à $1^m.25$ de hauteur. Les parties submersibles vers les rives avaient 173 mètres de longueur; elles ont été élevées jusqu'au-dessus des eaux au moyen de couches ordinaires, avec talus réglés à 45°, renforcés à l'aval par un massif en terre et gravier, afin de prévenir les filtrations. La dépense pour la construction de ce barrage, qui avait $275^m.30$ de longueur, s'est élevée à $37,819^{fr}.08$ (*Note* L, § 4), y compris $6,865^{fr}.22$ pour acquisition de bois de fascinages (20).

168. *Barrage du Blauelsand. Paniers prismatiques.* — Dans la même année, au mois de mai 1823, le thalweg du Rhin menaçait de faire irruption sur la partie inférieure de la banlieue de Strasbourg, en se portant dans un des bras secondaires de la rive gauche, appelé *Blauelsand-Giesen*.

169. *Le fleuve était en crue au moment de la construction.* — Le fleuve était déjà en crue (21). La fermeture de ce bras secondaire était regardée comme très-urgente, et présentait un grand intérêt pour la défense de la rive gauche. Il n'y avait point de temps à perdre : la fonte des neiges de la Suisse était déjà commencée. Nous nous décidâmes à fermer le bras par le même procédé que nous avions suivi pour le *Schiffbruck-Grund*; tout fut disposé en quelques jours.

170. *Situation du bras à fermer.* — Au point choisi pour l'établissement du barrage qui devait fermer le *Blauelsand-Giesen*, le bras avait une première partie de son lit bien formée sur 100 mètres de largeur. Les eaux s'étendaient ensuite vers la rive droite sur 97 mètres, dans une seconde cunette peu profonde et assez rapprochée de la berge. Le terrain au delà de la berge était à $0^m.80$ au-dessus des plus basses eaux du mois de mai, à l'époque du commencement des travaux.

171. *Etat des eaux.* — Le fleuve était à $2^m.17$ à l'échelle du pont de Kehl. La plus grande profondeur assez uniforme du bras pour les premiers 100 mètres, à partir de la rive gauche, était de $4^m.60$. Les eaux affleuraient le fond du lit pour les 70 mètres suivans; enfin, dans la cunette vers la rive droite, sur 27 mètres, la profondeur était de $1^m.24$.

La vitesse, dans la première partie du bras, était excessive; nous l'avons reconnue de $4^m.30$ par seconde, ce qui annonçait d'une manière évidente la prochaine introduction de la masse principale du fleuve, et l'établissement de son thalweg dans le bras du Blauelsand.

172. *On a garanti les rives.* — Nous nous hâtâmes d'établir des couches prolongées sur les rives, de fermer la cunette de la rive droite, et d'avancer les tunages ordinaires vers cette rive jusqu'au commencement de la partie des 100 mètres où se trouvait toute la force du courant. Nous étendîmes l'extrémité de l'ouvrage de manière à former contre-fort; le terrain et la berge furent immédiatement défendus de la même manière. On s'éleva à $1^m.50$ au-dessus du sol. Ces travaux étaient faits en tunages ordinaires, et disposés de manière à ce qu'ils eussent 7 mètres d'épaisseur en crête, et les talus à 45 degrés.

173. *Radier en saucissons; glissemens.* — Pendant ce temps on avait installé l'échouage des saucissons par système dans la partie du bras qui n'avait plus que 92 mètres, par suite de l'établissement des contre-forts vers la rive gauche, et du prolongement du travail vers la rive droite. Le seuil ou radier général, formé par les saucissons échoués par système, opérait déjà une petite chute de $0^m.40$, et semblait bien établi, lorsque nous reconnûmes qu'il glissait et descendait avec l'affouillement qui s'opérait à l'aval. Bientôt, et malgré les échouages continus, on s'aperçut que le seuil continuait à glisser, et que le système des saucissons se dérangeait de plus en plus : on trouvait de ces saucissons à 50 mètres à l'aval de la position qu'ils devaient occuper. Il n'y avait plus espoir de pouvoir, par leur seul concours, arriver à établir le radier général. Cependant tel était l'état des eaux, leur volume, telle était leur vitesse, que sans ce

(20) Si l'on n'avait point connu le système des radiers généraux en saucissons, on aurait fermé le Schiffbruck-Grund au moyen de claies, mais la dépense eût été plus considérable, et il aurait fallu plus de temps pour l'exécution des travaux à cause du battage des pieux.

En établissant préalablement un radier général, la paroi à claies aurait bien plus coûté que le massif en tunages ordinaires qui l'a remplacée. Il résulte des difficultés qu'on a eu à surmonter lors de la construction des barrages à claies sans arrière-radier, que ces ouvrages sont indispensables pour qu'on soit certain du succès.

Le barrage du *Hellwasser* n'ayant que 100 mètres de longueur, construit à claies sans arrière-radier, a coûté 114,000 fr. Nous sommes persuadé que la dépense eût été réduite à 50,000 fr. si nous avions, comme au *Raukopf*, établi un radier général à l'aval de la paroi à claies.

(21) A l'échelle du pont de Kehl, à l'amont du bras du Blauelsand qu'il s'agissait de fermer, les hauteurs mensuelles *minima* et *maxima* ont été observées,

| | *maxima.* | *minima.* |
|---|---|---|
| Pour le mois de mai 1823, de. . . . . . . . . . . . . . . | 2.93 | 2.17 |
| ——— de juin, de. . . . . . . . . . . . . . | 2.89 | 2.39 |
| ——— de juillet, de. . . . . . . . . . . . . | 3.23 | 2.48 |
| —— les mois de juillet des vingt-deux années qui avaient précédé. . . . . . . . . . . . . . . . . . . . | 3.72 | |

radier il était impossible de tenter, avec la moindre chance de succès, la fermeture du *Blauelsand-Giesen*. La position était extrêmement critique, il fallait prendre un parti décisif ou renoncer au plus tôt à cette fermeture, et dès lors se soumettre à toutes les chances de désastre que le thalweg du Rhin allait faire courir à toutes les propriétés riveraines.

174. *Paniers prismatiques quadrangulaires.* — Nous étions frappé de la nécessité d'employer des corps plus lourds, plus résistans pour arrêter la marche des systèmes de saucissons, et cependant il était impossible, dans l'espèce, de se procurer assez promptement et en assez grande quantité des blocs de pierre comme pour le radier général du barrage du Raukopf (133).

Ce fut alors que l'idée nous vint de remplacer ces blocs par des *Paniers* de forme prismatique rectangulaire, remplis en gros gravier, et d'un volume assez considérable pour pouvoir résister aux effets de la grande vitesse que nous avions à combattre. Un de ces paniers, ainsi confectionné et rempli immédiatement de $1^{m.c.}.20$ du gros gravier disposé pour les saucissons, fut jeté à l'eau, au moyen de l'équipage d'échouage. Sa position bien repérée fut trouvée la même le lendemain; nous espérâmes dès lors qu'un radier, formé d'un certain nombre de ces paniers et appuyé par des systèmes de saucissons, aurait toute la stabilité nécessaire pour permettre ensuite d'opérer la construction du barrage en tunages ordinaires sans avarie; c'est effectivement ce qui arriva.

Il est à remarquer qu'au moment de la fermeture (le 18 juillet 1823), le Rhin était à $2^{m}.63$; que le lendemain le fleuve était à $3^{m}.23$; que le travail était complétement submergé; et que, malgré l'état d'imperfection dans lequel il se trouvait, ce travail n'éprouva aucune avarie.

175 *Détails de ces paniers.* — Ces paniers prismatiques rectangulaires sont représentés en plan, en coupe et en élévation, Pl. LVII. Ils avaient dans œuvre 2 mètres de longueur, 1 mètre de largeur et $0^{m}.60$ de hauteur. Pour les confectionner, on traçait sur le sol du chantier un rectangle de $2^{m}.05$ de long et $1^{m}.05$ de large, sur le pourtour duquel on plantait et on enfonçait légèrement dans le terrain des piquets appointés de 1 mètre de longueur; le bâtis des grands côtés du rectangle était formé par 13 piquets, et le bâtis des petits côtés ne présentait que 6 piquets toujours de même force et de même longueur; on enlaçait entre ces piquets des poignées d'oseraies bien flexibles. L'on tassait fortement les parois verticales, de manière à leur conserver $0^{m}.60$ de hauteur. Le fond était tressé à part de la même manière autour de 9 rangs de clayons de choix de $2^{m}.50$ de longueur, en laissant dépasser ces clayons aux extrémités du couvercle de $0^{m}.15$; on donnait $1^{m}.20$ de largeur sur $2^{m}.20$ de longueur à la claie qui devait former le fond du panier, comme à celle qui devait en être le couvercle. Le fond passé dans les 42 piquets des parois verticales était ensuite attaché par 20 harts avec ces mêmes parois, et un lien vertical sur le milieu de chaque face achevait de consolider le système; enfin, deux fortes perches *aa'* étaient ensuite placées sur le fond pour le raidir, au moyen de 14 harts.

176. *Leur échouage.* — Le panier, ainsi confectionné, était porté sur la bascule de l'équipage d'échouage représenté Pl. LV; cet équipage était tenu à distance au moyen d'ancres et de cordages, comme il a été expliqué pour l'échouage des saucissons par système (127). On remplissait le panier en gros gravier qui avait été déposé sur le pont de l'équipage par les bateaux venant du large. On plaçait ensuite le couvercle; il était, comme le fond, attaché aux parois latérales par 20 harts, et raidi au moyen des deux perches *bb'*, attachées elles-mêmes au panier par 14 harts.

On formait ainsi des masses solides, ayant chacune extérieurement $2^{m}.20$ de longueur, $1^{m}.20$ de largeur, et $0^{m}.96$ de hauteur; les harts qui fixaient les perches étaient placées dans des encoches faites exprès, afin que lors du glissement du panier, au moment de l'échouage sur le tablier de la bascule, ces harts ne pussent pas être brisées, et que les perches ne vinssent point à se détacher.

Pour connaître la position du panier après l'échouage, et afin de le faire arriver le plus près possible du panier qui l'avait précédé, on avait soin, pour les premiers rangs, d'attacher, comme pour les saucissons, des anneaux en oseraies de chaque côté. Des cordes tenues en double étaient passées dans ces anneaux, et servaient de directrices lorsqu'on lâchait les poutrelles qui tenaient le tablier de la bascule, pour obtenir l'inclinaison nécessaire au glissement du panier; l'échouage s'opérait donc comme pour les saucissons.

177. *Leur prix; leur pesanteur spécifique.* — Un panier, établi comme nous venons de le décrire, revenait, lorsqu'il était échoué, à $7^{fr.}.03$ (*Note* K, § 5), et le mètre cube à $2^{fr.}.38$. Il pesait vide, dans l'air, 210 kilogrammes, et déplaçait, lorsqu'il était entièrement submergé, un cube d'eau de $0^{m}.237$. Sa pesanteur spécifique alors, celle de l'eau étant prise pour unité, était de $0^{m}.8860$. Lorsque le panier était rempli de $0^{m.c.}.60$ de gros gravier, il pesait 2290 kilogrammes. Entièrement plongé, il ne déplaçait que $1^{m.c.}.04$ d'eau; son poids dans l'eau n'était donc plus que de 1249 kilogrammes, et sa pesanteur spécifique de 2.20.

178. *Leurs avantages.* — On était donc parvenu à former des blocs factices d'une pesanteur spécifique à peu près égale à celle de la pierre, puisque la pesanteur spécifique de la pierre qu'on aurait pu employer dans cette localité ne dépassait pas 2.245. D'une autre part, et en raison de ce qu'on n'encaissait ce gravier que sur place et au moment de l'échouage, le transport de ces blocs factices n'exigeait aucune manœuvre de force ni aucune machine, soit pour les élever, soit pour les échouer. On pouvait enfin en toute saison, dans le moindre temps possible, et en ne se servant que d'ouvriers ordinaires, se procurer une quantité considérable de ces paniers, et les échouer avec facilité, c'est-à-dire prévenir promptement les avaries. Ces nombreux avantages, qui seront appréciés par les constructeurs, sont communs à tous les genres de paniers que nous avons employés par la suite, et dont la description sera donnée ci-après.

179. *Dépense totale du barrage.* — La dépense faite pour le barrage du Blauelsand s'est élevée à 26,529 fr., y compris 4.870,75 pour acquisition de bois de fascinages (*Note* L, § 3).

180. *Barrage du Laemmerich-Giesen.* — Mais c'est dans l'exécution du barrage du *Laemmerich-Giesen* que les paniers de toute espèce et les saucissons par système ont eu à subir l'épreuve la plus complète; car jamais de plus grandes difficultés ne s'étaient rencontrées dans l'exécution d'un ouvrage de cette nature.

Dans l'intention de réduire le nombre des planches à graver, nous nous sommes déterminé à ne donner, pour les barrages d'enrochemens, que les détails d'exécution du barrage du Laemmerich-Giesen (*).

(*) La *fig.* 3, Pl. LII, relative à ce barrage a déjà servi à la description des différentes parties dont les barrages avec passes submersibles sont composés.

181. *Situation du bras à fermer.* — Le bras du *Laemmerich-Giesen*, qu'il s'agissait de barrer pour forcer le thalweg du Rhin à suivre une nouvelle direction dans l'intérêt des deux rives, donnait écoulement à toutes les eaux du fleuve à leur état moyen; il avait 285 mètres de largeur, une profondeur de 6$^{m}$.20, et une vitesse par seconde de 2$^{m}$.10.

L'île du *Thalerkopf*, dans laquelle la rive droite du barrage devait être enracinée, était en grande partie destinée à servir de nouveau lit au fleuve, et ne pouvait conserver que 30 mètres d'épaisseur vers l'enracinement du barrage. A l'amont s'étendait un banc de gravier peu élevé au-dessus des eaux moyennes.

La rive gauche du bras du *Laemmerich-Giesen* était à 83 mètres de la grande digue d'inondation, qui couvre la partie inférieure de la banlieue de Strasbourg, en sorte que le travail, depuis la rive gauche rectifiée du thalweg jusqu'à la rencontre de cette dernière digue, devait présenter un développement de 398 mètres.

182. *Durée des travaux.* — Les travaux du barrage du *Laemmerich-Giesen* ont été commencés le 8 octobre 1825 et terminés le 30 juin 1826. Ils ont par conséquent duré 8 mois (22).

183. *Battage des pieux d'amarre; travaux de la rive droite.* — L'axe du barrage ayant été arrêté perpendiculairement aux berges et au cours du thalweg, et toutes les dispositions d'approvisionnement étant faites, on a procédé d'abord au battage de pieux d'amarre suivant une ligne arrêtée à 20 mètres à l'amont de l'axe du barrage. 8 pieux d'amarre espacés entre eux de 25 mètres, ont été enfoncés à la sonnette à déclic, de manière à leur faire prendre 4 mètres de fiche. Les cordages ont été disposés comme il a été expliqué (123) pour le barrage à claies du Raukopf. Une cinquenelle a été tendue; mais vu le peu de profondeur d'eau qu'on rencontrait vers la rive droite sur 100 mètres de longueur, on a placé à cette distance de la berge droite le dernier pieu d'amont et par conséquent le bout de la cinquenelle attaché à ce pieu. Nous n'avons en effet formé seuil ou radier général que sur les 185 premiers mètres, rive gauche, et nous nous sommes borné à fermer les 100 mètres suivans, rive droite, au moyen d'un simple tunage ordinaire; les *fig.* 5, 6 et 7, Pl. LXV, donnent la coupe et les détails des divers degrés d'avancement de la première partie du barrage, et les différentes espèces de couches de fascinages employées dans la construction.

184. *Contre-fort de la rive gauche.* — Le courant se portait avec une force toujours croissante sur la rive gauche, au fur et à mesure de l'avancement de la construction du radier général.

Pour garantir cette rive, un enracinement de 10 mètres a été déblayé dans la berge suivant l'axe du barrage, et un contre-fort a été établi. On lui a donné 20 mètres de longueur de rive, et la saillie a été conduite de telle manière, qu'après être arrivé à fond il conservât encore 6 mètres d'épaisseur au sommet, avec un talus extérieur de deux de base pour un de hauteur.

Ce contre-fort est représenté en coupe par $c$, $c'$, $c''$, *fig.* 1, Pl. LII.

185. *Couches prolongées sur le gravier, rive droite.* — Vers la rive droite, les eaux arrivaient à peine au pied de la berge, elles avaient peu de vitesse; il était inutile de pourvoir, dans les premiers momens surtout, à aucune consolidation sur ce point. Mais ce qui pressait davantage était d'établir sur le banc de gravier qui était à la tête de l'île du Thalerkopf une couche prolongée parallèle au cours du thalweg pour former de ce côté une rive artificielle; cette précaution avait pour objet d'empêcher que par suite de la retenue opérée par le barrage, les eaux ne vinssent, en déversant au-dessus de ce banc, le détruire et attaquer la tête de cette île autour de laquelle elles auraient pris leur cours. Cette rive artificielle en se prolongeant sur 350 mètres à l'amont jusqu'au confluent du bras mabile, avait pour but d'ailleurs de tendre à porter la déviation du thalweg plus à l'amont du Thalerkopf et de diriger son cours plus directement suivant le nouveau tracé qu'on voulait lui imposer. Sous ce double point de vue nous avions jugé cette *couche prolongée* indispensable.

186. *Construction du seuil ou radier général.* — Ces premières dispositions prises, on procéda à l'établissement du seuil, qui devait être construit au moyen de paniers et de saucissons échoués par système. A cet effet, deux équipages d'échouage avaient été préparés (127), ainsi qu'on l'a dit précédemment, *fig.* 1, 2 et 3, Pl. LV; ils étaient également maintenus en position convenable au moyen d'ancres, d'une cinquenelle et des cordages d'amarre nécessaires.

187. *Essai de paniers de différentes dimensions.* — On s'occupa ensuite, au commencement de novembre, de l'échouage des premières lignes de paniers prismatiques confectionnés, ainsi qu'il a été dit (174), Pl. LVII. Des paniers prismatiques d'un plus grand échantillon furent en outre établis et échoués en même temps. Ces nouveaux paniers avaient 2 mètres, sur 2 mètres, et 3 mètres sur un mètre. Nous avions seulement conservé la hauteur primitive de 0$^{m}$.60; mais ces paniers présentaient plus de difficultés dans l'échouage; aussitôt qu'ils touchaient le fond, ou qu'ils rencontraient les angles des paniers déjà échoués, ils se disloquaient plus fréquemment que ceux de moindres dimensions. Ainsi, pour les anciens paniers de 2 mètres sur un mètre, il n'y avait guère, terme moyen, que quatre paniers pour cent, qui, après être arrivés à fond, se vidassent et remontassent à la surface de l'eau, tandis que pour les paniers de 2 mètres sur 2 mètres, le nombre des paniers brisés s'élevait à dix, et que pour les paniers de 3 mètres sur un mètre, le nombre de vidanges allait jusqu'à 15 pour 100. Ces paniers étaient à la vérité repêchés, réparés et échoués de nouveau; mais il en résultait néanmoins une perte réelle de temps et par conséquent d'argent; aussi nous sommes-nous décidé, après que ces faits eurent été constatés d'une manière certaine, à revenir et à nous en tenir exclusivement aux paniers de 2 mètres sur un mètre, indiqués Pl. LVII (23).

188. *Paniers coniques.* — Nous avons encore fait usage, pour la formation du seuil ou radier général, de grands paniers coniques, dont les détails se trouvent consignés dans la Pl. LVIII, *fig.* 3, 7 et 8. Ces grands paniers coniques avaient 3 mètres de longueur, 0$^{m}$.70 de diamètre moyen au milieu. Leur forme était celle de deux cônes opposés base à base. Deux ouvertures de 0$^{m}$.40

(22) L'exécution des ouvrages a été suspendue pendant trois semaines à cause des grands froids, qui ont duré depuis le 10 janvier jusqu'au 1$^{er}$. février 1826.

Le thermomètre de Réaumur, pendant cette période de froid, se maintint à peu près constamment à 10 degrés au-dessous de zéro.

(23) On échoua jusqu'à trois reprises un panier de 2 mètres sur 2 mètres, ayant 1$^{m}$.30 de hauteur, après l'avoir consolidé aussi bien que possible, au moyen de perches, de harts et de forts piquets; il revint toujours à la surface de l'eau; il s'était constamment rompu par l'échouage et vidé ensuite assez promptement. Il ne faut donc pas que les paniers soient trop volumineux. Sans cela les parois en oseraies qui les composent ne résistent point au choc lors de l'échouage.

étaient laissées, afin qu'on pût remplir les paniers. On introduisait ainsi 0m.50 de gros gravier (24).

189. *Leur confection.* — Ces paniers étaient formés au moyen de neuf brins de clayons de choix, qu'on plantait après les avoir affûtés par un de leurs bouts de 0m.23 dans un petit cône de 0m.20 de diamètre, creusé dans le terrain naturel du chantier de construction. Ces clayons, destinés à former la carcasse du panier, étaient maintenus en position par un tasseau en bois de forme conique de 0m.10 de diamètre à la base et qu'on enfonçait au maillet; on réunissait ensuite les montans entre eux vers leurs extrémités au moyen d'une hart, ce qui donnait à la carcasse du panier à peu près la forme qu'il devait avoir après sa confection. On enlaçait ensuite, entre les montans de cette carcasse, des poignées d'oseraies fraîchement coupées en les croisant dans les deux sens, comme cela a été indiqué pour les clayonnages des tunages ordinaires. Les oseraies avaient environ 1m.50 de longueur et faisaient ici fonction de clayons. Arrivé au tiers de la hauteur du tressage, on ôtait le petit cône en bois destiné à maintenir le bout des montans du panier. On continuait ensuite le tressage jusqu'à 0m.27 de l'extrémité; en sorte que la partie en oseraies avait 2m.50 de hauteur. On avait soin de battre fortement le tressage pour le bien serrer, afin qu'il ne restât que le moins de vide possible. Ce tassement s'opérait par parties de 0m.15 à 0m.20 de hauteur, afin qu'il fût très-serré, et que le gravier, qui devait remplir le panier, ne pût se vider. Pour la même raison on fermait le panier à ses extrémités avec un bon bouchon de foin ou de roseaux.

190. *Prix; leur pesanteur spécifique.* — Un panier ainsi confectionné revient, tout compris, lorsqu'il est échoué isolément, à 2fr.47, ou, le mètre cube, à 1fr.68, (*Note* K, § 3). Il pèse, vide, 96 kilogrammes; entièrement submergé, il déplace 0m. c.104 d'eau; rempli de 0m. c.50 de gros gravier, son poids est de 963 kilogrammes; immergé, il déplace 0m. c.43 d'eau. Sa pesanteur spécifique est de 2m.1936, celle de l'eau étant prise pour unité.

Ces paniers coniques étaient transportés vides sur le même équipage d'échouage qui servait pour les paniers prismatiques rectangulaires et pour les saucissons réunis par système, et ils ont été ensuite remplis en gros gravier. Les ouvertures laissées pour leur remplissage ont été fermées au moyen d'un tampon de roseaux maintenu par des petits piquets croisés.

191. *Leur échouage.* — Pour la formation du seuil du *Laemmerich-Giesen* ils ont été échoués par trois comme les saucissons. Ces paniers, disposés par système sur le tablier de la bascule, étaient maintenus entre eux au moyen de trois grosses perches fixées par dix-huit harts; on prenait pour leur échouage les mêmes soins que pour les saucissons. Un premier échouage d'essai indiquait combien ils déviaient à l'aval avant d'atteindre la position qui leur était assignée par la sonde, et l'équipage était disposé en conséquence. Chaque système, composé de trois paniers coniques, et échoué, revenait à 11fr.82, et le mètre cube à 2fr.88 (*Note* K, § 4).

192. *Piquets pour empêcher le glissement.* — Lorsque, pour remplir un vide, les paniers coniques étaient échoués isolément, avant de les jeter à l'eau on les traversait vers leurs extrémités par deux forts piquets, ainsi qu'il est indiqué *fig.* 4, Pl. LVIII, afin que, s'ils ne tombaient pas à la place qui leur était assignée, ils ne pussent point rouler et être entraînés par le courant. Ces piquets facilitaient l'échouage qui se faisait alors par les côtés du pontonage de l'équipage, de manière à jeter à l'eau quatre paniers à la fois (25).

On a donc employé, pour la construction par enrochement du seuil du barrage du *Laemmerich-Giesen*, des paniers rectangulaires de différentes capacités, des paniers de forme conique de diverses dimensions, et des saucissons de 4 mètres de longueur. Nous avions en outre en réserve, et pour concourir à la réparation d'une avarie en cas de besoin, 452 mètres de moellons.

193. *Situation des travaux au 24 décembre.* — Le seuil commencé dans les premiers jours de novembre 1825, était, le 24 décembre, élevé dans les parties les plus profondes de plus de 3 mètres au-dessus du lit primitif; il s'étendait uniformément sur 185 mètres dans toute la partie du lit qu'on avait cru devoir ainsi garnir de radier.

En partant de la rive droite, on était également à l'amont arrivé en tunages ordinaires au delà du commencement du seuil. Afin d'en bien couvrir l'extrémité sur cette rive, il avait suffi d'établir une ou deux fondations en hauteur, quatre couches ordinaires et trois corrections provisoires pour s'élever dans cette partie au-dessus des eaux du jour, et aussi pour que le travail fût insubmersible lors d'une crue moyenne. Un remblai en gravier, à l'amont de cet ouvrage préparatoire, empêchait en outre les filtrations. L'extrémité vers la rive gauche s'appuyait sur le tunage du contre-fort, qui, ainsi que nous l'avons dit précédemment, avait été établi pour garantir la berge. Les *fig.* 5 et 6, Pl. LXV, représentent en coupe cette partie du travail au 24 décembre. A cette époque, la largeur de la section du fleuve était réduite à 175 mètres, et la chute de l'amont à l'aval était déjà de 0m.67; des échelles, placées à l'amont et à l'aval, et dont les zéros étaient dans le même plan horizontal, indiquaient à chaque instant cette chute. Les cotes, prises trois fois par jour, étaient consignées sur un registre *ad hoc*.

194. *Sondes et profils.* — De 20 mètres en 20 mètres, à partir de la rive gauche, on relevait à peu près journellement des profils du seuil ou radier général, surtout s'il se présentait quelque changement apparent, soit dans la forme du déversement des eaux, soit dans celle des lames de l'aval, ce qu'avec un peu d'habitude des travaux on reconnaissait facilement. Les sondes destinées à établir ces profils étaient prises avec soin, et rapportées immédiatement; elles servaient à approfondir les causes des dérangemens reconnus, et à diriger les échouages en conséquence.

Nous avons cru de quelqu'intérêt de faire connaître par une coupe le résultat des sondes relevées au 24 décembre 1825; elles avaient été prises avec un tel soin depuis le commencement des travaux, que la disposition des paniers pouvait y être représentée exactement. La *fig.* 2, Pl. LII, donne le plan d'une partie du barrage; nous supposons la coupe de l'ouvrage prise suivant la ligne PQ de ce plan, parce que sur cette ligne se trouvait la plus grande profondeur du bras à fermer. Cette coupe est détaillée à la *fig.* 2, Pl. LX. La coupe *r, s, s', s'', t*, reproduit le résultat des sondes faites depuis l'échouage du premier panier *r* jusqu'à la mise en place du dernier panier *s'*.

On voit que cet échouage s'est fait assez régulièrement, et que les vides ont été remplis par de petits paniers co-

(24) Les notes E et K, § 5, à la fin du mémoire, font connaître les dispositions, les expériences et les prix applicables à un dernier mode de *paniers*, dits *prismatiques triangulaires*, détaillés, Pl. LVIII, *fig.* 1, 2, 3, 4, 5 et 6, et que nous avions de même fait confectionner pour les travaux du Rhin.

(25) Nous avons depuis construit des radiers généraux pour la fermeture des bras secondaires, en les composant entièrement de paniers coniques échoués isolément. Cette méthode a parfaitement réussi.

niques de 1m.30 de longueur, et par le gravier même que charriait le fleuve.

Le massif du seuil avait à peu près 14 mètres d'épaisseur à la base, 8 mètres de largeur en crête, et 3m.50 de hauteur, à partir du lit primitif. La moindre hauteur d'eau, au-dessus de son sommet, était de 3 mètres; ce massif n'était pour ainsi dire composé que de paniers prismatiques rectangulaires.

Il est à remarquer que non-seulement dans cette situation du seuil l'affouillement d'aval ne commençait point à l'extrémité du panier *r*, mais qu'il y avait même eu remblai, et que ce n'était qu'environ à 3 mètres de ce premier panier que l'affouillement commençait, ou à une distance du pied du talus du massif, à peu près égale à sa hauteur; cet affouillement n'était que 0m.80 pour une chute de 0m.33; à la vérité, on ne pouvait pas regarder l'effet à attendre de la chute comme totalement accompli quant à l'approfondissement.

A cette époque on jugea que le massif général du seuil avait déjà une grande résistance, et on commença l'échouage des saucissons par système; on persista cependant dans l'emploi des paniers rectangulaires et des paniers coniques, en faisant varier ces échouages, en y ajoutant même quelques mètres cubes de moellons, suivant les indications de la sonde.

195. *Situation au 7 février* 1826. — Malgré une interruption de quelques semaines nécessitée par les grands froids, et quoique la débâcle eût enlevé la plus grande partie des pieux d'amarre qu'il fallut immédiatement remplacer, le 7 février, par suite des échouages opérés, le seuil était généralement arrivé dans la situation représentée *fig.* 1, Pl. LX; il était étendu et fortifié par les saucissons et paniers échoués depuis le 24 décembre. Toute la partie *r, s, s', s''* était complétement recouverte, et le Rhin ayant baissé à cette époque de 0m.50, la chute n'en était pas moins encore de 0m.52. Le massif du seuil avait à peu près 22 mètres d'étendue, et une épaisseur de 4m.10 à partir du lit du fleuve; la moindre hauteur d'eau, au-dessus de son sommet, était de 2m.38; la crête du seuil était assez bien de niveau dans toute l'étendue du travail, les vides bien garnis, au moyen de petits paniers coniques appuyés par quelques moellons, ce qui, du reste, a été jugé ensuite comme superflu, quant à l'emploi des moellons.

L'affouillement d'aval s'était augmenté en s'éloignant du pied du talus; entre cet affouillement et le pied même du talus, un remblai *z' z'* s'était opéré sur 8 mètres de longueur. La plus grande profondeur de l'affouillement n'était qu'à 1m.50 au-dessous du lit primitif. Le remblai *z' z'* s'était formé sur 1m.45 de hauteur dans la partie la plus prononcée, et suivant un talus de quatre de base pour un de hauteur, à peu près égal à celui du massif du seuil. Ce talus éloignait l'effet de la lame, de manière à ce que l'action du fluide sur le fond ne se fît sentir qu'à environ 16 mètres du sommet de la chute.

L'affouillement d'amont était à peu près insensible comme à la coupe précédente, et se trouvait immédiatement au pied du talus.

En quelques jours le seuil fut fortifié à l'amont, et nivelé au moyen de petits paniers coniques et de quelques moellons, ainsi que cela est indiqué par la coupe *pq*, *fig.* 2, Pl. LXI. Cette opération avait surtout pour objet de présenter un talus moins raide pour l'assiette des tunages ordinaires qui devaient être faits à l'amont, et de ne laisser au-dessous aucun vide nuisible (26).

Ce travail une fois terminé sur toute la longueur du seuil ou radier, et bien exactement exploré à la sonde, nous jugeâmes que le moment était arrivé de commencer à l'amont du seuil les tunages ordinaires qui devaient former le corps principal du barrage.

196. *Situation au 20 février.* — Le 10 février, on partit de la rive gauche avec les premières fondations, après avoir fait un déblai dans la rive gauche à l'amont du contre-fort qui avait été établi dans le premier moment pour garantir la berge. On suivit le système de construction précédemment détaillé (118). On continua en même temps les tunages de la rive droite, qui avaient été provisoirement arrêtés à l'extrémité de la première partie du barrage, et qui fermaient, déjà au 20 février, 100 mètres de largeur du bras, en s'appuyant de 10 mètres sur l'extrémité du seuil vers cette rive.

197. *Situation au 27 février.* — Le 27 février, on était de chaque côté, pour la partie flottante des extrémités des tunages ordinaires, dans la situation représentée *fig.* 1, Pl. LXII, et pour les parties antérieures et à fond au degré d'avancement exprimé par la coupe *fig.* 2, Pl. LXI. On a exprimé dans ces coupes le plus exactement possible la forme et la position des *couches de fondation* et *des couches de correction* et *ordinaires*, destinées à relier les couches de fondation. La coupe, *fig.* 1, Pl. LXII, exprime bien la situation des deux branches de tunages ordinaires, se dirigeant de chaque rive, en s'appuyant sur le massif du radier général qui se projette à l'aval. On se rend ainsi facilement compte des différentes positions des couches qui se superposent les unes sur les autres après avoir flotté à la surface de l'eau, et qui, après avoir tourné autour de leurs points d'attache, viennent porter sur le fond par leur extrémité, et former le massif de la première partie du barrage qui doit opérer la fermeture du bras.

198. *Bourrelet d'amont.* — La surface $x'''$ du massif des tunages ordinaires de la partie du barrage, arrivée à fond et représentée *fig.* 2, Pl. LXI, était tenue à sec au moyen d'un petit bourrelet *m* qu'on avait exécuté de préférence à tout autre travail, comme étant plus expéditif, parce qu'il s'agissait de se porter promptement en avant. C'était aussi le moyen de rester avec la couche $x'''$ aussi bas que possible, afin que, si on venait à être surpris par une crue extraordinaire, les parties déjà faites du barrage pussent être submergées sur une plus grande hauteur d'eau, et que par conséquent on diminuât l'action de cette crue sur la portion du seuil correspondante à la partie du barrage en tunages ordinaires non encore terminée. Par la même raison la partie du barrage primitivement exécutée en tunages ordinaires vers la rive droite, sur 100 mètres de longueur, et exprimée par les *fig.* 2 et 6, Pl. LXV, avait été laissée à une hauteur moindre que celle qu'elle devait avoir en définitive, ainsi que l'indique la *fig.* 7, même planche.

Au 27 février, *fig.* 1, Pl. LXII, il ne restait plus, pour compléter le massif du barrage en tunages ordinaires à l'amont du seuil, qu'à fermer une ouverture de 15 mètres de largeur. La hauteur d'eau sur la crête d'amont du seuil n'était que de 2m.56; mais la chute était alors de 2m.13. La plus grande partie des eaux du fleuve se portait avec rapidité dans le nouveau lit vers la rive droite, au delà de l'île du Thalerkopf, dans laquelle le barrage était enraciné.

---

(26) En rapprochant les couches représentées par la *fig.* 2, Pl. LXI, et par la *fig.* 1, Pl. LX, et en opérant dans la pensée l'addition des lignes $xy$, $x'y'$, et des lignes $x''y''$ $x'''y'''$, on aura successivement et la coupe du seuil, et le profil complet du barrage, suivant la ligne *pq* du plan représenté, *fig.* 3, Pl. LII.

199. *Coupure suivant la nouvelle direction à donner au fleuve.* — Par suite de l'expérience acquise lors de l'exécution des coupures du Raukopf et du Lobstein-Woerth (224), nous nous étions contenté, pour assigner aux eaux un nouveau cours, et pour qu'elles pussent se frayer leur lit dans ce banc de gravier assez élevé dont elles devaient occuper la place, d'ouvrir une coupure de 3 mètres de largeur au plafond, et d'en faciliter ensuite l'élargissement au moyen de vannages contenus entre de petits bateaux, ainsi qu'il sera expliqué (226). Dans l'état où se trouvait le fleuve, on ne pouvait pas évaluer à moins de 750 mètres cubes le volume d'eau débité par seconde, et 400 mètres cubes se précipitaient par l'ouverture qu'il restait à fermer avec une chute, qui, comme nous l'avons dit, était de 2m.13.

200. *Radier général ou seuil renforcé au point de jonction des deux branches de tunages.* — Pendant tout le temps de la construction des deux branches du barrage au moyen des tunages ordinaires, on continuait à fortifier avec des paniers et des saucissons la partie du barrage où ces deux branches devaient se rencontrer. Les eaux se déversaient d'une manière uniforme au-dessus de la crête du seuil; elles étaient très-claires à l'amont, mais légèrement troubles à l'aval, sur le point où s'opérait l'affouillement (27). Toute sonde était devenue impossible depuis quelque temps; les lames, d'une grande étendue, se portaient à plus de 80 mètres à l'aval. Vers la gauche, un remou considérable, et d'une vitesse de 4m.60 par seconde, s'en détachait pour venir se jeter sur le flanc du barrage à l'aval, et se perdre dans la chute. Enfin toute navigation était impossible jusqu'à 100 mètres en aval du travail.

201. *Masse des diverses parties du travail au 27 février.* — On a représenté, *fig.* 2, Pl. LIX, la partie du seuil répondant à la jonction des deux branches de tunages ordinaires au droit du point où devait s'opérer la fermeture; la coupe est faite suivant P'Q', *fig.* 2, Pl. LII. Cette coupe indique à diverses époques l'état du seuil et des affouillemens opérés. Ainsi, le fond du lit primitif du fleuve, au moment des premiers échouages, est représenté par *mm*; le massif du seuil, tel qu'il a été observé au 24 décembre 1825, de 12 à 15 mètres d'épaisseur, est figuré par *xx*. Déjà l'affouillement à l'aval était de 2m.60. Au 7 février, le seuil avait affecté la forme indiquée par *x'x'*. L'affouillement s'était alors plus rapproché du pied du talus d'aval, ainsi que la plus grande profondeur de la fouille, profondeur qui était alors de 3 mètres; son étendue ne dépassait pas 38 mètres. Si ces effets sont différens de ceux qu'on avait constatés par les profils pris sur la partie du seuil correspondante au thalweg, et représentée par les coupes, *fig.* 1, 2, Pl. LX et *fig.* 2, Pl. LXI, il faut l'attribuer à ce que, dans le dernier cas, le fleuve charriait du gravier; la profondeur d'eau était devenue d'ailleurs plus considérable, et le fond du lit offrait plus de résistance, puisqu'il était défendu par une tranche d'eau plus épaisse; enfin, le seuil était moins étanche que dans la première partie. Toutes ces causes ont dû nécessairement influer sur la position et la profondeur de l'affouillement d'aval.

202. *Impossibilité de sonder à cause de la chute des eaux.* — La construction des tunages ordinaires, à partir des rives, avait promptement diminué la section d'écoulement. Chaque jour la chute augmentait et rendait les sondes tout-à-fait incertaines. On ne pouvait sonder avec exactitude qu'à l'amont et entre les tunages sur la crête du seuil (28).

Le 27 février, le travail était arrivé, pour les deux branches en tunages ordinaires, dans la position indiquée par la coupe, *fig.* 1, Pl. LXII. On se rappelle que ces tunages étaient destinés à fermer complétement le bras, en marchant à l'amont du seuil. A cette même époque le seuil était à peu près dans la situation figurée par le contour *x''x''*, *fig.* 2, Pl. LIX, et la hauteur moyenne de l'eau sur le seuil à l'amont n'était que de 4m.66. Nous espérions, malgré la chute observée de 2m.13, fermer complétement en peu de jours l'ouverture restante.

203. *Avarie; glissement d'une partie du radier général dans l'affouillement d'aval.* — Lorsque le 28 février, à quatre heures du matin, les gardes de nuit vinrent nous avertir que tout à coup les eaux du fleuve venaient d'éprouver une baisse considérable à l'amont du barrage, et que les parties flottantes des extrémités des deux branches en tunages ordinaires, situées de chaque côté de l'ouverture, venaient de disparaître par immersion, nous nous portâmes immédiatement sur le travail; les tunages s'enfonçaient sous nos pas, et nous reconnûmes bientôt qu'une avarie majeure venait d'avoir lieu. Cette avarie n'était point encore arrivée à son terme, et l'obscurité nous empêchait d'ailleurs d'en mesurer toute l'étendue. Le rhénomètre d'amont, qui, à minuit, marquait encore 2m.20, était descendu à 1m.68; celui d'aval, qui était à la même heure à 0m.07, était remonté à 0m.54; en sorte que la chute, qui, avant cet accident, était de 2m.13, n'était plus que de 1m.14. Il était donc évident qu'un changement capital s'était opéré dans la section de l'ouverture du barrage, jusqu'alors fermée seulement en partie par le seuil.

Au jour, nous reconnûmes que le seuil avait complétement descendu dans l'affouillement d'aval, et que les couches de fondation, ainsi qu'une partie des massifs en tunages ordinaires des deux branches d'amont du barrage, s'étoient enfoncées, mais sans rupture, de manière à tapisser une partie des parois de l'affouillement opéré par le glissement du seuil.

204. *Situation au 28 février.* — Cette situation des travaux est indiquée, *fig.* 2, Pl. LXII, par la coupe faite sur l'axe du barrage et perpendiculairement au fil de l'eau.

L'affouillement continuait toujours; les eaux étaient troubles à l'aval, à midi la chute n'était plus que de 0m.79. Tout le fleuve se précipitait par l'ouverture, qui devait débiter plus de 750 mètres cubes d'eau par seconde.

Vers le soir les eaux devinrent claires. L'affouillement semblait complétement opéré. La chute était réduite à 0m.72. Par suite de la direction que les eaux avaient prise, l'affouillement avait été plus considérable vers la rive gauche que vers la rive droite. Aussi l'affaissement s'était-il manifesté à la rive gauche, sur 20 mètres d'étendue, tandis que la rive droite n'avait souffert que sur 14 mètres de largeur.

Il nous fut impossible d'obtenir d'autres sondes de la baie ouverte que celles correspondantes aux parois revêtues par les tunages jusque vers leur extrémité. Ces tunages se trouvèrent à 11m.62 sous l'eau, vers la rive gauche, et à 7m.32 vers la rive droite; la largeur de la baie à la hauteur de la ligne d'eau était d'environ 30 mètres. La cote 24m.80, que nous avons placée sur la coupe,

(27) Un arbre énorme, qui apparemment avait été anciennement déposé sur le fond du lit du fleuve, fut même dégagé de son atterrissement par l'action des eaux, et, soulevé par la violence de leur chute, vint tout à coup jaillir à la surface du fleuve; c'était le 27 février, vers la fin de la journée.

(28) L'état du seuil au 27 février, tel qu'il est représenté par *x''x''x''*, est en conséquence en partie hypothétique. Il n'y a de certain que la portion d'amont; la partie d'aval a été figurée au moyen de sondes relevées après l'achèvement du barrage et de la connaissance acquise du volume des échouages exécutés au 27 février.

*fig.* 2, a été déduite de la profondeur trouvée à l'aval après la construction du barrage et du volume des échouages effectués ; nous pensons qu'elle doit peu différer de la cote réelle. On ne pouvait du reste se procurer cette cote par aucun moyen. Il avait été de même impossible de prendre la vitesse des eaux au droit de la nouvelle baie ; cette vitesse était trop considérable, pour pouvoir être mesurée avec des moyens connus.

La position était critique, l'affouillement était considérable. La masse d'eau qui se précipitait par l'ouverture était énorme et animée d'une vitesse torrentielle ; mais nous avions une trop grande confiance dans les ressources que nous présentait le système d'enrochement pour désespérer du succès.

205. *Reprise des travaux.* — Les équipages d'échouages furent immédiatement remis en place, mais les premiers paniers échoués faisaient, tous, le moulinet ; le fond ou le couvercle cédait au choc du gravier de remplissage, ou, si le couvercle résistait, le panier se partageait en deux, se vidait avant d'arriver à fond, et les débris ne tardaient pas à reparaître à la surface de l'eau. D'une autre part, les saucissons étant entraînés trop loin dans l'affouillement, il leur fallait évidemment un premier point d'appui en paniers.

Après quelques essais nous nous arrêtâmes au parti suivant.

206. *Dispositions prises pour l'échouage des paniers.* — Les paniers rectangulaires furent entourés par deux cordages de moyenne grosseur, placés à $0^m.50$ des extrémités, et fortement brêlés par de bons piquets ; les paniers échoués avec ce secours arrivèrent à fond sans accident et s'y maintinrent.

Après quelques jours d'échouage, les saucissons par système, trouvant à leur tour un point d'appui, ne se dérangèrent plus de la position qu'on leur assignait, et en très-peu de temps le massif, dont le contour exact est déterminé par $x'''x'''$, *fig.* 1 et 2, Pl. LIX, fut terminé. Les sondes que nous en donnons sont exactes. Celles d'amont ont été prises pendant la construction des tunages *z.z.z*, et celle d'aval après la fermeture.

207. *Situation au* 11 *mars.* — Le nouveau seuil, ainsi commencé le 28 février, était parvenu le 11 mars sous le rapport de l'étendue, à peu près au degré d'avancement indiqué par $x''x''$, Pl. LIX, mais il avait encore 9 mètres d'eau sur sa crête. Alors on reprit les tunages ordinaires des deux rives ; l'échouage fut continué jusqu'au 20 mars. La chute était alors de $1^m.10$, et le massif du seuil présentait exactement, *fig.* 1 et 2, le profil $x''x'''$. Conséquemment il n'y avait plus que $6^m.91$ de hauteur d'eau sur la crête, et l'étendue du seuil à l'amont du point *z* était au moins de 24 mètres et à l'aval de 38 mètres. D'après nos calculs, il ne passait encore qu'environ 100 mètres cubes d'eau par seconde dans le nouveau lit, en sorte qu'on pouvait évaluer au moins à 650 mètres cubes par seconde le volume d'eau écoulée par la section que les eaux s'étaient ouverte. La chute initiale de $1^m.10$ s'augmentait de nouveau à chaque instant par l'avancement des deux branches de tunages qui partaient des deux rives.

208. *Couches de fondation et couches ordinaires pour la fermeture ; effet produit au moment de la fermeture.* — Le 25 mars, les fondations de chaque rive se rencontrèrent, *fig.* 4, Pl. LXVIII, le clayonnage *f* de la dernière couche de fondation de la branche de tunage qui partait de la gauche, fut passé sur le clayonnage de la rive droite, et immédiatement après on plaça les deux premières couches ordinaires *a* et *b* destinées à commencer la réunion complète des deux parties du travail. Ces deux couches déterminent le sens dans lequel toutes les couches suivantes furent conduites. On remarquera que la réunion des dernières fondations s'est opérée à l'aval vers le bas de la chute, parce que l'on avait dû, dans la construction des deux parties du travail, se tenir évasé à l'amont, afin d'offrir moins de prise à l'action des eaux, en donnant le moins de développement possible aux fondations *f, f'* ; ces fondations étaient du reste exécutées avec la plus grande célérité et avec les plus grandes précautions.

A partir du moment de la réunion des deux branches de tunages, le travail n'a plus été interrompu.

209. *Effet observé.* — Pendant la dernière période de son achèvement, plus de 300 mètres cubes d'eau passaient par seconde entre la surface supérieure du seuil et la partie flottante de l'ouvrage, avec une chute de plus de 2 mètres ; les eaux formaient à l'aval une gerbe immense, ce qui faisait craindre au spectateur que le système, si frêle en apparence, employé pour maîtriser des circonstances aussi prodigieuses, ne vînt à être tout-à-fait insuffisant.

Cependant, le 1er. avril, au moyen de la pose successive des différentes couches de fascinages représentées de *d* en *e*, Pl. LXIII, et après quatre jours et quatre nuits de travail opiniâtre, le barrage était arrivé à fond, la gerbe avait disparu, tout était calme à l'amont comme à l'aval, et le fleuve passait en totalité par le nouveau lit qui lui avait été assigné.

210. *État des eaux après la fermeture ; leur action dans le nouveau lit.* — Ce nouveau lit n'ayant point encore des dimensions en rapport avec le volume d'eau, auquel il devait procurer l'écoulement d'une manière régulière, le fleuve en travaillait le fond avec force, y formait des cascades ; la différence de niveau de l'amont à l'aval au moment de la fermeture était de $2^m.08$. Le lendemain elle n'était plus que de $1^m.74$, et le 16 le fleuve s'était à peu près établi suivant une pente régulière dans son nouveau chenal. La différence de niveau n'était plus que de $1^m.28$.

211. *Affouillement à l'aval.* — Les sondes faites immédiatement à l'aval du barrage, firent reconnaître que l'affouillement au-dessous du lit primitif était de $15^m.50$, la profondeur de l'eau était de $18^m.25$ ; nous supposons qu'elle a pu être de $19^m.50$ au milieu de l'ouverture après le glissement du seuil. Ces profondeurs sont rapportées au niveau des eaux du 28 février.

212. *Talus à l'amont.* — Pendant le temps de la construction du massif *zz*, *fig.* 1, Pl. LIX, comme il fallait, ainsi que nous l'avons dit précédemment, ne donner aux différentes couches de tunages, que le développement strictement nécessaire, sans avoir égard à la forme du travail définitif ainsi qu'à celle des talus, on a échoué en même temps, en *z'z'*, une certaine quantité de saucissons isolés pour former ce talus et appuyer les queues des premières fondations. On s'est arrêté avec cet échouage à $6^m.90$ au-dessous des eaux, et pour étancher les filtrations qui se seraient opérées, en vertu de la différence de niveau, et qui auraient entraîné le gravier de rechargement des couches, on s'est hâté de remblayer en terre et gravier à l'amont, afin de commencer le massif *tt*. Cette opération a été entreprise sur toute la longueur du barrage.

213. *Complément de travaux après la fermeture.* — Le massif *zz*, *fig.* 1, Pl. LIX, n'a été établi que pour fermer l'ouverture qui séparait les deux parties du barrage

en tunages ordinaires; pendant son exécution, on n'a point eu égard à la forme qu'en définitive on devait donner à ce barrage. Pour arriver à un profil régulier, au moyen de quelques couches de fondation reliées par des corrections et quelques couches ordinaires, on a formé le massif $z''z''$. On a en même temps dérasé la surface supérieure pour former celle du radier $z''zz'''$, et pour avoir la surface du massif de la retenue $z'''z'''$.

Enfin on a procédé à la construction des massifs insubmersibles *t*, *t*; retournés d'équerre au droit de la passe, ils ont formé les deux jetées qui devaient arrêter l'ouverture de cette passe à l'amont, et qui sont indiquées par *d d'* dans le plan donné par la *fig.* 2, Pl. LII.

Ces ouvrages sont indiqués par masse, *fig.* 1, Pl. LIX; ils sont reproduits en détail par les coupes, *fig.* 1, Pl. LXI, et *fig.* 1, Pl. LXIII et LXIV; les différentes couches de tunages y sont exprimées ainsi qu'elles ont été successivement posées. Les massifs des fondations s'y trouvent également représentés; ceux des couches de correction et des couches ordinaires sont également faciles à distinguer. Il n'y a d'hypothétique que la position des paniers et des saucissons de l'intérieur du seuil, Pl. LXIII et LXIV; mais les contours généraux de chacune des parties du travail sont exactement rendus d'après des sondes faites avec le plus grand soin, après la fermeture du barrage.

Après avoir formé, au moyen de quelques fondations et d'une couche générale le massif *c d*, *fig.* 1, Pl. LXI, et *fig.* 1, Pl. LXIV, et après l'avoir fait échouer par un bon rechargement en gravier, on a posé sur $x'''$, *fig.* Pl. LXI, la couche de correction *ab* pour former la banquette de 4 mètres; cette banquette devait être de niveau avec le radier de chute *abm*, Pl. LXIV, et régner tout le long du massif insubmersible, suivant *r''*, *r''*, *fig.* 2, Pl. LII. Cette couche ayant été terminée en même temps que le radier de chute de la passe, on s'est occupé des trois corrections *r*, *r*, *r*, *fig.* 1, Pl. LXI, destinées à former la première partie des massifs insubmersibles. Ces trois corrections ont en même temps servi à établir le massif de la passe *c'*, *d'* P. LXIV, en inclinant la dernière couche de l'amont à l'aval de 0m.50, et en lui conservant 6 mètres de largeur. Au moyen de trois couches ordinaires *r'*, *r'*, *r'*, *r''*, on est arrivé à la surface supérieure des parties insubmersibles, avec 10 mètres de largeur au sommet, et une inclinaison de 0m.50 de l'amont à l'aval; La crête avait été réglée à 0m.20 au-dessus des plus hautes eaux connues.

214. *Enrochement mixte; raccordement.* — On a poussé vers la rive droite la partie insubmersible du barrage jusqu'à la berge du nouveau lit du fleuve; cette berge a été défendue par un enrochement mixte *f*, composé de 145 paniers rectangulaires, *fig.* 1 et 2, Pl. LII. Après le tassement de ce massif, et l'année suivante, la surface de cet enrochement a été recouverte d'une couche de libages de 0m.60 d'épaisseur; vers la rive gauche, la partie insubmersible a été raccordée avec une branche de digues *e'''* de 83m.50 de longueur, prolongée jusqu'à la grande digue d'inondation *e''*, qui couvre le territoire. La longueur totale du barrage était de 398 mètres.

215. *Matériaux employés dans le barrage.* — Pour la construction du seuil, sur 185 mètres de longueur, il a été échoué :

2,385 Paniers rectangulaires de différentes dimensions;

9,050 Paniers coniques de différentes grandeurs;

2,350 Saucissons de 5 mètres de longueur, et 0m.80 de diamètre;

452m. c..71 de Moellons, ayant servi à remplir les vides;

191,431 Fascines, avec assortiment de piquets et de clayons, avaient en outre été employées, tant à la construction des tunages ordinaires faisant le corps principal du barrage, qu'à l'établissement de la couche prolongée sur le banc de gravier à la tête de l'île du Thalerkopf, dans le flanc de laquelle le barrage était enraciné.

216. *Dépense des travaux.* — La dépense s'est élevée à 152,854fr..96 (*Note* L, § 2), y compris une somme de 30,649fr. 48 pour acquisition de bois de fascinages. La main-d'œuvre des travaux a coûté 122,205fr..48 (29).

217. *Avantages généraux de la méthode par enrochement.* — La méthode par enrochement a donc cela de remarquable, qu'on peut l'employer dans tous les cas, qu'on peut travailler même en temps de crue, ainsi qu'on l'a vu au barrage du Blauelsand; et qu'il est enfin possible de parer, et avec certitude, à l'avarie la plus grave, ainsi que le démontre la fermeture du barrage du Laemmerich-Giesen. Tous les élémens nécessaires à l'exécution de cette méthode, sont donnés par le fleuve même; les bois des îles, les graviers arrachés aux berges, servent à former très-promptement les masses partielles, les plus résistantes et dont l'emploi, comme on l'a vu précédemment, n'exige aucune machine compliquée, ni aucune manœuvre de force. Un panier prismatique quadrangulaire par exemple, cubant plus de 2 mètres, ne coûte échoué que 7fr.03. Un bloc de pierre de cette dimension ne serait pas échoué pour 175 fr., le panier remplit le même objet; ce n'est qu'un moyen d'exécution, ou de combler très-promptement un grand vide: l'atterrissement ne tardant pas de donner au système la même durée, en quelque sorte, que celle de la pierre.

---

(29) Le *Raukopf* a coûté 156,383f 75; le *Laemmerich-Giesen*, 152,854f.96; le seuil du *Laemmerich-Giesen* a coûté 41,671f.45; celui de *Raukopf*, 21,073f.88; mais la pose des claies et les tunages ordinaires au *Raukopf* ont nécessité une dépense de 127,461f.86, tandis que le travail analogue fait au *Laemmerich-Giesen* n'a exigé qu'une dépense de 118,798f.07. Cette dernière dépense eût été diminuée de 10,000 fr. sans le glissement d'une partie du radier.

## CHAPITRE VI.

### DES COUPURES.

218. *Les coupures doivent être concertées avec la rive droite.* — Les coupures, sur le littoral du Rhin, ont toujours pour objet de faire subir un changement de direction au cours principal du fleuve. De là l'obligation de concerter chacune de ces opérations avec le pays de Bade, puisque le Rhin forme la limite des frontières respectives des deux états. De là aussi un motif pour que ces opérations ne s'exécutent que rarement. Jusqu'ici même on n'a été d'accord que pour quelques essais partiels, et, malgré toutes les négociations entamées à ce sujet, on ne s'est point encore entendu sur les bases d'un projet général, si désirable cependant dans l'intérêt des deux états, pour la régularisation du cours du Rhin le long du littoral français.

219. *Les coupures n'ont réussi que par la construction des barrages.* — Les coupures exécutées entre Bâle et Lauterbourg n'ont réussi qu'autant que des barrages ont forcé le fleuve à s'y porter.

C'eût été inutilement qu'on eût accumulé les anciennes méthodes, soit en approfondissant à grands frais le nouveau chenal, soit en employant les éperons de chasse ou les épis de prise d'eau. Jamais le thalweg ne se serait porté dans la coupure du Raukopf sans la construction du barrage, qui a jeté dans le nouveau lit le cours entier du fleuve. De même que, sans un ouvrage semblable, le Rhin ne fixera jamais son cours dans la coupure ouverte sur la rive droite à l'amont du pont de Kehl.

220. *Il faut que les coupures puissent avoir de la profondeur.* — C'est parce que les coupures manquent de profondeur que le fleuve ne s'y fixe pas. Une grande pente n'est pas en général une condition suffisante pour déterminer le changement du cours d'un fleuve, il faut encore que le bras, dans lequel il doit se porter, lui présente une profondeur à peu près égale à celle du bras qu'il doit quitter. C'est alors que la pente détermine le changement de direction ; mais tant que cette première condition, la profondeur, n'est pas satisfaite, on ne peut espérer aucune réussite.

La disposition de l'orifice de la coupure, par rapport au cours naturel du fleuve, détermine encore plus ou moins l'introduction des eaux. A moins que préalablement il n'ait été construit un barrage à l'aval, il est rare que l'une des berges, précisément à l'orifice, ne soit pas attaquée ; et de là des incidences et des répercussions qui altèrent souvent la direction qu'on avait voulu assigner au fleuve. Il faut alors défendre la rive attaquée. Mais il faut surtout tendre à éviter toute fausse direction du courant dans la coupure ; et le moyen le plus certain est de disposer cette coupure suivant une *direction curviligne*, qui tende à fixer le courant principal vers la partie concave.

221. *Érosions opérées aux orifices.* — Les érosions à l'orifice, se manifestant toujours plus fortement sur la berge opposée au courant, la coupure doit être faite en deçà de l'axe du nouveau lit. Elle devra en outre être ouverte suivant un rayon de courbure plus petit encore que celui de la partie correspondante à l'axe de ce nouveau lit, afin que, dans le premier moment de l'introduction des eaux, l'effet de la première incidence soit encore plus complétement détruit, et que les érosions arrivent à peu près dans le même temps à la berge destinée à former la rive concave du nouveau lit. C'est cette rive concave qu'il faudra protéger par des travaux de défense ; car sur aucun point, ainsi que nous l'avons dit, les berges du Rhin, abandonnées à elles-mêmes, ne sont capables de résister à l'action érosive du fleuve, notamment lors des crues (30).

222. *Sur le Rhin, les coupures se font en nombre pair.* — Afin que par suite de l'exécution des coupures il y ait autant que possible parité d'avantages pour les deux rives, il faut qu'à chaque coupure ouverte, sur la rive droite par exemple, corresponde une autre coupure creusée sur la rive gauche. Lorsque ces deux coupures sont appliquées à un double pli du fleuve, elles peuvent se correspondre et former alors, comme le prolongement l'une de l'autre ; la coupure d'amont n'étant séparée de la coupure d'aval que par le lit même du fleuve dans lequel rentre cette sorte de dérivation. Les coupures sont donc toujours projetées et exécutées en nombre pair.

Mais rarement, dans ce cas, l'introduction du fleuve, dans la coupure d'amont, détermine l'occupation de celle d'aval, parce que l'ancien lit présente toujours plus de profondeur, et que le rayon moyen étant plus petit, l'écoulement se maintient de préférence dans l'ancien chenal.

Souvent encore, et lors même que le courant, passant par la coupure d'amont, seroit dirigé par un éperon de chasse (comme on l'avait jadis tenté pour le Raukopf, et sur d'autres points), le fleuve contourne la tête de l'épi au fur et à mesure qu'on le porte en avant, et retombe dans son ancien lit en comblant le nouveau chenal qui lui avait été préparé.

223. *De l'effet des barrages pour la réussite des coupures.* — Pour réussir dans l'application au Rhin de ces doubles coupures, il faut alors fermer le bras principal qui sert d'intermédiaire et de passage entre les deux coupures, et forcer ainsi le fleuve de suivre la coupure d'aval. Il en résulte même souvent que cette disposition, qui paralyse la vitesse de l'ancien lit entre les coupures, modifie la direction du courant, et qu'en donnant de suite une grande profondeur à la coupure d'aval, on assure ainsi le succès de la coupure d'amont, qu'on y fixe la masse presque entière des eaux, et qu'on y provoque, par l'action même du fleuve, les creusemens suffisans pour en former le lit principal du Rhin.

Nous avons vu que le barrage du Raukopf a été établi dans les circonstances que nous venons de signaler, et par suite de l'ouverture de deux coupures destinées à dégager les deux rives, en supprimant deux anses, au droit desquelles, surtout sur la rive gauche, on avait long-temps consacré des sommes exorbitantes à la conservation des berges.

En indiquant ce qui a été fait pour l'ouverture et l'introduction des eaux dans la coupure d'amont, dite du Lobstein-Woerth, nous aurons à peu près exposé les détails des ouvrages et des précautions à prendre pour l'ouverture des coupures en général.

(30) Les avantages des *directions curvilignes*, dans ces circonstances, seront exposés ci-après lorsqu'il sera question de la régularisation du cours du Rhin, chapitre VIII.

224. *Coupure du Lobstein-Woerth.* — Le cours principal du Rhin, qui se développait le long de la partie convexe du terrain, au milieu duquel la coupure du Lobstein-Woerth devait être ouverte, avait 1,700 mètres de développement, et 1m.24 de pente à l'état moyen ou 0m.000721 par mètre. La coupure avait 1,100 mètres de longueur, ce qui assignait à ce nouveau chenal une pente par mètre de 0m.0011272. Cette coupure devait d'abord être ouverte sur 20 mètres de largeur ; mais nous nous sommes déterminé à réduire cette largeur à 8 mètres.

Le terrain dans lequel la coupure devait être ouverte avait sa surface assez généralement élevée de 2m.70 au-dessus de l'étiage. L'état des eaux du fleuve, pendant l'exécution des travaux, n'avait pas permis de faire les fouilles à plus de 1m.60 en contre-bas du sol ; ces fouilles n'étaient par conséquent descendues qu'à 1m.10 au-dessus de l'étiage. On avait laissé à l'amont et à l'aval deux terre-pleins de 4 mètres d'épaisseur, afin que l'introduction du fleuve n'eût lieu, dans la coupure, que lorsqu'une crue assez prononcée menacerait de submerger le sol des terrains limitrophes. Dans le terre-plein d'aval, on avait fait une ouverture d'un mètre de largeur pour l'écoulement des eaux de filtration qui s'introduisaient dans les fouilles au fur et à mesure qu'on tâchait de descendre le chenal jusqu'à 0m.50, seulement au-dessous du niveau des eaux, du fleuve.

La direction de la coupure était en partie curviligne.

Sur la rive gauche une partie des déblais a été déposée à 130m.00 de distance de la coupure pour la construction de la levée destinée à rattacher l'enracinement du barrage du Raukopf avec la digue qui avait son origine à l'extrémité des couches prolongées du Hellwasser. Cette levée a été ensuite continuée jusqu'à l'orifice de la coupure. Comme le sol où l'on avait creusé la coupure était à 1m.10 en contre-bas des plus grandes eaux, et comme ce sol était en outre coupé par plusieurs bas-fonds, on avait ainsi encaissé les eaux au moyen de la levée en question, et fermé toute issue vers les bas-fonds de la rive gauche dans lesquels le fleuve aurait pu prendre son cours.

Sur la rive droite une partie des terres avait été, pour le même objet, déposée en forts bourrelets et bien réglée de niveau, en sorte que les eaux se trouvaient contenues de part et d'autre.

Les fouilles ont pu être descendues à peu près partout jusqu'au gravier, excepté vers l'aval, où l'on avait rencontré une alluvion en terre assez compacte mêlée de grosses racines de roseau (31).

225. *Tranchée des terre-pleins d'amont et d'aval.* — La coupure étant terminée, et son plafond arrivé le plus bas possible, on attendit et on mit à profit la première crue pour rompre les batardeaux ou terre-pleins tant d'amont que d'aval de la coupure, et pour introduire les eaux dans le nouveau chenal.

226. *Approfondissemens au moyen d'équipages à ventelles.* En même temps que les eaux étaient introduites dans la coupure, on accélérait l'approfondissement au moyen de plusieurs équipages que nous allons décrire. Chaque équipage était composé de deux petits bateaux placés suivant le fil de l'eau et éloignés l'un de l'autre de 2 mètres, au moyen de deux poutrelles attachées par des cordages aux bords extérieurs des bateaux. Ces poutrelles écartées de 1m.50 supportaient un léger plancher.

L'espace compris entre les deux bateaux pouvait être fermé à volonté par une espèce de vanne mobile de 0m.60 de hauteur, formée par deux planchettes clouées sur trois montans, et à 0m.16 des extrémités. Cette vanne étant mise à l'eau, et les montans ayant 3 mètres de hauteur, portaient sur le fond de la coupure, s'appuyaient sur la poutrelle d'amont du pontonnage, et étaient maintenus en place par trois hommes d'équipage ; les bateaux étaient gouvernés par deux bateliers ; deux manœuvres à terre, sur chaque rive, retenaient l'équipage au moyen de deux cordages attachés à l'avant, afin qu'il ne pût pas se mettre en travers, et que la surface de la vanne fût toujours exposée au choc direct du courant. Cette petite vanne faisait gonfler les eaux ; et comme elle ne descendait point jusqu'au fond de la coupure, mais seulement à 0m.16 de ce plafond, elle déterminait une assez forte chasse en dessous, en même temps qu'elle opérait une chute par-dessus. Le gravier du lit, par suite de ces deux actions, était mis en mouvement et entraîné par la force du courant. La pression de l'eau était, du reste, assez forte sur la petite vanne, pour faire dériver à volonté l'équipage, et, par ce moyen, l'effet de la ventelle agissait sur toute la surface du lit. Arrivé au bout de la coupure, afin d'avoir plus de facilité pour la remonte de l'équipage, on ployait le pontonnage en enlevant les cordes qui fixaient les poutrelles ; on plaçait le plancher sur l'un des bateaux, et on chargeait la ventelle sur l'autre. Ces bateaux étaient ensuite remontés isolément à la tête de la coupure où l'équipage et sa vanne mobile étaient remis en place pour fonctionner de nouveau, de la même manière.

L'effet de cet appareil était prodigieux ; le fond de la coupure s'approfondissait à vue d'œil ; les éboulemens des berges étaient considérables ; en peu de jours la largeur de la coupure avait été doublée : elle avait acquis un mètre de profondeur de plus qu'au moment de l'introduction des eaux. Aussi multiplia-t-on le nombre de ces appareils pour agir à la fois sur toute l'étendue du lit à creuser.

227. *Repêchage des souches et des racines.* — Un autre équipage ordinaire, monté par des manœuvres armés de crochets à long manche, était occupé à enlever les souches et les larges racines qui, en se déposant sur le fond, tendaient à arrêter la marche du gravier mis en mouvement, soit par les appareils qu'on vient de décrire, soit par la simple vitesse du courant. Cet enlèvement était du reste souvent très-pénible, surtout lorsque la vase s'était déposée dans les chevelues des racines, et qu'il fallait opérer à une certaine profondeur sous l'eau.

Dans les parties où les fouilles n'avaient pu descendre jusqu'au gravier, le fond vaseux était labouré et remué avec des grappins, afin que ces terrains pussent aussi être entraînés par les eaux.

228. *Il faut dessoucher le sol à déblayer.* — Comme la surface du terrain, dans lequel la coupure avait été introduite, était boisée, on avait eu soin non-seulement de dessoucher les parties où la coupure devait être ouverte, mais encore de continuer cette opération sur toute la surface du sol, qui était destinée, après avoir été déblayée par l'action des eaux, à former le nouveau lit du fleuve. Au moyen de cette précaution, on n'avait que fort peu de souches à enlever du lit de la coupure.

229. *La destruction du terrain doit se faire par affouillement.* — Tous ces travaux auxiliaires exécutés ont donc eu pour objet spécial la destruction du terrain, dans lequel le nouveau lit devait être ouvert. On s'attachait plutôt à approfondir la coupure, et par conséquent à affouiller les berges, qu'à opérer régulièrement sur toute la superficie à déblayer, afin que l'action des eaux fût concen-

(31) Le roseau croît en grande abondance sur les atterrissemens qui sont souvent submergés.

trée sur le fond, et que le fil de l'eau conservât la direction qu'on se proposait de lui faire prendre.

230. *Économie résultant des approfondissemens artificiels.* — Le volume des déblais exécutés à mains d'hommes pour cette coupure, sur une largeur de 8 mètres, a été de 19,924$^{m.c.}$.28, et la dépense s'est élevée à 16,031$^{fr.}$.12.

Si l'on eût donné 20 mètres de largeur à cette coupure, comme on en avait eu d'abord la pensée, le cube des terrassemens eût été de 49,810$^{m}$.70, et les 29,886$^{m.c.}$.42 excédans, retroussés en bourrelets à un relai, eussent nécessité une dépense de 12,551$^{fr.}$.30, tandis que pour l'élargissement et l'approfondissement de la coupure au moyen des équipages dont il a été question plus haut, la dépense n'a pas dépassé le dixième de cette somme.

Ce qui vient d'être dit pour la coupure du Lobstein-Woerth est applicable à tous les travaux du même genre, et permettra d'effectuer à peu de frais l'introduction complète du fleuve dans les coupures d'amont.

Quant aux coupures d'aval, comme au procédé d'approfondissement au moyen de chasses partielles, on pourra ajouter le secours bien plus puissant des barrages, il faut en conclure la possibilité de diminuer encore les largeurs des coupures et de les réduire à 5 et même à 3 mètres, comme on l'a fait pour le Raukopf et pour le Laemmerich-Giesen.

Enfin lorsqu'il s'agira de traverser d'anciens lits ensablés, il suffira alors de diriger les eaux dans les premiers momens de leur introduction, et la totalité pour ainsi dire du creusement s'opérera sous l'eau par voie de chasse et d'approfondissement.

## CHAPITRE VII.

### DÉFENSE DES BERGES.

231. *Faible résistance des berges.* — Nous avons plusieurs fois répété que les berges du Rhin étaient formées de terrains d'alluvions de très-peu de consistance, et que si elles n'étaient point défendues, elles seraient dès lors promptement détruites par l'action érosive que tendent à exercer sur les rives et sur le fond les grands courans du fleuve.

232. *Épis de bordage.* — Pendant long-temps les berges attaquées par le Rhin n'étaient défendues que par de simples ouvrages en fascinages ordinaires appelés *épis de bordage, fig.* 5, Pl. LXVI. Ces ouvrages étaient établis un peu en avant des rives, et parallèlement à leur direction. Ils n'étaient pas plus élevés que le terrain naturel auquel, de 50 en 50 mètres environ, on les rattachait par des *agrafes n, a'*, qui y étaient enracinées. Ces ouvrages avaient toujours un grand développement, parce qu'ils ne protégeaient que les parties contre lesquelles ils étaient établis; ils étaient de nul effet pour la défense des points situés soit à l'amont, soit à l'aval de la position qu'ils occupaient.

233. *Leur durée.* — Ces épis de bordage, exécutés entièrement en tunages ordinaires, ne pouvaient point avoir en définitive plus de durée que celle des bois qui les composaient, c'est-à-dire sept à huit années; mais le plus souvent ils étaient détruits bien avant ce terme par les attaques réitérées du fleuve sur les points menacés que ces ouvrages étaient appelés à protéger.

234. *Leurs dimensions générales; affouillemens causés à leur pied.* — On donnait à *ces épis*, au premier moment de leur établissement, 6 à 7 mètres d'épaisseur au sommet (32), c'est-à-dire au niveau du terrain. La paroi, située vers les berges, était verticale; du côté du fleuve l'épi avait un talus réglé à 45°.

Ces travaux s'exécutaient ordinairement lors des eaux moyennes, et à peu près parallèlement au cours du Rhin; il en résultait que l'affouillement qui devait nécessairement s'opérer au pied de l'ouvrage, prenait un certain accroissement pendant le cours des travaux, sans cependant atteindre de suite le *maximum* de profondeur que pouvait lui donner la première crue. L'épi éprouvait alors un premier déversement que ne contrariait pas l'attache des agrafes dans le terrain. Si elles avaient résisté à ce mouvement, elles auraient produit un effet nuisible; car l'ouvrage, après être resté suspendu pendant un certain temps au-dessus de l'affouillement, n'aurait pas tardé à y tomber en masse, et aurait été ainsi plus exposé à une culbute complète. Au lieu de cela, l'épi par sa flexibilité suivait la marche de l'approfondissement, mais sans s'y opposer toutefois; et c'est en cela que ses effets diffèrent essentiellement de ceux que produisent des enrochemens. Ceux-ci formés d'élémens indépendans les uns des autres, peuvent glisser avec le terrain qui les supporte; mais alors encore ils tapissent le fond de l'affouillement et contribuent par là à diminuer l'effet des causes qui les produisent.

Aussi, comme les berges résistantes provoquent davantage les affouillemens que celles qui cèdent à l'action du fleuve, il arrivait très-souvent qu'à la crue suivante l'affouillement devenant plus prononcé, l'épi n'avait plus qu'un talus très-raide, et qu'il finissait par être en surplomb et par glisser en masse dans l'excavation. Le courant s'introduisant alors entre l'épi et la berge, les érosions devenaient considérables, et au lieu d'avoir au moins obtenu un moyen de défense, à la suite de dépenses considérables, on avait souvent au contraire donné au fleuve un nouveau moyen d'attaque qui décuplait l'action destructive dont on avait voulu se garantir.

235. *Prix moyen du mètre linéaire. — Les épis de bordage* avaient généralement 8 mètres au-dessous de l'étiage et 2 mètres au-dessus, c'est-à-dire 10 mètres de hauteur totale; 6$^{m}$.50 d'épaisseur au sommet, et un talus extérieur réglé à 45°; ce qui produisait, y compris un premier vingtième pour le tassement, un second vingtième pour entretien pendant deux à trois années, un cube de tunages ordinaires de 126$^{m}$.50 par mètre linéaire, lesquels, au prix moyen de 1$^{fr.}$.434 (*Note* L, § 7), exigeaient une dépense de 181$^{fr.}$.40 par mètre linéaire de berge.

236. *Ouvrages saillans pour la défense des berges.* — La défense des berges du Rhin s'exécutait ainsi depuis un grand nombre d'années; aussitôt qu'un épi était emporté, on le remplaçait par un autre. La dépense était considérable, et la défense obtenue n'était cependant que précaire (*).

C'est afin de substituer à ces ouvrages éphémères et coûteux un système économique et plus durable dans ses résultats, que nous avons proposé et fait exécuter des *ouvrages saillans* pour la défense des berges (33).

237. *Leur objet.* — Les *ouvrages saillans*, en s'avançant plus ou moins dans le lit du fleuve, ont pour objet d'éloigner le courant principal en le reportant plus au large. De cette manière l'action latérale des courans, ainsi que leur action de fond sur le lit, sont en quelque sorte anéanties sur une certaine longueur de la rive que les ouvrages doivent protéger.

238. *Leur disposition.* — Différentes dispositions ont été essayées dans le but de déterminer la meilleure direction à donner aux ouvrages saillans par rapport aux berges à défendre. On a cherché quel devait être l'angle

(32) Après les crues, et comme il y avait un tassement, la surface de l'épi était relevée au moyen de quelques couches ordinaires qu'on posait en retraite aux dépens du talus extérieur. On tâchait cependant de conserver au moins 4 mètres de largeur en couronnement.

(*) Nous pourrions citer telle anse de peu d'étendue où l'on avait, avant 1810, dépensé plus de 1,200,000 fr. en épi de bordage sans avoir obtenu de résultat sous le rapport de la défense. Par la construction du barrage de Rankopf, au moyen d'une dépense de 157,000 fr., nous avons mis fin à ce travail; mais n'étant pas maître de deux rives, on ne peut pas toujours fermer les bras dans lesquels on est attaqué.

(33) Nous avions d'abord exécuté *ces ouvrages saillans* en tunages ordinaires. Nous avons ensuite abandonné ce mode, comme n'ayant pas assez de durée, et comme étant trop dispendieux, eu égard aux résultats qu'il procurait. Nous y sommes cependant revenu après avoir combiné cette méthode avec le système de paniers et de saucissons, et en modifiant la construction de ces ouvrages, soit en les garantissant d'une prochaine destruction par des revêtemens en libages, soit encore en changeant leur forme comme on le verra ci-après.

sous lequel la plus grande étendue de rive pouvait être protégée avec une même longueur d'épi. On s'est d'abord arrêté, *fig.* 9, Pl. LXV, à l'angle de 135 degrés vers l'amont. On a ensuite pensé qu'on obtiendrait des résultats plus avantageux en prenant cet angle en sens inverse, c'est-à-dire à l'aval, ainsi que l'indique la *fig.* 10, même planche.

Ces opinions si opposées nous ont conduit à comprendre dans nos essais la disposition intermédiaire, l'angle droit; d'ailleurs il nous a semblé qu'on manquait à ce sujet d'expériences et d'observations; Nous avons donc, *fig.* 2, placé l'axe *ab* de l'épi, perpendiculaire à la direction de la berge.

239. *Résultats généraux ; conséquences de ces tracés.* — De ces différentes dispositions sont résultés les effets généraux suivans : des remous *r*, *fig.* 8, 9 et 10, Pl. LXV, se sont manifestés à l'amont des ouvrages, et se sont plus ou moins développés en attaquant la berge ; cette attaque a été d'autant moins vive que l'ouvrage avait plus de saillie, et que l'angle d'amont était plus ouvert. Le courant à l'aval, au point où il dépassait la tête de l'ouvrage, se divisait en deux parties; l'une, la moins considérable, se dirigeait suivant *r'* et retombait sur la berge à une distance plus ou moins grande à l'aval, selon que l'angle avec la berge était plus ou moins ouvert; l'autre, formant le courant principal après s'être dirigée suivant *t'* vers le large, ne tardait pas à revenir sur la berge en *m*. Dans l'espace compris entre les deux courans *t'*, *r'*, il se formait un banc de gravier plus ou moins élevé; la distance à laquelle le courant principal *t'* venait retomber sur la berge *m*, était d'autant plus éloignée, l'étendue du banc de gravier était d'autant plus grande que la longueur normale de l'ouvrage saillant était plus considérable.

Deux effets remarquables résultaient donc de la plus grande longueur normale des ouvrages saillans : diminution des érosions de la berge d'amont par l'éloignement du remou; augmentation d'atterrissement à l'aval par l'éloignement du point de rencontre du courant principal avec la berge. Et comme à volume égal la direction perpendiculaire est celle qui donne aux ouvrages saillans la plus grande longueur normale, c'est cette disposition que nous avons préférée à toute autre pour la défense des berges du Rhin.

240. *Ouvrages saillans inclinés ;* idem *perpendiculaires à la berge.* — Par l'inclinaison à 135°, soit dans un sens, soit dans l'autre, un ouvrage saillant de 50 mètres ne produit pas plus d'effet qu'un ouvrage perpendiculaire de 35$^m$.50, et lorsque l'épi est incliné vers l'amont, *fig.* 10, les érosions des berges sont bien plus considérables, et les atterrissemens bien moins étendus que lorsque l'inclinaison a lieu vers l'aval, *fig.* 9.

En inclinant les ouvrages saillans dans le sens du courant, on avait sans doute pour but de diminuer l'effet du choc qui devenait alors à peu près proportionnel au sinus (34) de l'angle d'inclinaison ; et par ce moyen on se proposait probablement de réduire la profondeur et l'étendue des affouillemens. Mais cet avantage était évidemment compensé, et bien au delà, par cette considération que les épis n'opérant qu'en raison de leur saillant normal aux berges, c'était en pure perte qu'on augmentait considérablement le volume et la dépense des ouvrages en adoptant une direction oblique.

L'inclinaison vers l'amont ajoutait en outre à ce défaut capital le désavantage de diminuer de beaucoup l'étendue des atterrissemens d'aval sans former à l'amont (*Note* F) un prisme d'eau morte destiné, comme on l'a prétendu, à protéger la berge.

Lorsque les ouvrages saillans étaient submersibles, les remous d'amont étaient encore d'autant plus faibles, que la submersion était plus considérable, quelle que fût d'ailleurs l'inclinaison adoptée ; mais alors dans le cas de l'obliquité vers l'aval, *fig.* 9, Pl. LXV, le déversement des eaux se faisait suivant une direction perpendiculaire à la crête d'aval de l'ouvrage, et l'action se portait sur la berge qu'elle tendait à détruire avec plus d'intensité que lorsqu'il n'y avait pas submersion.

241. *Défense des berges au droit des enracinemens.* — Dans tous les cas, quelle que soit la direction qu'on donne aux ouvrages saillans, les berges doivent être défendues près des enracinemens *a ;* sans cela, par suite de l'effet des érosions, les eaux établiraient promptement un nouveau cours entre la berge et l'ouvrage, lequel alors, bien loin de défendre la rive, deviendrait contre elle une cause d'érosion.

Les ouvrages saillans doivent aussi être défendus contre les remous, qui les affouillent à l'amont, et qui ne tardent pas à causer leur ruine ; des nappes en fascinages, des enrochemens ont été essayés sans succès bien prononcés : le meilleur moyen de détruire le remou d'amont, consiste à remplacer les affouillemens par des atterrissemens, en donnant aux ouvrages des dispositions submersibles (255).

242. *Atterrissemens à l'amont. Atterrissemens bien plus considérables à l'aval.* — Assez souvent des atterrissemens se formaient à une certaine distance à l'amont des ouvrages. Cette distance dépendait de la direction du courant dont on combattait les effets, et de l'étendue des remoux. Les atterrissemens d'aval déterminaient le long de la berge un contre-courant qui souvent provoquait des érosions assez prononcées, et il fallait y remédier, soit par des enrochemens mixtes, soit au moyen de petits seuils submersibles, *a'*, *b'*, *c'*, *fig.* 8, dont l'objet était de rattacher à la rive l'atterrissement *ee'*. Ces petits ouvrages, de très-peu de hauteur, facilitaient les dépôts, en amortissant le courant *t'*, et en détruisant en même temps les effets des remoux *r'*.

Après nous être déterminé à adopter exclusivement pour les épis la direction normale aux berges, toutes nos recherches se sont ensuite portées vers les procédés à employer, afin d'atténuer autant que possible les effets des remoux d'amont, remoux qui sont les plus dangereux, et qui souvent compromettent si gravement l'existence des ouvrages.

243. *Détail d'une jetée perpendiculaire.*—La forme des ouvrages saillans appelés *jetées perpendiculaires*, et construits sur le Rhin pour la défense des berges, est représentée *fig.* 4, Pl. LXVII ; *ye'* indique la berge et *tt'* la direction du courant. Le couronnement du corps principal de la jetée *aba'b'* présente 45 à 50 mètres de saillie à partir du contre-fort *bb'ee'* ; 7 mètres de largeur en *b*, *b'*, portée à 9 mètres en *a'*, et terminé en biseau à 45° suivant *aa'* ; la surface de cette partie du travail est inclinée de 0$^m$.50 de l'aval à l'amont, et tenue à la crête d'aval à 0$^m$.50 au-dessous des berges. Le pied du talus est représenté par la ligne ponctuée *xzz'x''* ; à l'amont de la jetée, la berge est défendue par le contre-fort *b'ee'* éloigné de la rive, avec un angle en *o* pour reporter son effet vers le courant

(34) Nous avons fait en grand une foule d'expériences sur le choc de l'eau contre les surfaces de différentes natures, inclinées sous différens angles, et composées de matières de densité variable ; nous sommes arrivé à ce résultat que le choc oblique est à peu près proportionnel au sinus de l'angle d'incidence ; ce qui d'ailleurs avait été indiqué avant nous. Le temps nous a manqué pour mettre nos observations en ordre : nous ne tarderons pas à les publier.

principal $t$. A l'aval, la berge près de l'enracinement est défendue de même par le contre-fort $xb$, dont la dernière couche est continuée en $n'$ par encaissement dans le terrain, pour former le radier de la couche prolongée $b'm''$. Cette couche prolongée, couronnée à 0m.50 au-dessus du terrain, se termine d'une part au point $o$ du contre-fort d'amont, et s'étend sur le terrain vers $m''$, de manière à arriver à zéro du sol, ou au moins à 100 mètres de la berge, afin que le courant de superficie qui s'établit lors du débordement, en vertu du gonflement que la masse de l'ouvrage saillant occasione, ne rentre dans le lit du fleuve que bien à l'aval du contre-fort $xb$, et que son effet ne puisse venir attaquer la jetée ou même son contre-fort d'aval; sans cela, il arriverait que l'ouvrage saillant serait tourné, comme les barrages submersibles, par les eaux de la première crue.

244. *Affouillemens d'amont en partie diminués par les tapis.* — Avant de procéder à la construction du massif principal de la jetée et de ses contre-forts, on établissait un tapis général (*), ou nappe d'abord flottante, laquelle avançait d'environ 30 mètres à partir des berges. On la submergeait ensuite par un bon rechargement en gravier fait en toute hâte. L'étendue de cette nappe se trouve exprimée par la ligne $xx'x''$.

L'action du remou $r$ s'opérait en grande partie sur la surface amont de cette nappe tapissant le fond du fleuve vers la berge; les affouillemens d'amont étaient alors à peu près amortis et reportés plus à l'amont de l'ouvrage.

Ce tapis avait l'avantage d'éteindre en partie l'action des remous d'amont. On sait que ce sont ces remoux d'amont qui déterminent les affouillemens, dans lesquels les jetées ne tardent point à disparaître, au moins en grande partie.

245. *Contre-forts et massif de la jetée.* — Dans la construction de la jetée $ab$, lorsque la nappe ou tapis $xx'x''$ était arrivée à fond par suite des rechargemens en gravier dont on l'avait couverte, on s'occupait de la construction des contre-forts d'amont et d'aval $xb$ et $b'e$, ainsi que du massif principal de la jetée, $a$, $a'$, $b$, $b'$; on procédait à cette construction comme si la nappe $x$, $x'$, $x''$ avait été le fond naturel du lit, et par couches de tunages ordinaires, ainsi qu'il a été expliqué précédemment (118), Pl. XLVII—LI, et de manière à ce qu'en définitive le travail eût la forme indiquée, *fig.* 4, Pl. LXVII.

246. *Effets des jetées construites.* — Un assez grand nombre de *jetées perpendiculaires*, de formes et de dimensions semblables à celles qui viennent d'être décrites, ont été construites pour la défense des berges dans différentes localités. Ces ouvrages ont toujours en général produit les effets et les résultats suivans : Remoux $r$, $r'$, $r''$, à l'amont et à l'aval ; modifications du courant principal $t$, suivant les directions $t'$, $t''$; bancs de gravier $c$, $c'$ plus ou moins élevés; cette élévation était proportionnée aux affouillemens opérés à l'amont et à la tête de la jetée. Ce banc de gravier était plus près du massif $a$, $a'$, $b$, $b'$, lorsque la jetée était terminée à son extrémité par une arête inclinée au lieu de présenter une ligne circulaire, et que par cette première disposition le talus $z$ était plus en saillie vers l'aval; dans ce cas, le courant $t''$ était plus faible, et le remou $r'$ moins considérable.

247. *Atterrissement d'amont.*—Lorsque la jetée était placée de manière à n'atteindre le thalweg qu'aux deux tiers de la saillie, à partir de la berge au moment de sa construction et sous une inclinaison de 130 à 135 degrés, il se formait à l'amont, à environ 60 mètres de la jetée, un second banc de gravier produit par la diminution de vitesse que causaient les effets du remou d'amont.

248. *Longueur de rive défendue par la jetée.* — Dans le cas le plus favorable, lorsque le banc de gravier d'aval était rattaché à la rive au moyen d'un petit seuil en fascinages ordinaires, la jetée défendait une ligne de berge à peu près égale à cinq fois la saillie de l'ouvrage.

249. *Les travaux de ce genre ont eu très-peu de durée.* — Aucune des jetées perpendiculaires construites, même avec les précautions qu'on vient d'indiquer, n'a résisté plus de trois à quatre années. La nappe sur laquelle elle avait été primitivement posée n'a pu suffisamment la garantir contre les affouillemens qui se sont opérés, tant en amont qu'à la tête des jetées, par suite de ce que les talus ne pouvaient être assez étendus.

Les affouillemens devenant très-considérables (35), les jetées n'ont point tardé à se rompre suivant la ligne $mm'$, ou à peu près au tiers de leur longueur à partir de la berge, après s'être fortement affaissées de l'aval à l'amont, ou dans le sens de leur axe.

250. *Les jetées qui existent sont depuis long-temps en dehors des attaques du fleuve.* — Quelques *jetées perpendiculaires* existent encore; mais, par des circonstances particulières et étrangères aux effets qu'elles étaient appelées à produire, le cours principal du fleuve a abandonné, quelque temps après leur construction, le bras dans lequel elles avaient été construites; et si le cours principal du fleuve existe encore dans le même lit, son action s'est reportée plus à l'aval par suite des érosions opérées dans l'anse située sur la rive opposée à l'amont de la jetée, de sorte que la jetée est alors en dehors de l'action destructive du thalweg. Dans toutes les autres circonstances, les jetées perpendiculaires n'ont eu que peu de durée, et les atterrissemens formés par ces jetées ont disparu avec les parties d'ouvrages qui avaient déterminé leur formation.

251. *Dépense moyenne d'une jetée.* — Une *jetée perpendiculaire* des dimensions précédentes exigeait assez généralement une dépense moyenne de 52,500 fr.; la longueur de la berge défendue dans le cas le plus défavorable, celui d'une anse d'une courbure assez prononcée, était de 300 mètres, ce qui portait la dépense moyenne pour la défense d'un mètre linéaire de berge, à 175 fr. Cette somme était considérable, si on la rapproche surtout du résultat fort temporaire que l'on obtenait.

252. *Les saillies des jetées sont très-limitées.* — Il est à remarquer que les jetées perpendiculaires étaient très-limitées dans la longueur de leur saillie; qu'elles pouvaient très-rarement s'avancer dans le fleuve au delà de 45 à 50 mètres. Construites par la méthode de simples tunages ordinaires, elles provoquaient, arrivées à cette distance des berges, des profondeurs presque toujours excessives, et qui ont été dans quelques cas jusqu'à 25 mètres au-dessous de l'étiage; en sorte que, dans ce système, il fallait renoncer à éloigner le thalweg du fleuve à plus de 50 mètres de la rive.

253. *Jetées-barrages.* — Trouver le moyen de détruire les remoux d'amont, et de pouvoir donner telle saillie qu'on voudra aux *jetées perpendiculaires*, sans augmenter plus dans un cas que dans l'autre, l'approfon-

(*) *Voir*, pour la construction de cette nappe, ce qui est dit à l'article *Tapis*, pour la défense des berges (264).

(35) Les enrochemens mixtes composés de saucissons, paniers, et recouverts en libages, n'ont été imaginés que plus tard.

dissement à la tête de l'ouvrage, était donc encore une amélioration fort désirable dans les travaux du Rhin, et c'est ce qu'on a obtenu au moyen des *jetées-barrages* construites en partie par enrochement de paniers et de saucissons, terminées ensuite au moyen de tunages ordinaires, et enfin revêtues, dans le développement entier des talus exposés au courant, par une couche de libages.

254. *Saillie illimitée des jetées-barrages.* — C'est encore l'innovation des enrochemens en saucissons et en paniers qui en nous permettant, pour cette nouvelle série d'ouvrages comme pour les barrages, de garantir le lit affouillable par des enrochemens en saucissons et en paniers, nous a conduit à essayer ces *jetées-barrages*, représentées et détaillées *fig.* 1, 2 et 3, Pl. LXVII. La *jetée-barrage* que nous donnons pour exemple n'a que 60 mètres de saillie; mais l'explication du système de construction appliqué à cet ouvrage démontrera que cette saillie peut avoir telle étendue qu'on voudra. L'essai de ce système de jetée a été fait d'abord au bras Mabile, et ensuite dans le Grand-Rhin, au Lobstein-Woerth, près de Strasbourg.

255. *Les jetées-barrages provoquent des atterrissemens à l'amont au lieu de produire des remoux.*— Il est évident que si un barrage est placé à l'aval de l'orifice supérieur du bras qu'il doit fermer, et que ce barrage soit submersible ou en partie submersible, eu égard à son étendue, il ne se formera point de remou à l'amont, et au lieu d'affouillement il y aura dépôt; cette propriété tient à la submersibilité du travail; les eaux ne sont alors ralenties dans leur mouvement que de la quantité nécessaire pour qu'elles puissent abandonner une portion des matières qu'elles tiennent en suspension; elles s'écoulent ensuite pour faire place à de nouvelles *troubles*.

En combinant les ouvrages saillans de manière à leur donner les mêmes propriétés, on devra nécessairement avoir des dépôts là où, par suite des anciennes dispositions précédemment pratiquées par épis, il y avait affouillement; c'est ce qui nous a fait appeler *jetée-barrage* ce genre d'ouvrage saillant, représenté en plan, *fig.* 2, Pl. LXVII.

256. *Détails d'une jetée-barrage.* — Nous supposons ici qu'il s'agit de porter la saillie de la *jetée-barrage* jusqu'à 60 mètres de la berge à défendre.

On commence par déblayer dans la berge les enracinemens représentés par *ef*, en donnant aux fouilles 5 mètres de longueur, 4 mètres de largeur et une profondeur descendue jusqu'au niveau des eaux du jour. Ces enracinemens seront éloignés l'un de l'autre de 21 mètres de milieu en milieu. En partant de ces contre-forts, et pour faire ce qu'on appelle *assurer la rive*, on construira, par les procédés indiqués à l'article *fascinages* (40), le massif représenté en coupe par *az*, *fig.* 1. On lui donnera vers le fleuve l'empatement convenable et déterminé tant par la profondeur de l'eau, que par la hauteur à laquelle il doit être réglé au-dessus du terrain, de manière qu'il ait 4 mètres de largeur en crête, et un talus *az* de deux de base pour un de hauteur. Cet ouvrage préparatoire étant bien arrivé à fond, on construira le contre-fort en saillie *dm*, *xx'*, *fig.* 2, destiné à former l'extrémité de la jetée-barrage; ce contre-fort est, en quelque sorte, une rive factice, qui sert d'appui et de direction aux travaux d'échouage. On le composera de paniers de différentes formes, en se servant d'abord de paniers prismatiques; ensuite de saucissons échoués par système et isolément; puis de paniers coniques, mais en terminant toujours par quelques files de paniers prismatiques le pied du massif, et notamment les talus les plus exposés, soit à l'amont de l'ouvrage, soit au large dans le fleuve.

Ce massif arrivé à peu près à la hauteur des basses eaux, l'échouage n'aura plus lieu suivant la direction de *d* en *m*; il sera opéré entre le talus intérieur de ce massif en allant vers celui du contre-fort *az*, *fig.* 1, afin de former le radier général représenté en coupe par *x.x'*, *fig.* 1 et 3; ce radier général ou seuil aura environ 20 mètres de largeur, et remplira l'espace compris entre le contre-fort de la rive *az*, et le contre-fort du large *dm*. Arrivé à peu près au niveau de l'étiage à la hauteur *x*, on partira de la surface du contre-fort *ax* pour arriver à former en tunages ordinaires le corps principal de la jetée représentée en plan par *ac*, *a''c''*, et en coupe par *ab*, *a'b'*, *a''b''*. L'ouvrage devra présenter trois passes de niveau, toutes arrêtées à différentes hauteurs, par rapport aux basses eaux. Ainsi la première passe *a''b''* ne sera élevée que de 0m.50 au-dessus de l'étiage; la suivante *a'b'* sera couronnée à 1m.00 au-dessus du niveau de la première; et enfin la troisième passe *ab* sera aussi à 1m.00 au-dessus de la seconde; le tout disposé de manière que la troisième passe *ab* soit à 1m.50 en contre-bas des plus hautes eaux. Chaque passe aura un radier de chute variable d'étendue, comme chaque massif varie d'épaisseur et de retenue, et ainsi qu'il est coté au plan général, *fig.* 2.

Le contre-fort de la rive sera ensuite terminé de manière à ce que la partie aval soit au niveau du terrain naturel, et que sa dernière couche, encaissée dans le terrain suivant *e''e''*, soit dirigée aussi loin que la couche prolongée *e'e'* partant du contre-fort d'amont *ef*, laquelle devra arriver à zéro du terrain le plus élevé, et se prolonger au moins jusqu'à 100 mètres de la berge. On rejettera de cette manière la rentrée des eaux de submersion aussi loin que possible à l'aval du travail, et on évitera, ainsi que nous l'avons dit précédemment, la dégradation du terrain dans lequel la jetée est enracinée (36). La retenue de la couche prolongée sera fixée ici à 0m.50 au-dessous des plus hautes eaux.

Le contre-fort du large sera ensuite terminé au moyen de quelques couches ordinaires en fascinages. La surface supérieure sera d'abord arrêtée à un mètre au-dessous des hautes eaux suivant *dn*. Vis-à-vis la branche perpendiculaire de la *jetée-barrage*, on élèvera la surface de ce contre-fort *d'm'* sur 14 mètres de longueur au moyen de deux couches, dont la dernière sera inclinée vers le courant, et dont la crête sera au niveau des plus grandes eaux. Ce surhaussement est destiné à indiquer lors des crues, les tassemens que le travail pourrait éprouver. Les tunages étant terminés, et le contre-fort *dm* ayant supporté les effets de quelques crues, on réparera au moyen d'enrochement en paniers les affaissemens opérés dans les talus. On revêtira ensuite les parties de ces talus exposées à l'action des eaux d'une couche de 0m.60 d'épaisseur en moellons, en garnissant un peu plus le pied, ainsi que cela est indiqué en *mnxx'*, dans la coupe représentée *fig.* 1. Ce revêtement sera porté jusqu'à un mètre au-dessous des grandes crues.

A l'amont du massif de la *jetée-barrage aa''*, on jettera une certaine quantité de gravier pour étancher les filtrations que la charge d'eau de l'amont à l'aval tendrait à produire au travers des fascinages; ces filtrations pourraient en effet entraîner une partie du rechargement des couches et occasioner des tassemens irréguliers et par suite des ruptures dans les clayonnages.

On voit que, par les dispositions précédentes, l'effet des eaux sur la partie *d. x. x'* du contre-fort ne sera point à redouter, parce que le courant aura issue immé-

(36) Les couches prolongées doivent en toute circonstance faire partie de tous les travaux submersibles; elles sont indispensables à la conservation de ces ouvrages.

diatement par le lit au large de la jetée et par la passe $a''c''$, du moment que le fleuve sera au-dessus de son étiage. En s'élevant davantage, les eaux passeront par la seconde passe $a'c'$; enfin dans les crues, tout le travail étant submergé, la masse de l'ouvrage, en ralentissant d'une manière sensible la vitesse des eaux, déterminera la formation des dépôts à l'amont, sans produire une chute capable de détruire les atterrissemens qui doivent s'opérer à l'aval par l'effet de la saillie de la *jetée-barrage*. Ainsi les dépôts, au lieu de s'effectuer à une certaine distance de la jetée, comme cela avait lieu par suite de la construction détaillée *fig.* 4, viendront s'appuyer sur les talus d'amont, et se rapprocheront davantage des talus d'aval, puisque l'effet secondaire $t'$, même figure, aura lieu bien plus au large, par suite de la submersion des différentes parties du massif saillant de la jetée $a. a''$. Ici, comme cela est arrivé au barrage du Raukopf, *fig.* 2, Pl. LIII, les atterrissemens d'amont et d'aval ne tarderont même pas à se faire remarquer.

257. *Les jetées-barrages seront d'un grand secours pour la régularisation du cours du fleuve.* — Ce mode de construction pour l'établissement de la *jetée-barrage* est indépendant de la longueur à donner à cette jetée, ou de la position du massif *d. m*, puisque ce massif, au moyen du système par enrochement, peut être établi sur un point quelconque du courant du fleuve. Il faut seulement que le développement à donner aux ouvrages soit en rapport avec la saillie du travail, et avec l'importance du bras dans lequel on opère. Enfin, chaque fois que, par suite du système de défense à concerter avec la rive opposée, un bras ne pourra point être complétement fermé, les *jetées-barrages* seront d'un grand secours pour régulariser le cours du fleuve, pour en déplacer le thalweg, et l'éloigner à volonté, et au besoin à une grande distance, de la berge attaquée.

258. *Enrochemens mixtes.* — Nous avons vu que les épis de bordage en tunages ordinaires étaient anciennement employés pour la défense des berges, et que c'était à peu près le seul genre d'ouvrage dont se composassent ces travaux de défense. Nous en avons exposé les inconvéniens et évalué, terme moyen, la dépense à 181$^{fr.}$.40 le mètre linéaire (235).

Mais nous avons remplacé les épis de bordage par un système *d'enrochement mixte* infiniment préférable, tant sous le rapport de la durée que sous celui de la dépense. Car le mètre linéaire d'enrochement mixte, pour une durée à peu près indéfinie, ne reviendra, dans les mêmes circonstances, qu'à 126$^{fr.}$.17 (*Note* K, § 6), ce qui présente une différence à l'avantage de l'enrochement mixte, de 55$^{fr.}$.23, ou de plus de 30 pour 100.

259. *Détail des enrochemens mixtes.* — La défense des berges, par les enrochemens mixtes, s'effectue d'abord au moyen d'un massif *d*, *fig.* 3, Pl. LXVI, composé d'un certain nombre de saucissons de 4 mètres de longueur, et de 0$^{m}$.80 de diamètre au milieu, confectionnés comme il a été dit précédemment (125), et qu'on échoue au pied du talus de la rive, en se servant d'un équipage composé, comme il est indiqué *fig.* 1 et 2, même planche, à cette différence près que la bascule n'est pas nécessaire. Le saucisson est roulé sur le tablier *c a*, et jeté à l'eau ayant son axe parallèle à la berge, ainsi qu'on peut le voir dans le profil, *fig.* 1, Pl. LI. On conduit l'échouage de manière à donner au talus du massif, formé par les saucissons, trois de base pour un de hauteur, afin que, malgré l'affouillement opéré au pied, et après le tassement du travail même arrivé à son maximum, il reste encore un talus de deux de base pour un de hauteur; le même équipage sert aussi à échouer sur le côté les paniers prismatiques destinés à former le pied du talus, pour que le glissement de l'enrochement soit plus uniforme.

260. *On couvre le talus d'une couche de libages.* — Lorsqu'on présume que les affouillemens et les tassemens sont arrivés à leur terme, ce dont on juge d'après les sondes et profils pris de 20 mètres en 20 mètres à la suite de chaque crue; et lorsqu'on a acquis la certitude de la stabilité du massif, sur le vu des dépôts de vases très-serrés et très-compacts qui recouvrent alors les talus, on exécute le revêtement en moellons et libages, qui doit garantir les bois de l'action des eaux, et donner à l'ouvrage une durée aussi longue que celle de la pierre. Car les bois ne sont ici qu'un moyen de faire masse, de maintenir le gravier de remblais jusqu'au moment du revêtissement du talus au moyen de libages. D'ailleurs, dans l'hypothèse d'un enrochement entièrement en moellons, le volume de pierre employé eût été de 30$^{m}$.06, et la dépense se serait élevée à 262$^{fr.}$.12$^{c.}$ (*Note* L, § 6), ou à plus du double de la dépense de l'enrochement mixte composé de paniers, saucissons et libages.

261. *Echouage des libages.* — Afin que l'échouage des libages destinés au revêtement des talus des enrochemens mixtes soit fait d'une manière régulière, on se sert du même équipage que pour l'échouage des saucissons destinés à former la première partie de l'enrochement. A cet effet, on dispose un petit pont de service de 1$^{m}$.50 de largeur, composé de deux fortes poutrelles d'un équarrissage proportionné à la distance des bateaux à la rive, et garni de madriers de 0$^{m}$.06 d'épaisseur, gradués dans le sens de leur longueur de 0$^{m}$.25 en 0$^{m}$.25, pour servir de repère à l'immersion des libages; on apporte les libages à la civière, et on les immerge au droit de chacun des numéros de la graduation. On avance ensuite le pont dans le sens de la berge, de toute la largeur de la tranche qui vient d'être enrochée, et on procède de la même manière à l'échouage de la tranche suivante; par ce moyen, les enrochemens s'exécutent uniformément sur toute la surface du talus dans les deux sens et sur une égale épaisseur. Cette opération est d'ailleurs contrôlée par les sondes nombreuses qu'on relève dans l'emplacement, et au droit de chaque position du pont de service. On a soin de doubler l'épaisseur du revêtement vers le fond, afin que l'affouillement qui s'opérerait puisse être immédiatement rempli sans que les talus aient à en souffrir.

262. *Les berges au-dessus de l'enrochement sont revêtues en perrés.* — Le revêtement en libages est conduit environ à 1$^{m}$.30 au-dessus des eaux moyennes; en contre-haut de ce niveau, la berge *ab* est rabattue et dressée suivant un talus de deux de base pour un de hauteur, et recouverte en pierres plates d'à peu près 0$^{m}$.16 d'épaisseur, présentant la plus grande surface possible, et réservées à cet effet à l'avance lors de l'échouage des moellons de revêtement.

263. *On plante des boutures de saule pour consolider ces revêtemens.* — Des boutures de saule sont ensuite plantées dans les joints des pierres plates du revêtement; leurs jeunes pousses ne tardent pas, par leur flexibilité, à diminuer la vitesse des eaux et à provoquer l'ensablement de toute la surface du perré. Ces bois, coupés chaque année, finissent, avec leurs pousses successives, par porter cet ensablement à une telle épaisseur, que toute dégradation devient à peu près impossible. Telle est la composition du système d'enrochement mixte que nous avons substitué aux épis de bordage en fascinages ordinaires; nous en avons obtenu les résultats les plus satisfaisans.

264. *Des tapis enrochés.* — Un dernier système de défense a encore été employé avec assez de succès, lorsqu'il ne s'agissait que d'éloigner de 25 à 30 mètres de la berge le cours principal du fleuve, tout en lui conservant une

direction à peu près parallèle à la rive. Nous voulons parler des *tapis enrochés* représentés *fig.* 1, 2 et 3, Pl. LXVIII. Ces ouvrages forment en quelque sorte une espèce d'enrochement discontinu à grands talus vers le fleuve. Ces tapis ont, sous ce dernier rapport, une qualité qu'on doit rechercher avant tout dans les travaux de défense, celle d'offrir pour amortir les affouillemens, non-seulement la submersibilité, mais encore la plus faible inclinaison possible (37).

Dans les enrochemens continus on a été obligé, sous le rapport de la dépense, de restreindre cette inclinaison à deux de base pour un de hauteur. Par la construction des *tapis enrochés*, on a pu réduire cette inclinaison à moitié, c'est-à-dire à *quatre* de base pour *un* de hauteur.

265. *Déblais pour les tapis enrochés.*—Pour la construction du tapis représenté en plan, *fig.* 1, Pl. LXVIII, on commence par déblayer dans la rive les enracinemens *ds* et *d's'*, espacés entre eux de 36 mètres de milieu en milieu; on donne à ces enracinemens 4 mètres de largeur, on pousse les fouilles en profondeur jusqu'au niveau des eaux du jour. On pose ensuite, à partir de chaque enracinement, les trois premières fondations en tunages ordinaires, ainsi qu'il a été indiqué précédemment à l'article *fascinages* (52); les extrémités en sont exprimées par les lignes $x, y, z$; on continue de même les trois couches limitées par $x'y'z'$; viennent ensuite celles arrêtées suivant $x''y''z''$; enfin on termine les couches $x'''y'''z'''$. Lorsque le travail est parvenu à ce degré d'avancement, les couches qui partent des deux enracinemens, ainsi que leurs fondations de correction, sont réunies et reliées entre elles par une couche générale. On pose alors les trois fondations $a$, $b$, $c$; mais dans cette situation il serait imprudent de pousser plus avant, sans être à fond près de la berge sur une certaine étendue. Alors plusieurs couches ordinaires sont établies et rechargées successivement; on conserve toujours la dernière fondation flottante, on arrive à peu près à fond le long de la berge sur 6 mètres de largeur, et sur cette partie on accumule un dépôt de gravier représenté par $n$ dans la coupe *fig.* 2. L'ouvrage alors repose sur le fond du fleuve, sur toute la partie correspondante à l'amas du gravier; il est dès lors bien assuré, et il faudrait un grand effort pour le faire glisser. On pousse ensuite avec activité les différentes couches de fondation et de correction de fondation sans rechargement, qui sont exprimées par groupe de trois couches par les lignes $a, b, c, a', b', c', a'', b'', c''$, etc., en ayant soin de conduire ces couches de manière à ce que la partie aval du tapis soit terminée en oreillon, et que la crête $m.m$ de la surface vers l'amont fasse avec la berge un angle qui ne dépasse pas 45°: car l'expérience a fait connaître qu'une plus grande inclinaison, à partir de l'aval, rendait l'exécution du tapis difficile, et pourrait déterminer le déchirement de son massif le long de la partie déjà à fond et rechargée. La portion flottante du tapis, représentée par $g$, $h$, $b'''$ *fig.* 2, a une épaisseur moyenne de 2m.50 à 3 mètres; elle est toute en bois, et sans rechargement en gravier.

Dans cette situation, après avoir nivelé la surface supérieure terminée par la ligne $m, m, m$, *fig.* 1, au moyen d'une couche générale en fascinages, on place les cours de saucissons $r$ de 0m.40 de diamètre, dirigés perpendiculairement au courant, et espacés entre eux d'environ 10 mètres; leur objet est d'empêcher, lors de l'immersion du travail, que le courant n'entraîne le gravier qu'on a jeté sur la surface du tapis pour déterminer son échouage; le tapis doit être coulé à fond aussitôt que le travail est parvenu à la partie d'aval la plus saillante, c'est-à-dire à 35 mètres de la rive; avant son échouage, le tapis est supposé affecter la situation représentée par $r$, $b'''$, $g$, *fig.* 2.

Pour opérer l'échouage à fond, ou dans la situation $r$, $m'$, $g'$, même figure, il suffit de répandre sur la surface le gravier déposé en tas suivant $n$, et de couvrir le reste de cette surface d'une couche d'environ 0m.40 d'épaisseur en gravier ordinaire. Ce gravier est amené du large au moyen de bateaux disposés à cet effet, et jeté à la pelle sur le tapis, en commençant par recharger la partie d'amont avec une certaine précaution, pour la faire enfoncer la première. Cette condition est nécessaire pour que l'action de l'eau, s'exerçant successivement de l'amont à l'aval du tapis, en détermine l'entier enfoncement; tandis que, si le tapis s'échouait en sens inverse, c'est-à-dire si l'on commençait par faire enfoncer la partie d'aval avant celle d'amont, le fleuve ne tarderait pas à retrousser la portion flottante, et à déterminer par ce mouvement la torsion et le déchirement des ouvrages.

266. *La surface du tapis est enrochée en libages.*—Le tapis arrivé à fond, en $r$, $b'''$, $g'$, est rechargé d'une couche de libages de 0m.60 d'épaisseur qu'on surcharge sur le pied de l'ouvrage. On termine les contre-forts $d$, $d'$, en construisant la couche prolongée suivant $p$ et $q$, comme il a été dit précédemment pour les ouvrages submersibles (151), et le tapis est terminé; il occupe alors la position $r$, $m$, $b'''$, représentée en coupe, *fig.* 3.

267. *Grosseur des libages, leur pesanteur spécifique.* — Les moellons et libages employés pour les enrochemens mixtes sont en général du volume de 0m. c..043 à 0m. c..05; leur pesanteur spécifique est généralement de 2.245, celle de l'eau étant prise pour unité.

268. *Forme particulière des tapis.* — On avait d'abord terminé les tapis suivant une forme triangulaire; mais le courant à l'aval se reportait presque immédiatement sur la berge; En donnant à l'extrémité de ces ouvrages, la forme arrondie $a'''$, $b'''$, *fig.* 1, le courant s'est trouvé reporté plus à l'aval, et la berge a été garantie sur une plus grande longueur.

269. *Application des différens systèmes pour la défense des berges.* — Tels sont les divers genres d'ouvrages dont on peut disposer pour la défense des berges, et qui présentent, comme on l'a vu, des différences assez sensibles dans le prix du mètre linéaire de berge protégée suivant tel ou tel système.

Le choix à faire entre ces diverses méthodes dépendra du but qu'on se sera proposé:

Lorsque la berge à défendre sera dans l'alignement adopté pour la garantir des érosions, on emploira *des enrochemens mixtes*;

Quand il ne s'agira que d'éloigner le cours du fleuve de 25 à 30 mètres, on construira *des tapis*, dont les écartemens varieront suivant la direction plus ou moins courbe de la berge;

Lorsqu'il faudra éloigner le fleuve à une très-grande distance d'une anse trop concave, on aura recours à *des jetées-barrages*.

(37) La destruction des berges des parties concaves est due non-seulement à l'action du fleuve sur le fond combinée avec les effets de la *force centrifuge* que développe le mouvement curviligne dans les anses; mais encore à la *faible inclinaison* que présentent les bancs de gravier des parties convexes correspondantes à ces anses.

## CHAPITRE VIII.

### VUES PARTICULIÈRES SUR LA RÉGULARISATION DU COURS DU RHIN.

270. *Des essais de régularisation du cours du Rhin.* — Plusieurs essais de régularisation ont été convenus avec le pays de Bade. Un seul a été exécuté sous Strasbourg; les eaux du Rhin ont été réunies dans un lit unique, sur une assez grande longueur, et les travaux exécutés sur ce point pour coupures, barrages, et défense des berges au moyen d'enrochemens mixtes, ont démontré qu'on pourrait régulariser le cours de ce fleuve sans des dépenses excessives. Ainsi, après avoir détaillé les travaux qui nous ont permis, même dans les circonstances les plus difficiles, de défendre une berge attaquée et de déplacer le thalweg du Rhin, nous croyons devoir exposer en peu de mots comment nous avions conçu l'application de ces moyens à la régularisation du cours de ce fleuve.

271. *Première condition à remplir.* — La première condition à remplir pour cette opération, est la réunion des eaux en un lit unique, et la fermeture, avec atterrissement, de tous les bras secondaires.

272. *On doit adopter de préférence les alignemens curvilignes aux alignemens rectilignes.* — Nous pensons, en second lieu, qu'il faut renoncer aux alignemens rectilignes et aux sections qui en seraient la conséquence, pour adopter exclusivement des directions curvilignes, ainsi que la forme de section qui en dérive.

273. *On doit par l'observation déterminer la longueur des rayons de courbure.* — Il faut enfin baser sur des observations relevées sur place les rayons de courbure des tracés curvilignes, et la forme ainsi que les dimensions à assigner au lit du fleuve, tant pour les eaux moyennes que pour les hautes eaux.

Nous ne reviendrons pas sur les graves inconvéniens attachés à l'existence simultanée de plusieurs bras, et aux divagations perpétuelles qui en résultent pour le cours du fleuve; chaque page de ce mémoire en a fourni la preuve.

La seconde proposition ressortira du parallèle qui va suivre.

274. *Ce qui résulte du tracé rectiligne.* — Avec un tracé rectiligne, aucune cause ne tend à porter les eaux plutôt sur une berge que sur l'autre, et la section doit avoir la forme d'un trapèze régulier. Or, si l'on veut appliquer cette section à un fleuve dont les berges ne présentent aucune résistance, il faut de toute nécessité *défendre* et protéger *le développement entier des deux rives.*

Nous ajouterons que dans les rivières torrentielles à sol mobile, et avec la forme régulière trapézoïdale, si la différence entre le volume des hautes eaux et celui des eaux moyennes est considérable, comme cela a lieu généralement, il est nécessaire de déterminer un lit *mineur* et un lit *majeur;* et que s'il arrive, ce qui est fort ordinaire, de donner ou une trop faible, ou une trop grande largeur, soit au lit *mineur* (des eaux ordinaires), soit au lit *majeur* (des hautes eaux), il en résulte, ou que le lit s'affouille comme insuffisant, ou que le lit trop large, après avoir provoqué des atterrissemens, se trouve attaqué et encore affouillé, bien que partiellement, mais sur certains points successivement variables qu'il est impossible de déterminer, et par conséquent de défendre à l'avance.

Dans ce système on n'opère donc qu'avec incertitude, et toujours avec des dépenses considérables.

275. *Du tracé curviligne.* — Lorsque le *tracé* est *curviligne*, une seule berge au contraire, la berge concave, est attaquée, parce que les grandes profondeurs d'eau affectent exclusivement cette rive; la forme de la section se rapproche alors d'un triangle ayant pour base la ligne d'eau, et pour sommet le point le plus bas de l'affouillement au pied de la berge concave, *fig.* 1, 2, 3, 4, Pl. LXV.

276. *Effets de la force centrifuge donnés par ce tracé.* — Il se développe encore, dans ce système d'écoulement, *une force centrifuge*, et cet effet, inhérent au seul tracé curviligne, nous paraît la *principale cause de la fixité* que présentent alors les courans.

277. *Nouvel avantage du tracé curviligne.* — On peut alors désigner d'une manière certaine la rive à défendre et les points qui seuls seront menacés; et bien que ces travaux se trouvent alors obligés de résister à une action érosive, en quelque sorte, d'un ordre supérieur, il est évident que la dépense sera toujours infiniment moindre que lorsque, dans le tracé rectiligne, il faut commencer par défendre les deux rives, sans savoir quels seront ensuite les travaux additionnels que ne peuvent manquer de provoquer une foule de causes accidentelles.

278. *Il n'est pas nécessaire de déterminer le volume des eaux à écouler.* — On pourra même, dans le système du tracé curviligne, se dispenser de connaître à l'avance le volume des eaux et les autres conditions du régime du fleuve, car une seule limite est assignée à la section, c'est la limite même des érosions dangereuses sur la rive concave, les eaux pouvant, du reste, s'étendre comme à volonté sur le plan incliné qui va rejoindre la rive opposée.

279. *Du maximum et du minimum de rayon de courbure.* — Il est seulement utile de déterminer le *maximum* et le *minimum* de rayon de courbure des divers *tracés curvilignes* à adopter; savoir : *le maximum*, pour qu'en raison de la grande pente il n'y ait point, dans les anses peu accentuées, d'inflexion dans la direction du mouvement du fluide le long de la courbe concave; et *le minimum*, pour que, dans les anses profondes, les affouillemens au pied d'une courbure trop brusque ne soient pas trop considérables.

Ces rayons de courbure doivent varier selon les différentes pentes et selon la mobilité des matières qui composent le lit du fleuve. Ils ne peuvent donc être arrêtés pour chaque fleuve que d'après l'observation, soit au droit des anses concaves, dans lesquelles le cours du fleuve ne présente que des inflexions faibles encore, ce sera le rayon de *courbure maximum*, soit au droit des anses qui offrent une concavité brusquement creusée, et qui présentent dès lors les plus grandes profondeurs d'eau ; on devra choisir les anses dont les berges sont enrochées, parce qu'à rayons de courbure égaux les anses enrochées présenteront toujours un affouillement plus considérable ; cette reconnaissance démontrera que la profondeur est en raison inverse de la longueur du rayon de courbure ; on fera ainsi le choix du *minimum de rayon* à adopter pour ne pas dépasser telle ou telle profondeur, et afin de n'employer que tel ou tel volume d'enrochement, dans le cas où il s'agirait d'une défense continue.

Généralement les dimensions qui en résulteront pour la longueur des rayons de courbure dans ces deux cas, présenteront assez de latitude pour qu'en variant les inflexions du tracé curviligne il soit possible, et d'adopter en partie les courbes naturelles du lit du fleuve, ou de profiter, autant que possible, des berges hautes ou déjà défendues.

De cette manière, on choisira les points à défendre, on tracera le lit régulier du fleuve, sans trop s'écarter du lit ordinaire des hautes eaux, et on profitera souvent des digues qui déjà limitent les débordemens.

280. *Du tracé fait pour la partie du fleuve située entre Huningue et Lauterbourg.* — C'est d'après ces principes que nous avions essayé un tracé provisoire de la *régularisation* du cours du Rhin entre Huningue et Lauterbourg, dont deux petites parties sont représentées par les *fig.* 1 et 2 de la Pl. XLIV.

Nous supposions d'abord que toutes les eaux seraient réunies dans un lit unique, dont les sections sont données par les *fig.* 1, 2, 3, 4, Pl. LXV, ayant :

Pour la 1re. partie, entre Huningue et Brisack. 300m.
Pour la 2e. partie, entre Brisack et Rhinau. . . 350
Pour les 3e. et 4e. parties, entre Rhinau et Lauterbourg. . . . . . . . . . . . . . . . . . . . . . . 450

281. *Détermination du maximum et du minimum de rayon de courbure pour cette partie.* — Ayant examiné ensuite toutes les anses formées par le fleuve, nous avons trouvé que, lorsqu'il commençait à se manifester des inflexions peu sensibles, les anses avaient 2,500 mètres de rayon de courbure ; et, en conséquence, nous avions fixé le *maximum* du rayon de courbure à 2,200 mètres. Nous avions en outre reconnu que le rayon de courbure était de 770 mètres pour des anses enrochées qui avaient jusqu'à 15m.36 de profondeur d'eau dans les grandes crues ; et pour que les affouillemens au droit de notre tracé curviligne ne dépassent pas 11 mètres de profondeur, nous nous étions déterminé à fixer le *minimum* des rayons de courbure à 1,250 mètres. Telle était la latitude que nous nous étions réservée, pour que nos courbes pussent passer par les points de sujétion que nous imposaient, soit des constructions existantes près des berges, soit des travaux importans déjà exécutés, et que nous voulions mettre à profit. Enfin, nous nous raccordions autant que possible aux berges existantes, en dirigeant notre tracé à peu près au milieu du lit des grandes eaux, et par conséquent entre les terrains élevés et les digues d'inondation.

282. *Comment était arrêté le nouveau lit du fleuve.* — Le nouveau lit régularisé $xx'$, $yy'$, *fig.* 1 et 2, Pl. XLIV, était supposé donné par quatre lignes concentriques, bien qu'ondulées alternativement et en sens opposé, et présentant une suite de portions de cercles de différens rayons. Les lignes extrêmes donnaient les limites sur chaque rive des ouvrages insubmersibles élevés à 1 mètre au-dessus des plus hautes eaux. Ces deux lignes étaient parallèles et éloignées entre elles de 300, 350 et 450 mètres, *fig.* 1, 2, 3, 4, Pl. LXV ; les deux lignes intermédiaires, distantes l'une de l'autre de 150 mètres, étaient supposées indiquer les limites de la crête des ouvrages submersibles. Ces deux lignes intérieures n'étaient distantes des deux lignes extérieures, au droit des parties concaves, que de 50 mètres, en sorte que, au droit des portions convexes, les lignes intérieures s'éloignaient des lignes extérieures de 150 mètres, et même de 250 mètres, suivant les divers profils précités.

283. *Son développement.*—Le développement du cours du Rhin, entre Huningue et Lauterbourg, qui est de 222,460 mètres, se serait trouvé réduit, par ce tracé curviligne, à 194,490 mètres, ou aux sept huitièmes de son développement actuel.

284. *Des sections du nouveau lit régularisé.* — Malgré qu'il ne soit pas nécessaire, dans notre système de *tracé curviligne*, de déterminer la section du lit *majeur* et du *mineur*, d'après le volume d'eau à écouler et la pente du lit régularisé, nous avons essayé, en faisant quelques hypothèses qui nous semblent être assez rapprochées de la vérité, de déterminer la forme des sections moyennes du lit du Rhin régularisé. Ces sections sont représentées par les *fig.* 1, 2, 3 et 4, Pl. LXV.

Nous nous sommes donné la largeur du lit majeur au niveau des plus hautes eaux, et la plus grande profondeur au pied de la berge concave, au point où le rayon de courbure est un *minimum*.

Nous avons évalué la pente en la basant sur la diminution du développement du fleuve, par suite de la régularisation de son lit ; nous avons supposé que les abaissemens des eaux, dans les divers états du fleuve, seraient à peu près uniformes, puisque le lit présente partout à peu près la même mobilité, et que les différences à prévoir dans ces abaissemens ne pourront pas en général avoir une grande influence sur la pente moyenne.

Nous avons ensuite pris, pour le volume d'eau à écouler par chaque section, suivant les divers états du fleuve, les mêmes données qu'au commencement de ce mémoire (31), en supposant toutefois que les digues de bordage ou les ouvrages saillans seront tenus à 1 mètre au-dessus du niveau des plus hautes eaux dans chaque profil ; afin que le volume des eaux encaissées puisse considérablement s'augmenter avant qu'il y ait débordement.

Les résultats du calcul des différentes sections sont consignés dans le tableau (Z) ci-après :

*TABLEAU* (Z) *indiquant le volume d'eau qui serait débité par seconde par les différentes sections du* Fleuve du Rhin régularisé, *et représentées par les fig.* 1, 2, 3 *et* 4, Pl. LXV.

| DÉSIGNATION des différentes parties du fleuve. | ÉTAT du fleuve. | MAXIMUM de développement. | PENTE présumée par mètre = I. | SURFACE de la section = ω. | PÉRIMÈTRE mouillé = χ. | RAYON moyen = R. | PRODUIT de la pente I par le rayon moyen R = RI. | VITESSE moyenne. | VOLUME D'EAU à écouler d'après les jaugeages. | VOLUME D'EAU écoulé par les profils. | LARGEUR des sections à la ligne d'eau. | PLUS GRANDE PROFONDEUR d'eau. | DIFFÉRENCE entre les hautes et basses eaux. | OBSERVATIONS. |
|---|---|---|---|---|---|---|---|---|---|---|---|---|---|---|
| | | | | mèt. | mèt. | mèt. | mèt. | mèt. | mèt. | mèt. | mèt. | mèt. | | |
| Partie du cours du Rhin comprise entre Huningue et le Vieux-Brisack. | Basses eaux. | | 0.00097 | 160.15 | 110.15 | 1.4589 | 0.001410283 | 2.070 | 330 | 330.87 | 109.55 | 2.28 | | |
| | Eaux moy. | mèt. 59,030 | 0.00096 | 314.47 | 121.82 | 2.5814 | 0.002478144 | 2.760 | 865 | 867.94 | 120.80 | 3.62 | mèt. 6.72 | |
| | Hautes eaux. | | 0.00096 | 1,294.31 | 302.59 | 4.2774 | 0.004106340 | 3.574 | 4,624 | 4,625.86 | 300.00 | 9.00 | | |
| *Idem* entre le Vieux-Brisack et Rhinau. | Basses eaux. | | 0.00087 | 170.93 | 111.85 | 1.5282 | 0.001329540 | 2.004 | 340 | 342.54 | 111.24 | 2.25 | | |
| | Eaux moy. | 37,960 | 0.00085 | 335.21 | 124.50 | 2.6924 | 0.002288540 | 2.650 | 885 | 888.31 | 123.46 | 3.65 | 6.75 | |
| | Hautes eaux. | | 0.00085 | 1,421.50 | 352.56 | 4.0319 | 0.003427149 | 3.259 | 4,630 | 4,632.67 | 350.00 | 9.00 | | |
| *Idem* entre Rhinau et le pont de Kehl. | Basses eaux. | | 0.000645 | 203.59 | 113.48 | 1.7940 | 0.001157169 | 1.8655 | 380 | 379.80 | 112.77 | 2.67 | | |
| | Eaux moy. | 35,000 | 0.000635 | 392.26 | 127.41 | 3.0787 | 0.001954988 | 2.4450 | 956 | 959.07 | 126.25 | 3.73 | 6.33 | |
| | Hautes eaux. | | 0.000635 | 1,721.00 | 452.66 | 3.8019 | 0.002155649 | 2.720 | 4,685 | 4,681.12 | 450.00 | 9.00 | | |
| *Idem* entre le pont de Kehl et Lauterbourg. | Basses eaux. | | 0.00049 | 257.43 | 115.06 | 2.2373 | 0.001096302 | 1.810 | 465 | 465.95 | 114.15 | 2.91 | | |
| | Eaux moy. | 62,500 | 0.00048 | 471.97 | 127.08 | 3.7139 | 0.001804389 | 2.350 | 1,106 | 1,107.24 | 125.55 | 4.70 | 7.69 | |
| | Hautes eaux. | | 0.00048 | 2,010.80 | 453.32 | 4.4357 | 0.002155049 | 2.570 | 5,010 | 5,167.76 | 450.00 | 10.60 | | |
| | | 194.490 | | | | | | | | | | | | |

285. *Comparaison avec les observations recueillies dans la situation actuelle du fleuve. Vitesses.* — La plus grande vitesse, lors des crues pour le profil moyen entre Huningue et le Vieux-Brisack, ne dépasserait pas la moyenne ($3^m.83$) des vitesses observées dans ces deux localités.

Entre le Vieux-Brisack et Kehl, la plus grande vitesse serait de $3^m.25$, c'est-à-dire à peu près la moyenne équivalente ($3^m.225$) des vitesses du Vieux-Brisack et de Kehl.

Pour la partie comprise entre Kehl et Lauterbourg, la plus grande vitese serait de $2^m.57$, c'est-à-dire à très-peu de chose près égale à la moyenne ($2^m.575$) à ces deux limites.

286. *Différences entre les hautes et les basses eaux.* — Pour la partie entre Huningue et le Vieux-Brisack elle serait de $6^m.72$, c'est-à-dire un peu plus considérable que la moyenne ($6^m.575$) entre les profondeurs de ces deux localités.

Pour la partie entre le Vieux-Brisack et Rhinau, on aurait $6^m.75$ ; tandis que la moyenne, dans ces localités, n'est que de $4^m.39$.

Entre Rhinau et Kehl, cette différence serait de $6^m.33$ ; la moyenne, maintenant, n'est que de $3^m.72$.

Pour la partie comprise entre Kehl et Lauterbourg, cette différence serait de $7^m.69$ ; lorsque la plus grande différence, aujourd'hui constatée, n'est que de $5^m.62$.

Enfin, la différence *maximum*, ainsi fixée à $7^m.69$, serait supérieure à la différence *maximum* actuelle, qui est à Huningue de $7^m.08$.

287. *Profondeurs.* — Les plus grandes profondeurs, ainsi que le démontre le tableau, seraient inférieures aux profondeurs énormes (jusqu'à $15^m.36$) que présente le littoral des anses actuelles.

288. *Des travaux principaux que la régularisation du fleuve nécessiterait.* — Toutes les méthodes nouvelles ou perfectionnées dont nous avons donné le détail, tant pour barrage que pour coupure et pour travaux de défense, auraient trouvé du reste, dans l'exécution de ce projet, de nombreuses applications.

Plusieurs grands barrages, *bb*, *fig.* 1 et 2, Pl. XLIV, eussent été exécutés d'après le système employé pour le Laemmerich-Giesen, ou pour le Raukopf.

Les bras secondaires eussent été fermés par des barrages submersibles *cc*, et rattachés à des bancs de gravier par des couches prolongées. Par le même système, on aurait également réuni les bancs de gravier entre eux.

Plusieurs branches de digues en terre *d'd'* eussent été établies pour réunir les barrages aux anciennes digues d'inondation ; ces digues eussent provisoirement été conservées, jusqu'à ce que les dépôts successifs du fleuve eussent fait disparaître les bas-fonds qui auraient pu ouvrir une nouvelle voie au fleuve, en cas d'accidens et d'avaries.

Après le colmatage des terrains situés entre les digues actuelles et la limite des ouvrages insubmersibles, ces digues eussent été reportées vers le fleuve, pour livrer à l'agriculture les conquêtes faites sur le lit du Rhin.

Diverses jetées-barrages, *f, f, f, f*, terminées par des tapis et des contre-forts placés au large, eussent été, du reste, établies pour reporter le fleuve et l'éloigner des anses trop concaves.

Tandis que les berges des anses en harmonie avec le nouveau tracé eussent été défendues, soit au droit de leurs parties fortement concaves par des enrochemens mixtes *gg*, soit par des tapis enrochés *t't'*, dans les parties du cours naturel du Rhin, qui affectent une courbure moins considérable.

289. *Résultat de l'évaluation de la dépense de la régularisation du Rhin pour la rive gauche. Concours de riverains.*—Nos calculs évaluaient à douze millions la totalité des dépenses qu'il eût fallu faire sur la rive gauche, pour cette régularisation du cours du Rhin entre Bâle et Lauterbourg, sur 194,490 mètres de développement.

Avec le subside que l'état accorde annuellement pour les travaux du Rhin, *le concours des Riverains, qui en serait une conséquence obligée*, les produits des atterrissemens, joints à ceux des droits utiles, il serait facile de faire face à cette dépense. L'état serait par suite affranchi des quatre cinquièmes du secours qu'il accorde chaque année pour l'exécution des ouvrages.

## CONCLUSION.

290. Ici se termine l'exposé de nos vues sur la régularisation du cours du Rhin, après avoir décrit les principaux procédés pratiques que nous avons personnellement appliqués avec succès, et dont la publication, par ce motif, était pour nous un devoir.

Nous y joignons quelques notes qui se rattachent au même sujet, mais qui nous ont paru ou trop longues, ou trop chargées de détails pour marcher avec le texte sans fatiguer le lecteur. De ce nombre sont des élémens d'estimation et des résumés de dépenses réelles littéralement extraits d'expériences nombreuses, que nous avons faites souvent sur une grande échelle, et qui nous sont personnelles.

Nous sommes loin d'avoir la présomption de donner le fruit de nos observations comme le dernier terme en quelque sorte des recherches que provoque ce genre de travaux. Les plus heureuses découvertes ne sont presque toujours qu'une nouvelle voie ouverte à des essais plus heureux ; mais il est toujours important, et surtout dans l'art des constructions, de publier sur chaque point et à chaque pas nouveau de la science, l'état raisonné et complet, tant des connaissances acquises que des expériences faites par ceux qui se sont long-temps et presqu'exclusivement livrés à une spécialité.

Telle est la tâche que nous nous sommes imposée.

Nous ne nous dissimulons pas qu'entraîné par de pressantes occupations, notre publication a pu souffrir de l'impossibilité où nous nous sommes trouvé d'y consacrer tout le temps nécessaire ; mais nous espérons que la loi que nous nous sommes faite de ne pas retarder cette communication, sera un titre de plus à l'indulgence de nos lecteurs.

# NOTES.

## Note A. *Graviers du Rhin.*

On a présenté plusieurs explications pour la formation des graviers qui, sur une très-grande épaisseur, constituent souvent le sol de la vallée du Rhin, entre les Vosges et la Forêt Noire.

On a soutenu que ces graviers avoient dû leur formation à l'existence d'un lac, résultant de la fermeture des gorges de Bingen.

A l'appui de ce système on présentoit les couches fort épaisses d'un gravier semblable à celui du Rhin qui recouvre les coteaux avoisinant le fleuve.

Mais contre ce système, et indépendamment de ce que l'existence du lac en question est fort contestée par les géologues, il faut remarquer que, d'après des nivellemens certains, le point le plus bas de dépression à l'entrée des gorges de Bingen ne domine la mer d'Allemagne que de . . . . . . . . . . . . . . . . . . . . . . . . . . . . . . . . 280 mèt.

Que le zéro du rhénomètre de Bâle est à une hauteur de (tableau n°. I). . . . . . . . . . . . . . . . . . . . . . 252.30

Que les hautes eaux du Rhin sont cotées à Bâle à . 6.41
et qu'elles répondent dès lors à une hauteur de. . . . . . . . 258.71

Que par conséquent le point bas des gorges de Bingen ne dépasse les hautes eaux actuelles du Rhin à Bâle que de. . . . 21.29

Et cependant plusieurs parties des coteaux ainsi recouverts de graviers se trouvent réellement de 40 mètres plus élevées que les mêmes grandes eaux.

Au surplus, nous n'admettons pas davantage que les graviers de cette vallée soient formés au sein du fleuve même; les fleuves n'ont point assez d'énergie, leur action sur les matières qui composent leur lit n'a pas assez de durée pour *faire du gravier*. Selon nous encore, les fleuves roulent et déplacent seulement le gravier tout formé qu'ils rencontrent dans les terrains qu'ils parcourent, qu'ils attaquent, qu'ils détruisent; ils n'en diminuent même que faiblement le volume; ils l'abandonnent enfin dans leur cours lorsque, par la diminution de leur vitesse, ils ne peuvent plus charrier ces matières.

Il n'est point ici question de *Torrens*; nous appelons *Torrens* les cours d'eau qui n'ont pas *d'état moyen*; les torrens sont en crue, ou ils ont leurs lits à sec. Malgré ce, si l'on examine avec attention d'où proviennent les matières charriées par un grand nombre de torrens, l'on reconnaîtra que les graviers qu'ils roulent se trouvent en majeure partie déjà tout formés dans les différentes portions du sol, dans lequel ces torrens se sont ouvert leurs lits.

Il en est de même du sable entraîné par les eaux des fleuves et de la plupart des torrens, il est généralent d'une toute autre composition que celle qui résulterait de *l'usure* des cailloux roulés par les eaux; les grains vus au microscope présentent des angles assez vifs, assez bien prononcés pour qu'on ne puisse pas conclure qu'ils soient le résultat du frottement.

Les considérations précédentes sont très-importantes pour *la régularisation* du cours des fleuves; car du moment qu'il est avéré que les fleuves *ne font point de gravier*, les objections principales présentées contre leur régularisation tombent d'elles-mêmes.

## Note B. *Jaugeage.*

Le jaugeage des eaux courantes présente dans la pratique de très-grandes difficultés. Il n'est pas facile, si l'on veut jauger en calculant la vitesse par la pente, d'obtenir la pente réelle de la section dans laquelle on opère : on ne peut avoir qu'une pente réduite prise sur les bords, et qui n'est pas celle de la surface du fluide, en vertu de laquelle l'écoulement s'effectue. Il en est de même pour les vitesses de superficie; en prenant celle du plus fort courant, n'obtient-on pas une vitesse moyenne trop grande? en prenant une réduite de toutes celles de superficie, a-t-on opéré assez régulièrement pour ne pas avoir ensuite une vitesse moyenne trop petite?

Dans les nombreux jaugeages que nous avons faits sur les grands fleuves de l'intérieur, nous n'avons que rarement obtenu des résultats bien concordans, ce qui nous a porté à chercher un nouveau moyen de jaugeage. Ce moyen consiste à déterminer directement les vitesses d'une section d'écoulement prise d'une berge à l'autre, en partant de la surface jusqu'au fond. On conçoit en effet que si l'on prend les vitesses aussi rapprochées que possible, et que si on opère à de petites distances dans le sens de la section, on aura les élémens nécessaires pour former un solide, dont le volume sera celui du fluide écoulé pendant l'unité de temps.

Les *fig.* 5, 6, 7 et 8, Pl. LXVII, représentent les résultats obtenus en quatre points différens de la section, pris le premier et le dernier près des berges, les deux autres dans l'intervalle, de manière à le diviser à peu près en trois parties égales. Sur chacune de ces figures les divisions de la verticale indiquent les points où les vitesses ont été observées. Les vitesses elles-mêmes sont indiquées en grandeur par les ordonnées partant des points de division correspondans.

Si on divise le volume du solide dont nous venons de parler par la surface de la section d'écoulement, on obtiendra la vitesse moyenne de cette section. Si, au contraire, on considère isolément les opérations représentées sur chacune des figures qu'on vient de citer, et si on divise par la profondeur de l'eau la surface curviligne limitée dans le sens horizontal par les ordonnées représentant la vitesse de superficie et la vitesse du fond, et dans le sens vertical d'un côté par la ligne des abscisses indiquant la profondeur de l'eau, et de l'autre côté par la ligne courbe qui est le lieu de toutes les vitesses observées au point de la section qu'on considère, on aura la vitesse moyenne au droit de chacune des sections du solide d'écoulement.

On pourra alors comparer les vitesses moyennes obtenues avec celles qui résulteront des formules qui servent en général au jaugeage des eaux courantes, et l'on aura ainsi un moyen d'apprécier leur exactitude.

Pour obtenir ces résultats, c'est-à-dire pour avoir les vitesses du fleuve à différentes profondeurs au-dessous de la surface, nous nous sommes servi du *stromm-messer* de Woltmann, instrument assez connu pour qu'il ne soit pas nécessaire d'en donner ici une description détaillée. Il suffira de rappeler que les vitesses relatives des différentes tranches du fluide soumises à l'observation sont indiquées par le nombre de tours que fait dans un temps déterminé un moulinet dont les ailes inclinées à 45° sont exposées au choc de l'eau; ces ailes sont adaptées sur un arbre de révolution portant une vis sans fin; cet arbre peut être déplacé facilement dans le sens vertical, de manière à ce que la vis sans fin puisse engrener à volonté avec un système de roues dentées et graduées à l'effet d'indiquer exactement le nombre de tours faits par le moulinet dans un temps déterminé. L'espace parcouru par le centre des palettes de l'instrument donne la mesure de la vitesse de la tranche dans laquelle on a observé; le frottement pouvant être négligé sans erreur sensible, attendu que nous avons trouvé qu'il ne retardait généralement les vitesses que de $0^{m}.002$.

La circonférence du cercle décrit par le mouvement de rotation du centre des ailes du *stromm-messer*, dont nous nous sommes servi, était de $0^{m}.431$; au moyen d'une verge en fer bien graduée et solidement fichée dans le fond du lit du fleuve, on mettait l'instrument très-exactement au point de la tranche qu'on voulait soumettre à l'observation. Nous avons fait dix observations sur les mêmes points. Les résultats de ces observations sont rapportés sur les quatre figures que nous venons de citer. En voici le détail :

| INDICATIONS. | NOMBRE de tours faits par le moulinet en 30″. | DÉVELOPPEMENT, ou espaces parcourus en 30″. | VITESSES observées par seconde | VITESSES calculées en faisant passer deux droites par quatre points d'observations marquées (*) aux *fig*. 5, 6, 7 et 8. | SURFACE de la section d'écoulement des différentes tranches. | VITESSE moyenne de la section d'après les observations. | VITESSES moyennes déduites d'après les formules de celles de superficie. | OBSERVATIONS. |
|---|---|---|---|---|---|---|---|---|
| *Opérations faites à partir de la rive, et exprimées graphiquement par la fig. 5, Pl. LXVII.* | | mèt. | mèt. | mèt. | mèt. | mèt. | mèt. | |
| A la surface. | » | » | 1.0000 | 0.9959 | 1.0131117 | 0.84426 | 0.81189 | La vitesse à la surface a été prise sur une étendue de 60 mètres, au moyen d'un flotteur lesté de manière à avoir la même pesanteur spécifique que l'eau. Les vitesses observées marquées par des *astérisques* indiquent les points par lesquels on a fait passer les deux droites *ab*, *a'b'*, *fig*. 5, Pl. LXVII, destinées à remplacer la courbe de circonscription de la surface d'écoulement. |
| A $0^m.10$ au-dessous. | 68 | 29.308 | 0.9769 (*) | 0.9769 | | | | |
| A $0^m.20$ *id.* | 67 [illegible] | 29.020 | 0.9673 | 0.9578 | | | | |
| A $0^m.30$ *id.* | 65 [illegible] | 28.111 | 0.9370 | 0.9388 | | | | |
| A $0^m.40$ *id.* | 63 [illegible] | 27.345 | 0.9115 | 0.9198 | | | | |
| A $0^m.50$ *id.* | 62 7/10 | 27.024 | 0.9008 (*) | 0.9008 | | | | |
| A $0^m.60$ *id.* | 61 | 26.291 | 0.8764 | 0.8817 | | | | |
| A $0^m.70$ *id.* | 59 | 25.429 | 0.8476 | 0.8627 | | | | |
| A $0^m.80$ *id.* | 58 | 24.998 | 0.8333 | 0.8437 | | | | |
| A $0^m.8347$ intersection des deux droites. | » | » | » | 0.8371 | | | | |
| A $0^m.90$ au-dessous. | 52 [illegible] | 22.682 | 0.7563 | 0.7867 | | | | |
| A $1^m.00$ *id.* | 49 [illegible] | 21.281 | 0.7094 (*) | 0.7094 | | | | |
| A $1^m.10$ *id.* ou à $0^m.10$ du fond. | 44 | 18.964 | 0.6321 (*) | 0.6321 | | | | |
| Au fond. | » | » | » | 0.5548 | | | | |
| *Idem dans la même section en suivant, et représentées par la fig. 6, idem.* | | | | | | | | |
| A la surface. | » | » | 1.2200 | 1.2001 | 1.59746 | 1.0647 | 1.00205 | Même observation que précédemment. |
| A $0^m.10$ au-dessous. | 83 | 35.773 | 1.1924 (*) | 1.1924 | | | | |
| A $0^m.30$ *id.* | 81 [illegible] | 35.127 | 1.1709 | 1.1770 | | | | |
| A $0^m.50$ *id.* | 81 [illegible] | 34.997 | 1.1666 | 1.1618 | | | | |
| A $0^m.70$ *id.* | 79 [illegible] | 34.392 | 1.1464 (*) | 1.1464 | | | | |
| A $0^m.90$ *id.* | 75 [illegible] | 32.668 | 1.0889 | 1.1311 | | | | |
| A $0^m.907$ intersection des deux droites. | » | » | » | 1.1306 | | | | |
| A $1^m.10$ au-dessous. | 69 [illegible] | 29.955 | 0.9985 (*) | 0.9985 | | | | |
| A $1^m.25$ *id.* | 62 [illegible] | 26.866 | 0.8955 | 0.89291 | | | | |
| A $1^m.40$ *id.* ou à $0^m.10$ du fond. | 54 [illegible] | 23.562 | 0.7854 (*) | 0.7854 | | | | |
| Au fond | » | » | » | 0.7154 | | | | |
| *Idem au milieu du courant de la même section, et représentées par la fig. 7, idem.* | | | | | | | | |
| A la surface de l'eau. | » | » | 1.2500 | 1.2642 | 1.62186 | 1.0812 | 1.02822 | Même observation que précédemment. |
| A $0^m.10$ au-dessous. | 86 [illegible] | 37.410 | 1.2470 (*) | 1.2470 | | | | |
| A $0^m.50$ *id.* | 81 [illegible] | 35.234 | 1.1745 | 1.1775 | | | | |
| A $0^m.90$ *id.* | 77 [illegible] | 33.273 | 1.1091 (*) | 1.1091 | | | | |
| A $1^m.062$ intersection des deux droites. | » | » | » | 1.0812 | | | | |
| A $1^m.15$ au-dessous. | 69 [illegible] | 29.955 | 0.9985 (*) | 0.9985 | | | | |
| A $1^m.40$ ou à $1^m.10$ du fond. | 53 [illegible] | 22.987 | 0.7662 (*) | 0.7662 | | | | |
| Au fond. | » | » | » | 0.6733 | | | | |
| *Idem vers la berge, et représentées par la fig. 8, idem.* | | | | | | | | |
| A la surface de l'eau. | » | » | 1.017 | 0.9985 | 1.1367 | 0.87430 | 0.82905 | Même observation que précédemment. |
| A $0^m.10$ au-dessous. | 68 [illegible] | 29.652 | 0.9884 (*) | 0.9884 | | | | |
| A $0^m.30$ *id.* | 68 [illegible] | 29.595 | 0.9865 | 0.9683 | | | | |
| A $0.^m50$ *id.* | 66 | 28.446 | 0.9482 (*) | 0.9482 | | | | |
| A $0^m.9702$ intersection des deux droites. | » | » | » | 0.9010 | | | | |
| A $1^m.00$ au-dessous. | 58 7/10 | 25.300 | 0.8433 | 0.8683 | | | | |
| A $1^m.10$ *id.* | 51 [illegible] | 22.067 | 0.7356 (*) | 0.7356 | | | | |
| A $1^m.20$ ou à $0^m.10$ du fond. | 42 [illegible] | 18.246 | 0.6082 (*) | 0.6082 | | | | |
| Au fond. | » | » | » | 0.4808 | | | | |

Il résulte des observations précédentes :

1°. Que la plus grande vitesse a toujours été trouvée à la *surface* et non plus *bas* comme on l'a prétendu, opinion qu'il faut selon nous probablement attribuer à ce que la vitesse à la surface aura été modifiée par des circonstances accidentelles, dont on n'aura pas tenu compte. Nous avons mis le plus grand soin à rechercher cette plus grande vitesse ;

2°. Que les vitesses qui d'abord diminuent à partir de la surface d'une manière peu sensible viennent à décroître assez rapidement à une certaine profondeur, en approchant du fond, et que ces modifications dépendent de la nature du lit, circonstance en vertu de laquelle varie l'intensité du frottement ;

3°. Qu'en faisant passer deux droites par l'extrémité de quatre ordonnées fournies par l'observation et convenablement choisies sur la courbe qui passerait par tous les points obtenus, les ordonnées de ces droites correspondantes aux vitesses observées dans les autres points différeront peu de l'expression numérique de ces vitesses ;

4°. Que le *point d'intersection* des deux droites qui circonscrivent chaque surface d'écoulement partiel a pour ordonnée une valeur numérique, qui diffère peu de la vitesse moyenne exprimée par le quotient *de la surface d'écoulement* divisée par *la profondeur* de l'eau ;

5°. Que les vitesses moyennes résultant des observations précédentes sont plus grandes que celles déduites de la vitesse de superficie au moyen des formules adoptées pour le jaugeage des eaux courantes (*) ;

6°. Que la position de l'ordonnée exprimant la vitesse moyenne *de chaque surface d'écoulement partiel* se trouve plus rapprochée du fond que de la surface ; elle est ici au delà des deux tiers de la profondeur à partir du niveau de l'eau. Sa position dépend d'ailleurs de l'intensité de la résistance qu'oppose à l'écoulement le fond du lit ; elle devra remonter vers le milieu de la profondeur de l'eau, à mesure que la surface du lit présentera par sa nature moins d'obstacles à cet écoulement.

Tant que les vitesses de superficie ne surpassent pas $1^m.50$, et que les profondeurs ne vont pas au delà de $1^m.80$ à $2^m.00$, on peut, en rejetant les observations anomales résultantes de l'oscillation que le choc de l'eau produit quelquefois sur la verge qui sert de support au *stromm-messer*, obtenir les vitesses des différentes tranches du fluide qui s'écoule par la section d'observation dans un temps donné, et avoir même ces vitesses aussi rapprochées que celles des *fig*. 5 et 6, Pl. LXVII. Mais, lorsque les vitesses et les profondeurs seront plus considérables, il sera bien difficile d'avoir au delà de $1^m.50$, soit audessus du fond, soit au-dessous de la surface, de bonnes observations ; le mouvement de la verge de support influe alors d'une manière trop sensible sur la marche du moulinet, et en trouble la régularité.

Nous pensons, d'après ce qui a été dit précédemment, qu'ayant déterminé par un certain nombre d'observations les différentes vitesses sur $1^m.50$ de hauteur, tant à partir du fond que de la surface, on pourrait avoir les vitesses intermédiaires en faisant passer deux droites par le plus grand nombre possible des points rigoureusement déterminés. Les ordonnées de ces droites, comprises entre la surface de l'eau, le point d'intersection de ces lignes et le fond, donneraient, avec une exactitude assez satisfaisante pour la pratique, toutes les vitesses des différentes tranches horizontales de la section d'écoulement général allant d'une berge à l'autre. Nous sommes porté à croire qu'un plus grand nombre d'expériences de la nature de celles dont les résultats viennent d'être consignés, confirmerait complétement notre opinion sur les moyens d'obtenir dans tous les cas, d'une manière aussi approximative que possible, les différentes vitesses partielles qui animent les tranches horizontales du fluide, écoulées par une même section dans un temps donné.

On a élevé quelques doutes sur l'exactitude des résultats obtenus au moyen du *stromm-messer* ; nous croyons que ces doutes ne sont pas fondés ; nous estimons que c'est, quant à présent, l'instrument le plus parfait de tous ceux qu'on possède pour ce genre d'opération. Il est bien moins sujet à erreur, par exemple, que celui qui a pour base un flotteur de gaze dévidant, dans un temps donné, une certaine longueur de ficelle roulée autour d'une bobine ; ce flotteur ne restant que pendant un instant très-court dans la tranche de fluide dont on cherche la vitesse, il cède à sa pesanteur et ne tarde pas à traîner sur le fond. On n'a donc pour vitesse que celle résultante de toutes les modifications que le flotteur aura dû éprouver en décrivant la courbe par laquelle il sera arrivé sur le fond ; il y arrivera d'autant plus vite, que les vitesses du fluide seront plus petites.

(*) Nous devons ici faire observer, que les expériences qui nous ont servi à déterminer les vitesses moyennes étant fort restreintes, nous ne les avons ici rapportées que comme un premier essai auquel nous nous proposons de donner par la suite tout le développement possible.

## Note C. *Navigation du Rhin, moyen de Communication entre les deux Rives du Fleuve.*

La navigation du Rhin n'a été, jusqu'à présent, que peu active; mais elle va sans doute prendre plus d'extension. Maintenant que le canal qui doit joindre ce fleuve avec le Rhône vient d'être terminé, les marchandises destinées pour le grand-duché de Bade, le Palatinat, etc., en suivant la branche de Mülhouse à Huningue, pourront y arriver par le Rhin, après n'avoir eu à supporter qu'un très-faible droit de navigation.

Les bateaux qui naviguent sur le Rhin diffèrent entre eux par leur grandeur, leur forme et leur capacité. Leur emploi varie suivant la capacité qu'ils présentent.

Les plus petits servent à la pêche et aux transports de différens objets de consommation. Ceux de moyenne grandeur sont employés pour le transport des sables, des graviers, du bois de chauffage et de fascinage: le maximum de tonnage de ces bateaux moyens est de cent quintaux de cinq myriagrammes. Les bateaux de 300 à 725 quintaux servent exclusivement à la navigation marchande. Les plus grands, ceux du port de 2,000 quintaux, ne sont employés qu'entre Strasbourg et Mayence. Ils vont rarement au delà de ces deux villes.

Les marchandises destinées pour Strasbourg, et qui arrivent du Bas-Rhin, subissent un transbordement à l'embouchure de la rivière d'Ill: Les bateaux doivent suivre cette rivière pour arriver à Strasbourg, où ils ne peuvent remonter en temps ordinaire qu'avec un tiers de charge. A la descente, ils sont suivis par des alléges pour compléter leur chargement quand ils entrent dans le Rhin.

Les bateaux qui remontent le fleuve ne chargent qu'environ les trois cinquièmes de leur capacité; la moitié des bateaux redescendent le Rhin à vide.

Les plus grands bateaux à pleine charge tirent 2 mètres. Lorsque le fleuve marque 2 mètres à 2m.20 à l'échelle rhénométrique du pont de Kehl, la navigation montante cesse, attendu qu'alors les chemins naturels de halage sont en grande partie submergés. Lorsque les eaux sont à 2m.50 à la même échelle, la navigation descendante n'a plus lieu. On peut voir, par le tableau No. II, des hauteurs d'eau observées pendant vingt-sept années au pont de Kehl, que le fleuve est annuellement pendant deux cent soixante jours à une hauteur moyenne comprise entre 1m.00 et 2m.50; ce n'est que pendant trente-deux jours que toute navigation est interrompue par les grandes eaux.

Les grands bateaux qui remontent le Rhin sont hâlés par quatorze hommes qui tirent à la bricole. Ces haleurs sont fréquemment obligés de changer de rive, à cause de l'irrégularité du lit, ce qui fait perdre un temps considérable. Aussi les bateaux qui remontent de Mayence à Bâle au moyen de halage, mettent-ils vingt-trois à vingt-cinq jours pour faire ce voyage, à moins que, favorisés constamment par le vent du nord, ils ne puissent déployer leurs voiles; et douze jours suffisent alors pour le trajet.

A la descente, au contraire, en se servant de la rame ils emploient deux jours pour aller de Bâle à Strasbourg. Le lendemain ils arrivent à Lauterbourg, et trois jours après ils sont rendus à Mayence, port de relâche habituel de la navigation pour la partie supérieure du Rhin.

Une quantité considérable de bois de construction de toute espèce exploités en Suisse et dans la Forêt-Noire, est annuellement flottée sur le Rhin par trains d'une grande étendue. Le volume de ces bois qui entrent en France est de 28,080 mètres cubes, terme moyen. On porte à 30,000 le nombre des planches de sapin qui arrivent sur nos chantiers par la même voie.

Des droits de navigation assez faibles se perçoivent, d'après le tonnage des bateaux, au profit des états riverains, sur les marchandises ainsi transportées: les bureaux de perception sont établis sur la rive gauche vis-à-vis Kehl, et sur la rive droite à Neubourg et au Vieux-Brisack. Le produit brut de cet octroi de navigation ne s'élève pas au delà de 35,000 fr. Les bateaux sont jaugés par la commission spéciale de navigation, instituée le 25 août 1820, et dont le siége est à Mayence.

Les deux rives du Rhin sont mises en communication au moyen d'un *pont de bateaux* situé entre Kehl et Strasbourg et par onze bacs distribués sur le cours du fleuve; mais la plupart de ces communications sont souvent interrompues. Soit lors des crues, qui empêchent tout moyen d'abordage, soit lorsque le fleuve charrie des *glaces de fond*, ce qui arrive, si la température descend à 9 degrés Réaumur au-dessous de zéro. Tous les hommes de rivière savent que les $\frac{99}{100}$ des glaces charriées par les fleuves se forment sur la surface du lit. Pour le Rhin, cette formation est très-visible pour les parties qui n'ont pas plus d'un mètre de profondeur, lorsque toutefois les eaux coulent avec une assez grande vitesse sur un fond de gravier.

En outre, les relations journalières et commerciales qui existent entre les deux états limitrophes du Rhin, exigeraient qu'un nouveau moyen de communication fût établi vis-à-vis Huningue, et que le passage au Vieux-Brisack fût mieux assuré. D'après des conventions faites avec le gouvernement du Grand-Duché de Bade des projets de ponts de bateaux pour ces deux localités ont été approuvés, le droit de péage qui y serait perçu, d'après le tarif du Pont de Kehl, pourrait servir en assez peu de temps à l'amortissement du capital employé à ces constructions, subvenir à l'entretien des ponts et abords, et présenter encore des avantages financiers assez considérables.

La dépense pour la construction de ces ponts, d'après les projets que nous avions dressés, devait être de 295.000 fr. Nous estimons que le produit du péage serait égal à celui du Pont de Kehl, qui s'élève moyennement au delà de 86,400 fr., dont pour la rive gauche 43,200 francs.

| | | | fr. |
|---|---|---|---|
| D'après ce qui précède le produit Brut du Droit de Navigation pour la France serait de | | | 35,000 |
| Celui du Péage du Pont de Kehl de | | | 43,200 |
| TOTAL | | | 78,200 |
| Les dépenses iraient, savoir: | | fr. | |
| Entretien du Pont de Bateaux, fait par l'artillerie | | 18,000 | 33,200 |
| *Frais de Recette:* | fr. | | |
| Traitement du Receveur | 4,800 | 15,200 | |
| *Id.* de 2 Contrôleurs | 3,600 | | |
| *Id.* de 2 Visiteurs | 3,000 | | |
| *Id.* de 4 Canotiers | 2 400 | | |
| 4 p. 100 de remises aux agens sur le produit brut du droit de navigation | 1,400 | | |
| Reste pour le produit net | | | 45,000 |

On voit que les Frais de Recette dépassent ici 19 p. 100. Il y aurait pour l'État avantage à mettre en ferme. Un Adjudicataire entretiendrait le pont au moyen de 7,000 fr., comme cela se fait sur la rive droite, et ferait les Recettes de tous les droits pour une dépense de 4,000 francs.

On approche très-près de la moyenne du produit brut annuel du péage perçu sur la rive gauche pour le passage du Pont de Kehl, en prenant la moyenne entre les Années 1827, 1828 et 1829, dont les recettes sont établies ainsi qu'il suit.

| ANNÉES. | Cheval en laisse à 0fr..10. | Cheval de poste à 0fr..05. | Bœuf à 0fr..05. | Mouton, veau ou cochon de lait à 0fr..05. | Brouette à 0fr..05. | Piéton à 0fr..05. | Voitures tirées par un homme à 0fr..10. | Voitures tirées par deux hommes à 0fr..15. | Sommes provenant de l'application du droit de péage aux quantités portées dans les colonnes précédentes. | Produits des voitures vides ou suspendues. | Produits des voitures chargées. | TOTAL général de la recette de chaque année. | OBSERVATIONS. |
|---|---|---|---|---|---|---|---|---|---|---|---|---|---|
| | | | | | | | | | fr. c. | fr. c. | fr. c. | fr. c. | |
| 1827 | 4,401 | 2,879 | 5,143 | 27,860 | 855 | 242,201 | 74 | 8 | 14,395 60 | 9,036 45 | 18,743 40 | 42,175 45 | La même recette est faite sur la rive droite. |
| 1828 | 4,449 | 2,936 | 5,947 | 26,700 | 1,144 | 265,531 | 81 | 13 | 15,567 85 | 9,563 95 | 18,671 45 | 43,803 25 | Le nombre des voitures chargées qui passent sur le pont de Kehl d'après la moyenne de 14 années est 12,374. |
| 1829 | 4,158 | 3,252 | 5,887 | 15,776 | 1,013 | 259,557 | 124 | 29 | 14,716 70 | 9,750 15 | 19,138 60 | 43,605 45 | Les neuf bacs que la France possède sur le Rhin rapporte annuellement 6,600 francs. |
| TOTAUX. | 13,008 | 9,067 | 16,977 | 70,336 | 3,012 | 767,289 | 279 | 50 | 44,680 15 | 28,350 55 | 56,553 45 | 129,584 15 | |
| Moyennes. | 4,002 | 3,022 | 5,626 | 23,445 | 1,004 | 255,763 | 93 | 16 | 14,893 38 | 9,450 18 | 18,851 15 | 43,194 72 | |

La partie du Pont de Bateaux qui appartient à la rive gauche, étant dans sa plus grande longueur composée de 41 Bateaux, on obtiendrait encore une grande économie dans l'entretien, en profitant des *ouvrages saillans* que nous avons établis à l'amont et à l'aval; on pourrait facilement diminuer la longueur du Pont de 64 mètres, ce qui permettrait de supprimer 15 bateaux et 320 mètres superficiels de Tablier. La diminution du débouché du fleuve en cette partie de son cours, étant convenue avec le Grand-Duché de Baden, nos ouvrages saillans n'ont été construits que d'après cette convention et dans ce but, présumant que le Pont de Bateaux faisant partie de la Route Royale de 1re. Classe, no. 4, de Paris à Vienne, pouvait rentrer dans le service des Ponts et Chaussées, dont il n'était sorti, que par des circonstances particulières qui n'existent plus.

## Note D. *Effets du Courant d'amont, pendant la construction des Barrages.*

On ne saurait porter trop d'attention sur les effets qui se produisent pendant la construction des barrages, et qui tendent à détruire les berges dans lesquelles ces ouvrages sont enracinés pour la fermeture d'un bras considérable, et d'une direction à peu près rectiligne.

Si le courant principal charrie du gravier, il arrive souvent qu'après avoir d'abord suivi le milieu du bras, les eaux se portent sur une des rives, et qu'elles la quittent ensuite pour se jeter sur l'autre berge.

Cela dépend avant tout du système de construction employé pour l'établissement du barrage. Si ce système provoque pendant l'exécution du barrage des approfondissemens dans l'emplacement et à l'amont du travail, ces changemens n'auront pas lieu, et le principal courant se tiendra toujours dans sa première position. Mais, si ce système au contraire (comme celui d'enrochemens ou de claies) s'établit par tranches horizontales, partant du fond pour arriver à la surface, et détermine des atterrissemens à l'amont, ces effets sont immanquables. On doit alors porter un soin extrême à consolider *les enracinemens du barrage dans les berges.*

Ces effets se conçoivent du reste facilement : la fermeture du bras par tranches horizontales diminue à chaque instant la section d'écoulement ; le lit se rehausse, la pente diminue sur une certaine longueur ; la vitesse en est altérée : de là les premiers dépôts des matières charriées. Ces dépôts sont plus considérables suivant la ligne primitive du plus grand écoulement. Ils s'éloignent de plus en plus à l'amont à mesure que la pente diminue, que le remou s'étend. Ils s'élèvent en dos d'âne. L'arête saillante et longitudinale suit aussi la trace primitive du plus fort courant, comme la ligne de la plus grande quantité de matières charriées. Lorsque cet atterrissement est parvenu à un niveau plus élevé que le fond du lit près l'une ou l'autre rive, un courant dérivé à la naissance de cet atterrissement se porte le long de la berge, qui a conservé à son pied la plus grande profondeur, et y est maintenu par le plus grand talus de la partie correspondante de l'atterrissement. Les travaux du barrage se continuant, la pente et la vitesse diminuent de plus en plus à l'amont ; les dépôts se font dans la cunette du nouveau lit, et, lorsque son rehaussement est plus élevé que le fond du canal de la rive opposée, le courant y est ramené souvent, parce qu'il trouve plus de profondeur.

## NOTE E. *Paniers Prismatiques Triangulaires.*

La Pl. LVIII représente, *fig.* 1, 2, 4, 5 et 6, des *paniers prismatiques triangulaires*, que nous avions imaginés et fait confectionner long-temps après la construction du barrage du Laemmerich-Giesen ; on en a fait l'application à la construction d'un radier général lors de la fermeture d'un bras secondaire à l'amont de Strasbourg, et le succès a été complet.

Cette forme donnée aux paniers a pour objet de remédier aux inconvéniens que présentent les paniers rectangulaires lorsqu'ils sont échoués dans une très-grande chute dont la vitesse est excessive. Les couvercles ou les fonds se détachent, parce que la force du courant leur fait faire le moulinet avant d'arriver au fond, et que dans ce moment la masse du gravier qui les remplit, frappant contre l'une et l'autre de ces parois, détermine ou leur enlèvement ou la séparation du panier en deux parties. Par suite au contraire de la forme triangulaire, ce mouvement ne peut avoir lieu qu'autour de l'axe du prisme : et par la composition du panier, comme par la résistance des trois perches des angles, le déchirement ne peut s'opérer.

L'échouage des paniers s'opérant par le flanc des bateaux, ils tombent presque toujours sur la surface d'un des côtés sans faire le moulinet. C'est d'ailleurs ce qu'une expérience faite plus en grand apprendra lorsqu'on agira sur une plus grande échelle, et que l'on en fera l'application à de grands barrages, surtout dans les derniers instans du travail, à l'époque où la chute est la plus considérable. On a vu ailleurs comment nous avons, dès le premier moment, empêché la rupture des paniers rectangulaires ou l'enlèvement des fonds ou des couvercles (206).

Ces paniers prismatiques présentent sur leur coupe transversale un triangle équilatéral de 1$^{m}$.30 de côté ; leur longueur est de 2$^{m}$.16 ; ils contiennent environ 1 mètre cube de gros gravier. Un panier vide pèse 144 kilogrammes : entièrement submergé, il déplace 0$^{m}$.18 cubes d'eau : rempli en gros gravier, son poids est de 1877 kilogrammes, et lors de son immersion il déplace 0$^{m}$.86 cubes d'eau. Sa pesanteur spécifique est donc 2.1826, celle de l'eau étant prise pour unité.

Pour établir ces paniers, on plante verticalement dans le terrain naturel du chantier de construction trois perches verticales de 0$^{m}$.10 de diamètre et de 2$^{m}$.36 de longueur, de manière à ce qu'elles soient placées aux sommets des angles d'un triangle équilatéral de 1$^{m}$.20 de côté. Six forts brins de clayons de choix, de même longueur que les perches des angles, divisent chaque côté du triangle de la base en sept parties égales, et complètent les montans qui doivent former la carcasse. Le panier se trouve conséquemment formé par trois grosses perches d'angles et dix-huit forts brins de clayons pour remplissage ; ces bois, affûtés par les bouts, pénètrent dans le terrain. On enlace entre les montans ou *pés* des poignées d'oseraies fraîchement exploitées, en les croisant en tous sens, comme pour les paniers rectangulaires : on a soin de bien serrer à coup de tasseau tout le tressage par hauteur de 15 à 20 centimètres, afin de ne laisser que le moins de vide possible ; cette partie en oseraie a 2 mètres de hauteur et 0$^{m}$.08 d'épaisseur.

Les fonds sont faits à part, et leur bâti est composé d'abord de deux brins de clayons ayant 1$^{m}$.50 de longueur, formant deux des côtés du périmètre triangulaire ; l'espace qu'ils embrassent entre eux est ensuite divisé par sept autres brins de clayons de différentes longueurs, *fig.* 4. Ce bâti terminé, on enlace autour des verges, qui le composent, des poignées d'oseraies qu'on croise dans les deux sens, comme pour la première partie des paniers. On arrête le tressage à 0$^{m}$.10 des extrémités de ces verges ou montans, et l'on forme ainsi une surface triangulaire de 1$^{m}$.30 de base sur 1$^{m}$.12 de hauteur. On termine ensuite le panier ; on fait pénétrer dans les petites claies triangulaires, qui doivent en former les fonds, les bouts appointés des perches et des montans, qui dépassent à cet effet les parois latérales des paniers ; on fixe ensuite définitivement les fonds au moyen de vingt-quatre harts traversant les parois.

Lors du tressage des paniers, on a eu soin de laisser dans un des côtés, ainsi que l'indique la *fig.* 2, deux ouvertures de 0$^{m}$ 40 de longueur chacune, afin de pouvoir, avec du gravier, facilement remplir le panier lorsqu'il est transporté sur l'équipage d'échouage. On ferme ensuite ces ouvertures avec de petites claies qu'on fixe au moyen de quelques harts.

Ces paniers ont été échoués isolément au moyen d'un équipage à bascule latérale, porté et disposé ainsi qu'il est représenté *fig.* 1 et 2, Pl. LXVI.

Deux bateaux ayant 2$^{m}$.05 de largeur, et environ 10 mètres de longueur, étaient disposés à peu près bord à bord, et maintenus en position au moyen de quatre poutres *m*, *fig.* 2, assemblées par encastrement avec les bords des bateaux. Ces poutrelles, de 4$^{m}$.40 de longueur et de 0$^{m}$.18 à 0$^{m}$.20 d'équarrissage, étaient espacées, de milieu en milieu, de 1$^{m}$.50, et supportaient un plancher *cd* en madriers de sapin de 0$^{m}$.05 d'épaisseur, 5 mètres de longueur et 4$^{m}$.40 de largeur.

Sur ce pontonnage général, et vers l'un des flancs de l'équipage, se trouvait une petite bascule *bb'*, ayant 2 mètres de longueur sur 1$^{m}$.30 de largeur, dont la plate-forme était placée sur deux poutrelles *ab'* ; deux charnières *xy*, clouées au-dessous de chaque poutrelle et avec le plancher du pontonnage, permettaient à cette bascule de passer de la position horizontale *abb'* à toutes les positions inclinées comprises entre *b'* et *b''*. L'axe de rotation était placé à 0$^{m}$.70 du bord intérieur de la bascule ou à 0$^{m}$.60 du bord extérieur ; par cette disposition, et soutenues par les poutrelles *ab*, la bascule pouvait conserver la position horizontale qu'on lui aurait donnée ; mais pendant le chargement du panier l'équilibre aurait pu être facilement rompu : pour éviter tout accident deux colliers *s'* étaient disposés pour que le mouvement de la bascule ne pût s'opérer qu'à volonté.

Le panier placé vide sur la bascule, et suivant *rbb'*, était rempli en gravier par les deux ouvertures latérales ; ces ouvertures étaient fermées ensuite au moyen de deux petites claies disposées à cet effet ; on échouait le panier en ouvrant les colliers *ss'* et en soulevant un peu les poutrelles *ab'* qu'on montait avec des petits cordages, afin que le mouvement de rotation de *b'* à *b''* ne fût pas trop précipité, et n'occasionât aucun dérangement dans la bascule. Une fois le panier dégagé du tablier, cette bascule reprenait sa position horizontale, et on passait à l'échouage du panier suivant. Une cordelle double, passée dans l'un des clayons du panier, indiquait la position du panier après son immersion ; cette position était ensuite déterminée plus exactement encore par la sonde.

## NOTE F. *Essai de Jetées inclinées de l'aval à l'amont.*

Pour la Durance on avoit proposé d'incliner un peu de l'aval à l'amont les ouvrages saillans ; on prétendait qu'il devait se former alors *un prisme d'eau morte* le long de l'ouvrage au lieu et place des remoux qui s'y manifestent ordinairement. Du reste, l'essai qui a été fait de cette disposition ne pouvait être concluant, attendu qu'on en a borné l'application à la partie *convexe* d'une anse de la Durance, c'est-à-dire sur le point même où l'alluvion tend à se former, et où les dépôts doivent s'accumuler naturellement et sans le concours d'aucune espèce d'ouvrages. Dans cette situation les travaux n'étaient donc plus des ouvrages de défense, mais seulement une cause additionnelle pour accélérer les atterrissemens. Pour que ces travaux eussent pu être considérés en même temps et comme ouvrages de défense et comme devant créer des atterrissemens artificiels, contre nature en quelque sorte, il aurait fallu qu'ils eussent été placés sur la rive opposée, dans la partie *concave* de l'anse, c'est-à-dire, au lieu même des érosions. C'est dans cette dernière position qu'on aurait reconnu si l'effet annoncé pouvait être produit, et si *le prisme d'eau morte* se serait formé. Après avoir examiné ces travaux, notre opinion est que ce prétendu prisme d'eau morte eût été remplacé par un remou attaquant, par le flanc, l'ouvrage saillant, et ce nonobstant l'inclinaison en plan de cet ouvrage.

Une objection capitale atteignait d'ailleurs les mêmes travaux d'essais que nous citons ; on n'avait point défendu les parties concaves des deux anses, à la rencontre convexe desquelles se trouvaient établis les ouvrages saillans, et bientôt les eaux, en corrodant et en développant de plus en plus ces concavités, ont fini par attaquer l'atterrissement qui les séparait. Le premier ouvrage saillant, malgré sa forme et son inclinaison, a été aussitôt détruit qu'attaqué. L'ouvrage suivant, pris ensuite en flanc par le remou d'amont, n'a pas tardé à éprouver des avaries majeures, et l'on peut prévoir qu'il ne tardera pas à disparaître avec l'atterrissement naturel sur lequel il avait été assis.

Les fleuves ont ainsi en général de la propension à développer de plus en plus, aux dépens des berges, les anses qu'ils forment dans leurs parties curvilignes ; cette action est surtout fortement prononcée vers l'aval de chaque anse. Il en résulte dans le parcours des rivières une succession de courbes variables que les eaux décrivent, en détruisant par tranches verticales les atterrissemens des parties convexes situées au sommet de ces inflexions. Aussi, comme condition première de la défense des rives, il faut arrêter d'abord la dégradation des anses, et sans cette condition on ne peut espérer aucun avantage stable des travaux exécutés sur les parties convexes.

## NOTE X. *De la Forme de la Surface des Eaux des Fleuves suivant leurs divers États.*

Nous avons pu reconnaître qu'on n'était pas d'accord sur la nature de la *ligne d'eau* qui doit terminer la Surface de la Section d'un Fleuve, prise d'une berge à l'autre, et perpendiculairement à la direction de son Thalweg.

Quelques hydrauliciens ont annoncé que cette *ligne d'eau* était *curviligne convexe* ; d'autres qu'elle était *droite et horizontale* ; enfin plusieurs ont prétendu qu'elle devait *être curviligne concave*. Notre opinion est que les divers états de Fleuve doivent influer sur la nature de cette *ligne*.

Si l'on observe les Eaux d'un Fleuve lorsqu'il est en crue, au moment où il arrive à sa plus grande élévation on remarque vers les rives qu'il se forme, dans le temps le plus calme, des *petits remoux* dont les vitesses sont dirigées de *l'aval à l'amont* ; l'amplitude de ces remoux étant plus ou moins considérable, suivant que l'élévation des eaux est plus ou moins rapide. Les *corps flottans*, entraînés par les Eaux, sont concentrés, suivant la direction du plus fort Courant, ils ne s'en écartent point, ce qui indique évidemment que le plus *fort courant* se trouve au *point culminant* de la surface du Fluide. En effet, si l'on met sur la partie la moins élevée d'un globule d'eau, affectant la forme sphéroïde, un corps plus léger que le Fluide, on le verra s'élever rapidement au *sommet du globule* et s'y fixer. Les *corps flottans*, sur les Fleuves, affectant la même disposition, indiquent par cela même la nature de la surface du Fluide sur lequel ils surnagent. Cette surface, dans ce cas, est donc curviligne concave. Ce qui semblait aussi indiqué par le sens dans lequel la vitesse des *petits remoux* observés s'opérait. Lorsque la crue cesse, et que le fleuve est à *l'étal*, ce qui arrive toujours en durant souvent assez long-temps, les *petits remoux* désignés précédemment disparaissent, les *corps flottans*, entraînés par les eaux, n'affectent plus particulièrement de suivre le courant animé de la plus grande vitesse, rien ne semble les en éloigner ni les y attirer.

Du moment que le Fleuve décroît, les *petits remoux* vers les rives reparaissent; mais leur vitesse est dirigée en sens inverse que celui qu'elle avait dans le premier cas; elle est alors de l'amont à l'aval. Les *corps flottans* entraînés par les eaux se trouvent à droite et à gauche, et à une distance assez prononcée, du plus *fort courant*, et comme, d'après ce qui précède, ils doivent nécessairement occuper les *points culminans* de la surface du Fleuve, il s'en suit que la partie la plus basse est celle où le Fluide est animé de la plus grande vitesse, la surface du Fleuve est donc dans ce cas *curviligne concave*.

Or, une *surface convexe* passant insensiblement, et d'une manière à peu près uniforme, de cet état à la *forme concave*, a dû nécessairement arriver avant d'avoir cette dernière disposition par être être *plane* et correspondre, d'après ce qui précède, au moment de *l'état* du Fleuve.

D'où nous sommes portés à conclure que si, en apparence, il y a eu divergence d'opinion sur la nature de la *ligne d'eau* de la section d'écoulement des Fleuves, cela ne peut résulter à ce qu'il paraît de ce que l'on a généralisé chacun des cas particuliers, précédemment indiqués, et en ne tenant point compte des divers états des Fleuves.

Ainsi, la *ligne d'eau* dont il s'agit devra être *curviligne convexe*, *curviligne concave* ou *droite et horizontale*, suivant que les fleuves seront en *crue* ou en *baisse*, ou qu'ils seront à *l'étal*. Les longueurs de *rayon de courbures*, dans les deux premiers cas, étant en outre en raison inverse de la rapidité de l'accroissement ou du décroissement des Eaux.

La présence ou l'absence des *petits remoux* précédemment indiqués donnent encore le moyen de reconnaître les divers États des Fleuves, sans avoir recours à l'observation des Échelles hydrométriques.

## *Bordereau des prix des travaux du Rhin.* Note I.

### 1°. PRIX ÉLÉMENTAIRES.

| Nos. d'ordre. | INDICATION DES JOURNÉES ET DES MATÉRIAUX. | PRIX bruts. | FAUX-FRAIS PAR FRANC. | | | | Prix, compris faux-frais et $\frac{1}{10}$ de bénéfice, suivant que ces faux-frais sont de : | | | | OBSERVATIONS. |
|---|---|---|---|---|---|---|---|---|---|---|---|
| | | | 0.0333 | 0.05 | 0.07 | 0.10 | 0.0333 | 0.05 | 0.07 | 0.10 | |
| | | fr. c. | | | | | *a* | *b* | *c* | *d* | |
| 1 | Une journée de poseur de fascines. | 6 00 | » | 0.300 | 0.420 | 0.600 | » | 6.930 | 7.062 | 7.260 | |
| 2 | *Id.* de contreposeur. | 2 50 | » | 0.125 | » | » | » | 2.887 | » | » | |
| 3 | *Id.* de charpentier eurimeur. | 3 00 | » | » | » | 0.300 | » | » | » | 3.630 | |
| 4 | *Id.* *id.* | 2 50 | » | » | » | 0.250 | » | » | » | 3.025 | |
| 5 | *Id.* de maître batelier. | 3 00 | 0.100 | » | 0.210 | 0.300 | 3.410 | » | 3.531 | 3.630 | |
| 6 | *Id.* de garçon batelier. | 2 50 | 0.083 | » | 0.175 | 0.250 | 2.841 | » | 2.942 | 3.025 | |
| 7 | *Id.* *id.* | 2 00 | 0.067 | » | 0.140 | » | 2.274 | » | 2.354 | » | |
| 8 | *Id.* de chef d'atelier pour faire les claies. | 2 40 | » | » | » | 0.240 | » | » | » | 2.904 | |
| 9 | *Id.* de bûcheron. | 2 00 | » | » | 0.140 | » | » | » | 2.354 | » | |
| 10 | *Id.* de vannier. | 1 75 | » | » | 0.122 | » | » | » | 2.059 | » | |
| 11 | *Id.* de manœuvre. | 1 50 | 0.050 | 0.075 | 0.105 | 0.150 | 1.705 | 1.733 | 1.766 | 1.815 | |
| 12 | Une voiture à 3 colliers, y compris le conducteur. | 9 00 | 0.300 | » | » | » | 10.230 | » | » | » | |
| 13 | *Id.* à 2 colliers, *id.* | 6 00 | » | 0.300 | 0.420 | » | » | 6.930 | 7.062 | » | |
| 14 | Deux chevaux et le conducteur. | 6 00 | » | » | 0.420 | » | » | » | 7.062 | » | |
| 15 | Une sonnette avec ses agrès. | 7 00 | » | » | » | 0.700 | » | » | » | 8.470 | |
| 16 | *Id.* *id.* | 5 00 | » | » | » | 0.500 | » | » | » | 6.050 | |
| 17 | Deux bateaux accouplés pour le transport des fascines. | 6 00 | » | » | 0.420 | » | » | » | 7.062 | » | |
| 18 | Un bateau pour *id.* | 3 00 | » | » | 0.210 | » | » | » | 3.531 | » | |
| 19 | *Id.* portant 20 mètres cubes. | 3 00 | 0.100 | » | » | » | 3.410 | » | » | » | |
| 20 | *Id.* pour le battage des pieux. | 3 00 | » | » | » | 0.300 | » | » | » | 3.630 | |
| 21 | *Id.* *id.* | 1 50 | » | » | » | 0.150 | » | » | » | 1.815 | |
| 22 | *Id.* *id.* | 1 00 | » | » | 0.070 | 0.100 | » | » | 1.177 | 1.210 | |
| 23 | *Id.* ponté pour l'échouage des saucissons. | 3 00 | 0.100 | » | 0.210 | » | 3.410 | » | 3.531 | » | |
| 24 | *Id.* *id.* | 0 75 | » | » | 0.052 | » | » | » | 0.812 | » | |
| 25 | *Id.* pour le transport des moellons. | 1 50 | 0.050 | » | » | » | 1.705 | » | » | » | |
| 26 | *Id.* pour le transport des paniers et graviers. | 1 00 | 0,034 | » | » | » | 1.137 | » | » | » | |
| 27 | *Id.* dit Landweidling portant 2 mètres cubes. | 0 75 | » | » | 0.052 | » | » | » | 0.882 | » | |
| 28 | *Id.* portant 4 mètres cubes. | 0 75 | » | » | 0.052 | » | » | » | 0.882 | » | |
| 29 | Une nacelle pour le transport des pilots. | 0 75 | » | » | » | 0.075 | » | » | » | 0.908 | |
| 30 | *Id.* portant om. c. .50. | 0 30 | » | » | 0.021 | » | » | » | 0.353 | » | |
| 31 | Un kilogramme de fer en broches de toute espèce. | 1 30 | » | » | » | » | » | » | » | » | |
| 32 | *Id.* pour crampons. | 1 20 | » | » | » | » | » | » | » | » | |
| 33 | *Id.* pour sabots. | 1 10 | » | » | » | » | » | » | » | » | |
| 34 | *Id.* de fonte de fer pour sabots. | 0 50 | » | » | » | » | » | » | » | » | |
| 35 | *Id.* de cordage de toute espèce. | 1 50 | » | » | » | » | » | » | » | » | |
| 36 | Fourniture du cent de plantards de saules ou de peupliers de 3 mètres de longueur et de 0m.06 de diamètre moyen, compris, coupe, transport et plantation. | 6 00 | » | » | » | » | » | » | » | » | |
| 37 | Fourniture du mille de boutures de saules ou de peupliers de 0m.40 de longueur et de 0m.02 de diamètre moyen, compris coupe, transport et plantation. | 2 50 | » | » | » | » | » | » | » | » | |
| 38 | Coupe, transport et mise en place d'une garniture d'épines formée d'un demi-fagot ordinaire, pour les plantations des digues ou barrages. | 0 10 | » | » | » | » | » | » | » | » | |
| 39 | Plantation d'un peuplier ou arbre de toute espèce provenant des pépinières des ponts et chaussées, compris transport de l'arbre. | 0 08 | » | » | » | » | » | » | » | » | |
| 40 | Ouverture de chaque trou d'arbre de 0m.50 en tous sens pour plantation de digues ou barrages. | 0 05 | » | » | » | » | » | » | » | » | |

### 2°. PRIX COMPOSÉS.

### *Terrassemens.*

41. Mètre cube de *déblai* avec jet sur berges pour enracinement, etc. :

| | fr. |
|---|---|
| Fouille et jet à 1m.50 de hauteur, 0.167 de journée de manœuvre, à 1f.733 par jour (no. 11, *b*). | 0.289 |

42. Mètre cube de *déblai* d'enracinement rejeté sur les couches de tunage :

| | |
|---|---|
| Fouille et jet. | 0.289 |
| Un second jet de pelle de 0.10 de journée, à 1f.733. | 0.173 |
| Régalage de 0.02 de journée, à 1f.733. | 0.035 |
| Total. | 0.497 |

43. Mètre cube de *déblai* à deux jets de pelle pour enracinement :

| | fr. |
|---|---|
| Fouille et jet à 1m.50 de hauteur, comme au sous-détail no. 41. | 0.289 |
| Deuxième jet de pelle *idem*. | 0.173 |
| Total. | 0.462 |

44. Mètre cube de *remblai* pour *digues* transporté à la brouette à un relai de 30 mètres en chemin horizontal, et de 20 mètres en rampe :

| | |
|---|---|
| Fouille eu égard aux souches, longues racines, etc., qui se trouvent dans le terrain, et charge dans les brouettes, 0.20 de journée à 1f.733. | 0.346 |
| Transport par brouettes à un relais de 30 mètres de distance réduite, 0.08 de journée à 1f.733. | 0.138 |
| Régalage, 0.02 de journée à 1f.733. | 0.035 |
| Damage par couches de 0m.16, 0.0333 de journée. | 0.058 |
| Formation de talus, 0.016 de journée. | 0.028 |
| Total. | 0.605 |

*Nota.* Chaque relais en sus sera compté 0.052 de journée de manœuvre à 1f.733. . . . 0.09

45. Mètre cube de *remblai* pour *digues* transporté par tombereau à un relais de 100 mètres :

Fouille, charge, regalage, damage, façon et talus comme au sous-détail n°. 44. . . . . . . fr. 0.467

Une voiture à deux colliers payée 6f.93 (n°. 13 *b*) par jour, y compris le conducteur, et portant 0m. c..40, fait soixante voyages et parcourt dans la journée 36,000 mètres ; le temps perdu à la charge et à la décharge, équivalant à celui qui serait employé à parcourir un espace de 400 mètres, le transport du mètre cube à 100 mètres, reviendra à. . . . . . . 0.288

Total. . . . . . . 0.755

*Nota.* Le relais sera de 100 mètres ; il sera compté pour chaque relais en sus. . . . . . . 0.10

46. Mètre cube de *déblai* de vieux *tunages*, enlèvement des matériaux compris :

Deux manœuvres à 3f.532 les deux (n°. 11 *c*), déblaieront 7 mètres cubes dans la journée, y compris l'enlèvement des vieux bois ; ci pour un mètre cube. . . . . . . 0.504

47. Mètre cube de *terre* ou *gravier*, fouillé sur les bancs et transporté par bateaux en descendant le Rhin à une distance moyenne de 1,000 mètres, et déchargé sur la berge :

Un bateau portant 4 mètres cubes loué 0f.82 (n°. 28 *c*), ci. 0.882

Trois bateliers, dont un à 3f.531, et deux à 2f.942 l'un (n°s. 5 et 6 *c*) ensemble . . . . . . . 9.415

La journée étant de huit heures de travail, emploiront vingt-cinq minutes pour remonter 1,000 mètres, huit minutes pour descendre, sept minutes de temps perdu en manœuvres, et cinquante-six minutes pour fouille, roulage éventuel, charge et décharge sur la berge, feront par conséquent cinq voyages par jour, et porteront 20 mètres cubes.

Total. . . . . . . 10.297

Et pour un mètre cube. . . . . . . 0.515

*Nota.* Les distances de moins de 1,000 mètres ne feront rien varier au prix ci-dessus ; pour celles en sus de 1,000 mètres on payera pour chaque 500 mètres de plus d'éloignement, d'après les bases ci-dessus. . . . . . . 0.10

48. Mètre cube de *gravier dragué* dans des coupures, jusqu'à un mètre sous l'eau et transporté par nacelle à une distance moyenne de 500 mètres :

Composition de l'équipage :

Deux garçons bateliers payés 5f.884 par jour, eu égard à ce qu'ils se fourniront de bottes à l'eau. . . . . . . 5.884

Une nacelle chargeant 0m.50 cubes louée (n°. 30 *c*). . . . . . . 0.353

Total. . . . . . . 6.237

Cet équipage draguera jusqu'à un mètre de profondeur sous l'eau, chargera dans les nacelles et transportera à une distance réduite de 500 mètres, 8m. c..50, ci pour un. . . . . . . 0.734

*Nota.* Les distances de moins de 500 mètres ne feront rien varier au prix ci-dessus ; pour les distances en sus on payera pour chaque 500 mètres de plus d'éloignement. . . . . . . 0.10

49. Mètre cube de *terre*, ou *gravier* fouillé sur les bancs et transporté par bateaux en descendant le Rhin à une distance moyenne de 500 mètres et déchargé sur la berge :

Un bateau dit Landweidling, portant 2 mètres cubes de gravier, loué par jour (n°. 27 *c*). . . . . . . 0.882

Trois bateliers, dont un à 3f.531, et deux à 2f.942 ; pour les trois, par jour de huit heures de travail. . . . . . . 9.415

Total. . . . . . . 10.297

Emploiront treize minutes pour remonter 500 mètres, trois minutes pour descendre, sept minutes de temps perdu par voyage et trente minutes pour fouille, roulage éventuel, charge et décharge sur la berge, feront par conséquent neuf voyages et porteront 18 mètres cubes, ci pour un. . . . . . . 0.572

*Nota.* Les distances moindres de 500 mètres ne feront rien varier au prix ci-dessus ; pour les distances en sus de 500 mètres, on comptera pour chaque 250 mètres de plus d'éloignement, d'après les bases ci-dessus. . . . . . . 0.09

50. Mètre cube de *gros gravier* pour le bourrage des saucissons, paniers, etc., transporté par bateaux en descendant le Rhin à une distance réduite de 1,000 mètres et déchargé sur l'atelier :

Rassemblement du gros gravier sur les grèves du Rhin et charge sur les brouettes, 0f.20 de journée de manœuvre, à 1f.766 (n°. 11 *c*). . . . . . . 0.353

Transport par brouettes à un relais de 30 mètres pour former un tas au bord de l'eau, 0.08 de journée à 1f.766. . . . . . . 0.141

Transport : un équipage comme au sous-détail n°. 47, portant 4 mètres cubes, monté par trois bateliers, fera cinq voyages et transportera 20 mètres cubes, coûtant 10f.297, ci pour un. . . 0.515

Total. . . . . . . 1.009

*Nota.* Les distances de moins de 1,000 mètres ne feront rien varier aux prix ci-dessus ; pour les distances en sus de 1,000 mètres, on payera pour chaque 500 mètres de plus d'après les bases ci-dessus. . . . . . . 0.10

51. Mètre cube de *cailloux* ou *gros gravier* pour bourrer les saucissons, paniers, etc., transporté par bateaux en descendant le Rhin à une distance de 500 mètres :

Rassemblement du gros gravier et des cailloux, et charge sur les brouettes, 0.20 de journée de manœuvre à 1f.766. . . . fr. 0.353

Transport par brouettes à un relais de 30 mètres pour former un tas au bord de l'eau comme au sous-détail n°. 44. . . . . . 0.138

Charge dans les bateaux, transport en descendant le Rhin à 500 mètres de distance, et décharge sur la rive comme pour le gravier ordinaire, sous-détail n°. 49. . . . . . . 0.572

Total. . . . . . . 1.063

*Nota.* Les distances moindres de 500 mètres ne feront rien varier au prix ci-dessus ; pour celles en sus on payera pour chaque 250 mètres de plus d'éloignement. . . . . . . fr. 0.09

52. Mètre cube de *terre*, ou gravier *gravier* sur les bancs transporté par brouettes à un relais, et employé au rechargement des couches :

Fouille, charge dans les brouettes et transport à un relais comme au sous-détail n°. 44. . . . . . . 0.484

Régalage sur les terres, 0.02 de journée à 1f.733. . . . . . 0.035

Total. . . . . . . 0.519

Pour chaque relais en sus comme au sous-détail n°. 44. . . 0.09

53. Mètre cube de *terre* ou *gravier* fouillé sur les bancs, transporté par tombereau à un relais de 100 mètres, et employé au rechargement des tunages :

Fouille et charge comme au sous-détail n°. 44. . . . . . . 0.346

Transport : une voiture à 6f.93 par jour comme au sous-détail n°. 45 ; le transport du mètre cube à 100 mètres revient à. . 0.288

Régalage sur les terres, 0.02 de journée à 1f.733. . . . . . 0.035

Total. . . . . . . 0.669

*Nota.* Pour chaque relais de 100 mètres en sus. . . . . . . 0.10

54. Mètre cube de *gravier* ordinaire transporté par bateau en descendant le Rhin et employé au rechargement des couches :

Le prix du mètre cube de *gravier* ordinaire transporté à une distance réduite de 1,000 mètres, d'après le détail n°. 47, revient, y compris la décharge sur la rive ou sur les tunages, à. . . . . . . 0.515

Charge dans les brouettes et transport à une distance comptée pour un relais en terrain horizontal. Un manœuvre payé 1f.766 en charge et en transporte 8m.80, attendu que beaucoup de gravier s'emploie au simple jet de la pelle, ce qui donne par mètre cube, 0.1133 de journée à 1f.766. . . . . . . 0.200

Régalage sur les tunes, 0.02 de journée à 1f.766. . . . . . 0.035

Total. . . . . . . 0.750

*Nota.* Les distances de moins de 1,000 mètres ne feront rien varier au prix ci-dessus ; pour celles en sus de 1,000 mètres on payera pour chaque 500 mètres de plus. . . . . . . 0.10

55. Mètre cube de *gravier* ordinaire transporté par bateau en descendant le Rhin à une distance réduite de 500 mètres, et employé au rechargement des tunages :

Le prix du mètre cube de gravier transporté à une distance réduite de 500 mètres, d'après le sous-détail n°. 49, revient, y compris la décharge sur la rive ou sur les tunes, à. . . . . . . 0.572

Charge dans les brouettes et transport à une distance comptée pour un relais : un manœuvre à 1f.766 en charge et en transporte 8m. c..80, attendu que beaucoup de gravier s'emploie au simple jet de la pelle ; ce qui donne pour un mètre cube. . . . . . 0.200

Régalage sur les tunes, 0.02 de journée 1f.766 . . . . . . 0.035

Total. . . . . . . 0.807

*Nota.* Les distances moindres de 500 mètres ne feront rien varier au prix ci-dessus ; pour celles en sus de 500 mètres on payera pour chaque 250 mètres de plus d'éloignement. . . . . 0.09

56. Mètre cube de *terre* ordinaire, transporté par bateau en descendant le Rhin à une distance réduite de 1,000 mètres et employé à la confection des digues de bordage :

Charge, transport par bateau à une distance de 1,000 mètres, et décharge comme au sous-détail n°. 47. . . . . . . 0.515

Charge dans les brouettes et transport à un relais, 0.133 de journée de manœuvre, à 1f.733. . . . . . . 0.230

Régalage, damage et formation de talus, comme au sous-détail n°. 44. . . . . . . 0.121

Total. . . . . . . 0.866

*Nota.* Les distances moindres que celles ci-dessus ne feront rien varier au prix ; pour les distances de transport par bateau en sus de 1,000 mètres, on payera pour chaque 500 mètres de plus. . . . . . . 0.10

Et pour le transport par brouette pour chaque relais de 30 mètres en sus. . . . . . . 0.09

57. Mètre cube de *terre* ou *gravier* transporté par bateau eu descendant le Rhin à une distance réduite de 500 mètres et employé à la confection des digues :

fr.

Charge, transport par bateau à une distance réduite de 500 mètres, et décharge comme au sous-détail n°. 49. . . . . . 0.572

Charge des brouettes et transport à un relai 0.133 de journée à $1^{f}.766$. . . . . . . . . . 0.230

Régalage, damage et formation de talus, comme au sous-détail n°. 44. . . . . . . . . . 0.121

Total. . . . . . . . . . . . 0.923

*Nota.* Les distances moindres que celles ci-dessus ne feront rien varier au prix; pour les distances de transport par bateau en sus de 500 mètres, on payera pour chaque 250 mètres de plus d'éloignement. . . . . . . . . . 0.09

Et pour chaque relais de 30 mètres en sus pour le transport par brouettes. . . . . . . . . . 0.09

58. Mètre cube de *terre* ou *gravier* fouillé sur les bancs et transporté par bateau en remontant le Rhin à une distance moyenne de 1,000 mètres et déchargé sur la berge :

Un bateau portant 4 mètres cubes, loué (n°. 28 *c*). . . . . . 0.882

Quatre bateliers, dont un à $3^{f}.531$, et deux à $2^{f}.942$, et le quatrième à $2^{f}.354$ (n°. 7 *c*), gagnant par jour de huit heures de travail. . . . . . . . . . 11.769

Emploiront huit minutes pour descendre 1,000 mètres, trente-six minutes pour les remonter, sept minutes de temps perdu en manœuvres, et quarante-deux minutes pour fouille, roulage éventuel, charge et décharge sur la berge, feront par conséquent cinq voyages par jour, et porteront 20 mètres cubes.

Total. . . . . . . . . . . . 12.651

Le mètre cube revient donc à. . . . . . . . . . . . 0.633

*Nota.* Si ce *gravier* était employé au rechargement des couches de tunages, le prix du mètre cube transporté à une distance de 1,000 mètres d'après les bases du sous-détail n°. 54 serait porté à. . . . . . . . . . 0.87

Les distances de moins de 1,000 mètres ne feront rien varier au prix ci-dessus; pour celles en sus de 1,000 mètres on payera pour chaque 500 mètres de plus. . . . . . . . . . 0.15

Les transports dans l'eau morte et partout où le halage ne sera pas employé, seront payés comme ceux en descendant le Rhin, d'après les distances effectives prises sur les cartes du Rhin.

59. Mètre cube de *terre* ou *gravier* fouillé sur les bancs et transporté par bateau en remontant le Rhin à une distance moyenne de 500 mètres et déchargé sur la berge :

Un bateau dit Landweidling, portant 2 mètres cubes, loué. 0.882

Cinq bateliers, dont un à $3^{f}.531$, deux à $2^{f}.942$, et deux à $2^{f}.354$ ; ci pour les cinq par journée de huit heures de travail. 14.123

Total. . . . . . . . . . . . 15.005

Emploiront trois minutes pour descendre 500 mètres, vingt et une minutes pour les remonter, sept minutes de temps perdu en manœuvres, et dix-sept minutes pour fouille, roulage éventuel, charge et décharge sur la berge, feront dix voyages par jour et porteront 20 mètres cubes ; ci pour un. . . 0.75

Si ce gravier était employé au rechargement des tunages, le prix du mètre cube transporté à une distance de 500 mètres, d'après les bases du sous-détail n°. 52, serait porté à. . . . . fr. 0.99

*Nota.* Les distances moindres de 500 mètres ne feront rien varier au prix ci-dessus; pour celles en sus de 500 mètres, on payera pour chaque 200 mètres de plus d'éloignement. . . . . 0.15

## *Battage de pieux.*

60. Battage d'un *pieu* de $0^{m}.15$ à $0^{m}.20$ d'équarrissage moyen pour la pose des claies, etc., prenant 2 mètres de fiche.

Composition de l'équipage :

Quatre bateliers, dont deux à $3^{f}.63$ et deux à $3^{f}.025$ (n$^{os}$. 5 et 6 *d*), ensemble. . . . . . . . . . 13.310

Quatre manœuvres à $1^{f}.815$ (n°. 11 *d*). . . . . . . . . . 7.260

Ces huit hommes manœuvrant les bateaux et tirant les cordages du mouton alternativement :

Un charpentier enrimeur à $3^{f}.025$ (n°. 4 *d*). . . . . . . . . . 3.025

Deux bateaux à $1^{f}.21$, l'un (n°. 22 *d*). . . . . . . . . . 2.423

Loyer et entretien d'une sonnette avec les agrès, cordages, etc. (n°. 16 *d*) . . . . . . . . . . 6.050

0.75 d'un kilogramme de graisse. . . . . . . . . . 0.726

Total. . . . . . . . . . . . 32.791

Cet équipage battra, terme moyen, dix pieux par jour à 2 mètres de fiche : ci pour un. . . . . . . . . . 3.279

Affûtage, pose du sabot et recepage du pilot. . . . . . . . 0.363

Total. . . . . . . . . . . . 3.642

61. Battage d'un *pieu* de $0^{m}.25$ à $0^{m}.30$ de diamètre moyen pour la pose des claies, prenant $3^{m}.50$ de fiche.

Composition de l'équipage : fr.

Quatre bateliers comme ci dessus. . . . . . . . . . 13.310

Douze manœuvres à $1^{f}.815$. . . . . . . . . . 21.780

Ces seize hommes manœuvrant les bateaux et tirant les cordages du mouton alternativement :

Un charpentier enrimeur. . . . . . . . . . 3.025

Loyer d'une sonnette avec ses agrès (n°. 15 *d.*) . . . . . 8.470

Deux bateaux à $1^{f}.815$ (n°. 21 *d.*) . . . . . . . . . . 3.630

Une nacelle pour le transport des pilots. . . . . . . . . . 0.908

0.75 d'un kilogramme de graisse à 0.968 . . . . . . . . . . 0.726

Total. . . . . . . . . . . . 52.049

Cet équipage battra terme moyen six pilots par jour à $3^{m}.50$ de fiche, ci pour un. . . . . . . . . . 8.675

Affûtage, pose du sabot et recepage du pilot. . . . . . . . 0.605

Total. . . . . . . . . . . . 9.280

62. Battage d'un *pieu* en sapin de $0^{m}.32$ à $0^{m}.35$ d'équarrissage moyen pour pose de claies, maintien de cordages d'amarre, etc., et auquel on fera prendre 4 mètres de fiche.

Composition de l'équipage :

Loyer de deux bateaux à $3^{f}.930$ par jour l'un, (n°. 20 *d*) . 7.260

Trois bateliers pour la manœuvre des bateaux et du déclic, dont un à $3^{f}.630$ (n°. 5 *d*) et deux à $3^{f}.025$ (n°. 6 *d*), ensemble. 9.680

Trois manœuvres à $1^{f}.815$ (n°. 11 *d*). . . . . . . . . . 5.445

Un charpentier enrimeur à $3^{f}.630$ (n°. 3 *d*) . . . . . . . . 3.630

Loyer d'une sonnette, pour mémoire, attendu qu'elle sera fournie avec son mécanisme par les ponts et chaussées.

Total. . . . . . . . . . . . 26.015

Cet équipage mettra en fiche dans sa journée deux pieux ; ci pour un. . . . . . . . . . 13.007

Recepage, affûtage, un $5^{e}$. de journée de charpentier à $3^{f}.630$. 0.726

Un kilogramme de graisse. . . . . . . . . . 0.968

Total. . . . . . . . . . . . 14.701

## *Fascinages.*

63. *Coupe* et façon d'un cent de *fascines*, etc.

Un ouvrier bûcheron payé $2^{f}.354$ par jour (n°. 9 *c*), exploite et façonne dans sa journée ; savoir :

40 fascines ayant $4^{m}.50$ de longueur, 1 mètre de circonférence mesurée à la seconde hart, en partant du gros bout, liées et fortement serrées par quatre harts ; plus quatre bottes de piquets de dix à la botte, ayant $1^{m}.50$ de longueur et 5 à 6 centimètres de diamètre moyen, et quatre bottes de clayons de vingt-cinq brins de 4 à 5 mètres de longueur et de $0^{m}.04$ de diamètre moyen, ou plus quatre bottes de perches ordinaires à claies de dix à la botte, ayant $3^{m}.50$ de longueur et de 5 à 8 centimètres de diamètre, ou plus quatre bottes de perches ordinaires à claies de dix à la botte, ayant $3^{m}.50$ de longueur et de 5 à 8 centimètres de diamètre, ou plus deux bottes de perches ordinaires à claies de dix à la botte et de $3^{m}.50$ de longueur, de $0^{m}.10$ à $0^{m}.15$ de diamètre moyen, ou plus 4 bottes de cent harts de $1^{m}.60$ de longueur, et de 1 à 2 centimètres de diamètre moyen, ou bien il fait dans sa journée

50 fascines des dimensions prescrites,  
ou 40 bottes de piquets *idem*,  
ou 71 petites fascines de saule,  
ou 200 perches ordinaires à claies,  
ou 100 perches extraordinaires à claies,  
ou 40 bottes de harts bien choisies,  
le tout y compris les harts pour lier les bottes.

Ce qui fait revenir le prix de la coupe et de la façon :

1°. D'un cent de fascines à. . . . . . . . . . 4.708

2°. Du cent de bottes de piquets à. . . . . . . . . . 5.90

3°. Du cent de bottes de clayons à. . . . . . . . . . 5.90

4°. Du cent de petites fascines à. . . . . . . . . . 3.30

5°. Du cent de perches ordinaires à claies à. . . . . . . . . 1.18

6°. Du cent de perches extraordinaires à claies à. . . . . . 2.36

7°. Du cent de bottes de harts à. . . . . . . . . . 5.90

64. *Transport* à bras compté au *minimum* pour 50 mètres, et qui ne doit pas dépasser 200 mètres, à moins de circonstances particulières, reconnues et décidées sur place ; passé 200 mètres on doit transporter par voiture :

Un manœuvre payé $1^{f}.766$ par jour, transporte à bras pendant sa journée sur les bords du Rhin, à une distance réduite de 50 mètres, savoir :

275 fascines,  
ou 550 bottes de piquets,  
ou 550 bottes de clayons,  
ou 550 petites fascines,  
ou 1,100 perches ordinaires à claies,  
ou 550 *idem* extraordinaires,  
ou 850 bottes de harts,

Et à une distance de 100 mètres, il transporte dans sa journée :

150 fascines,
ou 300 bottes de piquets,
ou 300 bottes de clayons,
ou 300 petites fascines,
ou 600 perches ordinaires à claies,
ou 300 *idem* extraordinaires,
ou 450 bottes de harts.

D'après ces deux résultats, le transport du cent de fascines à 50 mètres coûtera. . . . . . fr. 0.642

Et pour chaque distance de 50 mètres en sus. . . . . . 0.550

On aura donc pour le *transport* du cent de fascines à une distance réduite et présumée dans les cas extraordinaires de 300 mètres tout compris. . . . . . 3.40

*Idem* pour le cent de bottes de piquets. . . . . . 1.70

*Idem* pour le cent de bottes de clayons. . . . . . 1.70

*Idem* pour le cent de petites fascines. . . . . . 1.70

*Idem* pour le cent de perches ordinaires à claies. . . . . . 0.85

*Idem* pour le cent de perches extraordinaires à claies. . . . 1.70

*Idem* pour le cent de bottes de harts. . . . . . 1.10

65. *Transport* par bateau en descendant le Rhin :

Deux bateaux accouplés à $7^{f}.062$ (nº. 17 *c*) par jour. . . . 7.062

Montés par sept bateliers, dont deux à $3^{f}.531$ et cinq à $2^{f}.942$, ensemble. . . . . . 21.772

Total. . . . . . 28.834

Chargeront 800 fascines,
ou 1,600 bottes de piquets,
ou 1,600 bottes de clayons,
ou 1,600 petites fascines,
ou 3,200 perches ordinaires à claies,
ou 1,600 perches extraordinaires à claies,
ou 2,400 bottes de harts.

Il sera employé 0.50 de journée pour la charge et la décharge sur le tas, huit minutes pour descendre un kilomètre, vingt-cinq minutes pour le remonter, et sept minutes de temps perdu ; la journée étant comptée pour huit heures de travail effectif, à cause de la diminution des jours, et du mauvais temps ordinaire pendant la saison où les travaux s'exécutent.

En général, d'après cette base, le prix du transport de huit cents fascines reviendra, pour un kilomètre et pour toute distance au-dessous, à. . . . . . 16.83

Chaque kilomètre en sus coûtera. . . . . . 1.98

Le *transport* du cent de fascines, à un kilomètre en descendant le Rhin, vaut donc, tout compris. . . . . . 2.10

Et chaque kilomètre en sus. . . . . . 0.25

Si l'on suppose que le *transport* moyen des fascines en descendant le Rhin, eu égard à la difficulté de trouver du bois dans les îles voisines, s'effectue à 10 kilomètres, on aura pour le prix du cent de fascines, tout compris. . . . . . 4.35

Et pour le cent de bottes de piquets. . . . . . 2.18

*Idem* pour le cent de bottes de clayons. . . . . . 2.18

*Idem* pour le cent de petites fascines. . . . . . 2.18

*Idem* pour le cent de perches ordinaires à claies. . . . . . 1.09

*Idem* pour le cent de perches extraordinaires. . . . . . 2.18

*Idem* pour le cent de bottes de harts. . . . . . 1.45

66. *Transport* par bateau en descendant le Rhin :

Deux bateaux dits Landweidling, accouplés, payés $0^{f}.882$ l'un, par jour (nº. 27 *c*.). . . . . . 1.764

Montés par six bateliers, dont deux à $3^{f}.531$, et quatre à $2^{f}.942$, ensemble. . . . . . 18.830

Total. . . . . . 20.594

Cet équipage chargera 300 fascines,
ou 600 bottes de piquets,
ou 600 bottes de clayons,
ou 600 petites fascines,
ou 1,200 perches ordinaires à claies,
ou 600 perches extraordinaires,
ou 900 bottes de harts.

Il sera employé cent dix minutes pour la charge et la décharge sur le tas, six minutes pour descendre 1 kilomètre, vingt-six minutes pour le remonter, et sept minutes de temps perdu ; la journée étant comptée pour huit heures de travail effectif.

D'après cette base, le prix du transport des 300 fascines, etc., reviendra pour 1 kilomètre, et à toute distance au-dessous, à. . 6.39

Chaque kilomètre en sus coûtera. . . . . . 1.37

Le *transport* du cent de fascines à 1 kilomètre en descendant le Rhin, reviendra donc à. . . . . . 2.13

Et chaque kilomètre en sus à. . . . . . 0.46

Si l'on suppose que le *transport* moyen des fascines, en descendant le Rhin, s'effectue à 10 kilomètres : fr.

Le prix du cent de fascines sera de. . . . . . 6.27

*Idem* pour le cent de bottes de piquets. . . . . . 3.14

*Idem* pour le cent de bottes de clayons. . . . . . 3.14

*Idem* pour le cent de petites fascines. . . . . . 3.14

*Idem* pour le cent de perches ordinaires à claies. . . . . . 1.57

*Idem* pour le cent de perches extraordinaires à claies. . . . 3.14

*Idem* pour le cent de bottes de harts. . . . . . 2.09

67. *Transport* par bateau en remontant le Rhin :

Un bateau payé $3^{f}.531$ par jour (nº. 18 *c*). . . . . . 3.531

Monté par deux bateliers à $3^{f}.531$ l'un, cinq à $2^{f}.942$ l'un et six à $2^{f}.354$ l'un, ensemble. . . . . . 35.896

Total. . . . . . 39.427

Charge 600 fascines,
ou 1,200 bottes de piquets,
ou 1,200 bottes de clayons,
ou 1,200 petites fascines,
ou 2,400 perches ordinaires à claies,
ou 1,200 *idem* extraordinaires,
ou 1,800 bottes de harts.

On emploie 0.30 de journée pour charge et décharge sur le tas, trente-six minutes pour remonter un kilomètre, huit minutes pour le descendre, et cinq minutes de temps perdu.

La journée est comptée à huit heures de travail effectif.

D'après ces bases, le transport de 600 fascines reviendra, pour un kilomètre et pour toute distance au-dessous, à. . . . . 15.86

Et pour chaque kilomètre en sus à. . . . . . 3.62

Le *transport* du cent de fascines en remontant le Rhin vaut donc, tout compris. . . . . . 2.64

Et chaque kilomètre en sus. . . . . . 0.60

Si l'on suppose que le *transport* moyen des fascines en remontant le Rhin, eu égard à la difficulté de trouver du bois dans les îles voisines des travaux, s'effectue à 10 kilomètres, on aura pour le prix du cent de fascines, tout compris. . . . . 8.04

*Idem* pour le cent de bottes de piquets. . . . . . 4.02

*Idem* pour le cent de bottes de clayons. . . . . . 4.02

*Idem* pour le cent de petites fascines. . . . . . 4.02

*Idem* pour le cent de perches ordinaires à claies. . . . . . 2.01

*Idem* pour le cent de perches extraordinaires à claies. . . . 4.02

*Idem* pour le cent de bottes de harts . . . . . . 2.68

68. *Transport* par bateau en remontant le Rhin :

Un bateau dit Langweidling loué. . . . . . 0.882

Monté par cinq bateliers, dont deux à $3^{f}.531$ et trois à $2^{f}.942$, ensemble. . . . . . 15.888

Total. . . . . . 16.770

Cet équipage chargera 100 fascines,
ou 200 bottes de piquets,
ou 200 bottes de clayons,
ou 200 petites fascines,
ou 400 perches ordinaires à claies,
ou 200 perches extraordinaires,
ou 300 bottes de harts.

On emploîra quarante et une minutes pour la charge et décharge sur le tas ; quarante-deux minutes pour remonter un kilomètre, six minutes pour le descendre, et sept minutes de temps perdu pour chaque voyage, la journée étant comptée à huit heures de travail effectif.

D'après cette base, le *transport* du cent de fascines, en remontant le Rhin à un kilomètre et pour toute distance au-dessous, reviendra à. . . . . . 3.36

Et pour chaque kilomètre en sus à. . . . . . 1.68

Si l'on suppose que le *transport* moyen des fascines en remontant le Rhin s'effectue à 5 kilomètres de distance, on aura pour le prix du cent de fascines. . . . . . 10.08

*Idem* pour le cent de bottes de piquets. . . . . . 5.04

*Idem* pour le cent de bottes de clayons. . . . . . 5.04

*Idem* pour le cent de petites fascines. . . . . . 5.04

*Idem* pour le cent de perches ordinaires à claies. . . . . . 2.52

*Idem* pour le cent de perches extraordinaires. . . . . . 5.04

*Idem* pour le cent de bottes de harts. . . . . . 3.36

69. *Transport* par voiture :

Une voiture à deux colliers avec son conducteur qui aide à la charge et à la décharge, est payée par jour . . . . . . 7.062

Un journalier pour aider le conducteur à la charge et à la décharge. . . . . . 1.766

Total. . . . . . 8.828

Cet équipage chargeant 50 fascines,
ou 100 bottes de piquets,
ou 100 bottes de clayons,
ou 100 petites fascines,
ou 200 perches ordinaires à claies,
ou 100 *idem* extraordinaires,
ou 150 bottes de harts ;

Mettra vingt-cinq minutes pour la charge et la décharge d'une voiture, quinze minutes pour parcourir un kilomètre, vu la nature du sol, et cinq minutes de temps perdu à chaque voyage ; la journée étant comptée pour huit heures de travail effectif, et la distance possible à parcourir par jour, vu les mauvais chemins, étant réglée à 32,000 mètres.

D'après cette base, le transport du cent de fascines reviendra pour le premier *kilomètre* à. . . . . . fr. 2.20

Et chaque *kilomètre* en sus coûtera. . . . . . 1.10

Si l'on suppose que le *transport* moyen des fascines par voiture est de 5 kilomètres, on aura pour le cent de fascines, tout compris. . . . . . 6.60

*Idem* pour le cent de bottes de piquets. . . . . . 3.30

*Idem* pour le cent de bottes de clayons. . . . . . 3.30

*Idem* pour le cent de petites fascines. . . . . . 3.30

*Idem* pour le cent de perches ordinaires à claies. . . . . . 1.65

*Idem* pour le cent de perches extraordinaires. . . . . . 3.30

*Idem* pour le cent de bottes de harts. . . . . . 2.20

70. *Pose* du cent de *fascines*, avec assortiment pour la confection du tunage, tout compris.

Composition de l'atelier :

Un poseur, à 6f.930 (n°. 1 *b*). . . . . . 6.930
Un contreposeur, à 2f.887 (n°. 2 *b*). . . . . . 2.887
Quinze manœuvres, à 1f.733 l'un (n°. 11 *b*). . . . . . 25.995

Total. . . . . . 35.812

Cet atelier *pose*, terme moyen, y compris l'affûtage des piquets, leur transport à pied-d'œuvre, le tracé, le piquetage, le clayonnage, redressement, etc., des couches, 900 fascines avec assortiment, ci pour un cent. . . . . . 3.979

71. Mètre linéaire de *clayonnage* extraordinaire :

Pour exécuter 200 mètres linéaires de clayonnage, il faut 40 bottes de piquets et 35 bottes de clayons, et pour appointer les piquets, les pointer, les aligner à 0m.50 les uns des autres, les enfoncer, soit droits, soit inclinés, et porter les clayons, les enlacer entre les têtes des piquets et les battre au maillet, afin de former des cours de clayonnages éloignés les uns des autres de 0m.65 :

Il faut deux journées de manœuvre, à 1f.766. . . . . . 3.532
0.50 de journée de poseur pour les diriger. . . . . . 3.531

Total pour 200 mètres linéaires . . . . . . 7.063
Ce qui fait pour un mètre linéaire. . . . . . 0.353

72. Cent de *piquets* battus en chevalets, soit sur les clayonnages, soit sur les fascines mêmes.

Affûtage, transport et piquetage du cent de piquets : 0.30 de journée de manœuvre, à 1f.733. . . . . . 0.519

73. *Façon* et *pose* d'une *claie* de 3 mètres de largeur sur 4 mètres de longueur, composée de 8 fascines, 12 perches à claies, et 80 harts.

*Façon*. Quatre hommes payés 1f.815 (n°. 11 *d*) l'un, par jour, feront, terme moyen, 8 claies : ci, pour une. . . . . . 0.907

Un manœuvre à 1f.815 emploira pour faire 50 mètres linéaires de saucissons à poser sur les bouts des claies, 1f.70 de journée. . . . . . fr. 3.085
Pose sur la claie, 1.40 de journée, à 1f.815. . . . . . 2.541

Total. . . . . . 5.626

Et pour le cinquantième. . . . . . 0.1125

Ce qui donne pour 3 mètres linéaires. . . . . . 0.337

Total pour la façon d'une *claie*. . . . . . 1.244

*Pose*. Un poseur, à 7f.260 (n°. 1 *d*). . . . . . 7.260
Quatre bateliers pour la conduite des bateaux, la charge et la pose des claies, à 3f.025 (n°. 6 *d*), l'un. . 12.100
Deux manœuvres *idem*, à 1f.815 l'un. . . . . . 3.630
Deux bateaux pour le transport et la pose des claies et du gravier, à 0f.908 l'un. . . . . . 1.816

Total. . . . . . 24.856

Cet atelier posera dans sa journée 15 claies, pour une. . . . 1.657

Total. . . . . . 2.901

74. *Façon* et *pose* d'une *claie* de forme particulière, ayant 3 mètres de largeur et 4 mètres de longueur, composée de 8 fascines, 21 perches et 100 harts.

*Façon*. Quatre hommes payés 1f.815 par jour, et un chef d'atelier pour prendre les mesures, etc., à 2f.904 (n°. 8 *d*), feront, terme moyen, 6 claies de la forme prescrite au devis, ci pour une. . . . . . fr. 1.670

Un manœuvre payé 1f.815 par jour, emploira, pour faire 50 mètres linéaires de saucissons à poser sur les bouts des claies, 1.70 de journée. . . . . . 3.085
Pose sur la claie, 1.40 de journée à 1f.815. . . . . . 2.541

Total. . . . . . 5.636

Et pour le cinquantième. . . . . . 0.1125

Ce qui donne pour 3 mètres linéaires. . . . . . 0.337

Total pour la *façon* d'une claie. . . . . . 2.007

*Pose*. Un poseur, payé par jour. . . . . . 7.260
Un contreposeur, à. . . . . . 3.025
Quatre bateliers, à 3f.025 l'un. . . . . . 12.100
Quatre manœuvres, à 1f.815 l'un. . . . . . 7.260
Deux bateaux pour le transport et la pose des claies et du gravier, à 0f.908 l'un. . . . . . 1.816

Total. . . . . . 31.461

Cet atelier *posera* dans la journée dix claies, eu égard au temps perdu pour fixer les saucissons chargés de gravier, etc., ce qui fait pour une. . . . . . 3.146

Total. . . . . . 5.153

75. Mètre linéaire de *saucisson*, de 0m.25 à 0m.40 de diamètre, pour être posé sur les claies, soit en long pour fermer les échancrures des claies, soit pour former bourrelet dans la ligne aval des pieux de pose, soit sur des couches de tunages, ou des revêtemens de talus.

Un manœuvre payé 1f.766 par jour, emploira, pour faire 50 mètres linéaires de saucissons, 3 journées. . . . . . 5.298

Pose sur les claies et piquetage, attendu que tout l'équipage de la pose des claies est occupé de ce travail ou retenu par lui, estimés également. . . . . . 5.298

Total. . . . . . 10.596

Ce qui donne pour un mètre linéaire. . . . . . 0.212

76. *Saucisson* de 4 mètres de longueur, 0m.80 de diamètre au milieu, et contenant 0m.60 cubes de gros gravier, échoué le long de la berge, pour enrochement.

*Façon*. Huit manœuvres payés 1f.733 (n°. 11 *b*) l'un, par jour, feront dans la journée 15 saucissons ; ci, pour un. . . . 0.924

*Echouage*. Huit manœuvres payés *idem*, échoueront dans la journée 180 saucissons, pour un. . . . . . 0.077

Total. . . . . . 1,001

77. *Saucisson* de 4 mètres de longueur, 0m.80 de diamètre au milieu, contenant 0m.60 cubes de gros gravier, échoué isolément sur bateaux pontés, pour établissement de seuil, etc. :

*Façon*. Huit manœuvres, payés 1f.766 l'un, feront 15 saucissons ; ci, pour un. . . . . . 0.935

*Echouage*. Un équipage, composé de deux bateaux pontés, loués 0f.882 l'un (n°. 24 *c*), ensemble. . . . . 1.764
Trois bateliers pour le chargement, la conduite et l'échouage, à 2f.354 (n°. 7 *c*) l'un. . . . . . 7.062
Trois manœuvres *idem*, à 1f.766 l'un. . . . . . 5.298

Total. . . . . . 14.124

Échouera, terme moyen, trente saucissons par jour, ci pour un. . . . . . 0.471

Total. . . . . . 1.406

78. *Saucisson*, comme ci-dessus échoué par système de trois ou quatre saucissons pour établissement de seuil :

*Façon*, comme ci-dessus. . . . . . 0.935

*Échouage*. Un équipage composé de deux bateaux pour le transport des saucissons, loués ensemble. . . . fr. 1.764
Trois bateliers pour le chargement et le déchargement sur l'équipage d'échouage, comme ci-dessus. . . 7.062
Trois manœuvres *idem*. . . . . . 5.298
Un grand équipage pour l'échouage composé de deux bateaux pontés, loués 3f.53 l'un (n°. 23 *c*.) . . . . . 7.062
Monté par un maître batelier. . . . . . 2.942
Trois bateliers à 2f.354, l'un. . . . . . 7.062
Deux manœuvres à 1f.766, l'un. . . . . . 3.532

Total de la dépense par jour pour les équipages d'échouage de saucissons par système. . . . . . 34.722

Cet équipage *échouera*, terme moyen, trente saucissons dans la journée, ci pour un. . . . . . 1.157

Total. . . . . . 2.092

79. *Panier rectangulaire* de 2 mètres de longueur, 1 mètre de largeur et 0m.60 de hauteur dans œuvre, chargé de gros gravier :

Onze bottes de branches d'osier de 1m.50 de longueur, tout compris à 0f.117, l'une valent. . . . . 1.287

*Façon.* Un vannier payé 2f.059 (no. 10 c.) par jour, en fera dix en neuf jours, ci pour un . . . . . 1.853

0.10 de journée de manœuvre pour lier les angles et assurer les grosses perches de fond et du couvercle. . . . . 0.177

*Échouage.* Un équipage comme ci-dessus à 34f.722 échouera, terme moyen, vingt paniers : pour un. . . . . 1.736

Total. . . . . 5.053

80. *Panier rectangulaire* de 3 mètres de longueur, 1 mètre de largeur, 0m.50 de hauteur dans œuvre, chargé de gros gravier :

Seize bottes de branches d'osier à 0f.117. . . . . 1.872

*Façon.* Un vannier payé 2f.059 par jour, en fera un en 1.20 de journée, ci. . . . . 2.471

0.12 de journée de manœuvre pour lier les angles et assurer les perches. . . . . 0.212

*Échouage.* Un équipage, comme ci-dessus, à 34f.722, en échouera quatorze dans la journée ; pour un panier. . . . . 2.480

Total. . . . . 7.035

81. *Panier rectangulaire* de 2 mètres de longueur, 2 mètres de largeur et 0m.50 de hauteur dans œuvre, chargé de gros gravier :

Dix-neuf bottes de branches d'osier à 0f.117. . . . . 2.223

*Façon.* 1.50 de journée de vannier, à 2f 059 . . . . . 3.088

0.15 de journée de manœuvre pour lier les angles. . . . . 0.265

*Échouage.* Un équipage à 34f.722, comme ci-dessus, en échoue onze, ci pour un. . . . . 3.156

Total. . . . . 8.732

82. *Panier conique* ayant 1m.30 de longueur, 0m.10 de diamètre aux petits bouts, 0m.35 au milieu, et contenant 0m. c..06 de gros gravier.

0.85 de bottes de branches d'osier de 1m.50 de longueur, jardinées dans les îles du Rhin à 0f.117 le mille ou la botte, rendue sur l'atelier tout compris. . . . . 0.099

*Façon.* Un vannier payé 2f.059, en fera six dans la journée, ci pour un. . . . . 0.343

Chargement en gros gravier : pose des bouchons en roseaux et fermeture par dix harts. Deux manœuvres, à 1f.766 l'un par jour, en rempliront quarante, ci pour un . . . . . 0.088

*Échouage.* Trois bateliers payés chacun 2.942 par jour, montés sur un bateau loué 1f.177, chargeront et échoueront dans la journée cent cinquante paniers, ci pour un. . . . . 0.067

Total. . . . . 0.597

83. *Panier conique* de 3m.50 de longueur, 0m.60 de diamètre au milieu et 0m.10 aux deux bouts, chargé en gros gravier :

Trois bottes de branches d'osier à 0f.117, l'une. . . . . 0.351

Dix-huit perches de 3 mètres de longueur et 0m.05 de diamètre moyen à 0f.018, l'un valent. . . . . 0.324

*Façon.* Un vannier payé 2f.059 en fait trois dans la journée, ci pour un . . . . . 0.686

*Échouage.* Un équipage payé comme au sous-détail (no. 79.), 34f.22, en échoue soixante-dix dans la journée, ci pour un . . 0.496

Total. . . . . 1.857

*Nota.* Si l'on jugeait convenable de donner des dimensions plus fortes, l'entrepreneur serait payé proportionnellement aux surfaces clayonnées, d'après les bases des prix ci-dessus pour les paniers coniques, y compris les perches.

84. *Panier prismatique triangulaire*, ayant intérieurement 1m.10 de côté, 2 mètres de longueur, et contenant environ 1 mètre cube de gravier :

Huit bottes de branches d'osier de 1m.50 de longueur à 0f.117 l'un, tout compris. . . . . 0.936

Façon. Un vannier payé 2f.059 par jour en fera sept en six jours, ci pour un. . . . . 1.765

Un équipage composé de deux bateaux pontés, loués 3f.531 l'un, (no. 22 c.). . . . . fr. 7.062

Montés par un maître batelier. . . . . 3.531

Trois bateliers à 2f.354, l'un. . . . . 7.062

Deux manœuvres à 1f.766. . . . . 3.532

Plus un bateau pour le transport des paniers et graviers, loué (no. 24 c). . . . . 1.177

Monté par trois bateliers à 2f.354. . . . . 7.062

Total. . . . . 29.426

Cet équipage *échouera*, terme moyen, quatorze paniers par jour, ci pour un. . . . . 2.102

Total. . . . . 4.803

85. *Saucisson* chargé en gros gravier ayant 0m.40 de diamètre, 1m.20 de longueur, et contenant 0m.04 cubes de gros gravier :

1.40 bottes de branches de saule de 1m.50 de longueur à 0f.058 la botte ou le mille, rendu sur l'atelier. . . . . 0.081

*Façon.* Deux manœuvres à 1f.766 l'un, feront quatorze saucissons, ci pour un. . . . . 0.252

Charge, échouage, etc., comme au no. 75. . . . . 0.067

Total. . . . . 0.400

86. Mètre cube de *bois de sapin* pour pilots, moises, etc. : fr.

Bois de sapin en grume . . . . . 17.655

Flottage jusque sur l'atelier . . . . . 10.593

Tirage hors de l'eau. Deux chevaux et le conducteur payés 7f.062 (no. 14 c) enlèveront 15 mètres cubes, ci pour un. . . . 0.471

Total. . . . . 28.719

## *Enrochemens.*

87. Mètre cube de *moellons* et *libages* des carrières de Rheinfelden (Suisse) à employer en enrochement depuis Huningue jusque vis-à-vis de Petit-Kembs :

Indemnité de la carrière. . . . . 0.114

Extraction y compris la poudre. . . . . 1.705

Droits de sortie et de passage à Bâle . . . . . 0.227

Charge sur les bateaux :

Quatre manœuvres payés 1f.705 l'un (no. 11 a), aidés par les bateliers, en chargeront 30 mètres dans la journée, ci pour un. 0.227

Décharge et transport au tas à 20 mètres de distance moyenne de la rive :

Cinq manœuvres payés 1f.705 l'un, aidés par les bateliers, en déchargeront 30 dans la journée, ci pour un. . . . . 0.284

Transport par bateau :

Un bateau avec ses agrès loué 1f.137 (no. 260 a), ci. . 1.137

Monté par trois bateliers, dont un à 3f.410 et deux à 2f.274 (nos. 5 et 7 a). . . . . 7.958

Total. . . . . 9.095

Cet équipage, portant 3 mètres cubes, emploira un cinquième de journée pour la charge, décharge et temps perdu, six minutes pour descendre un kilomètre, et vingt-six minutes pour le remonter ; la journée étant comptée à huit heures de travail effectif et la distance depuis la carrière jusqu'à la limite de la Suisse 19kil..50, il faudrait une journée et demie pour faire un voyage, ci pour un mètre cube. . . . . 4.529

Enmétrage par tas réguliers, un sixième de journée à 1f.705. . 0.284

*Échouage.* Un bateau pour le pont. . . . . 1.137

Deux bateliers pour la manœuvre à 2f.841 (no. 6 a), l'un 5.682

Quatre manœuvres à 1f.705, l'un. . . . . 6.820

Total. . . . . 13.639

Cet équipage échouera, terme moyen, y compris le bardage et l'arrangement du talus, 24 mètres cubes, ci pour un . . . . 0.568

Total. . . . . 7.938

88. Transport pour chaque kilomètre au delà du premier. Il sera compté pour chaque kilomètre en sus de transport par bateau en descendant le Rhin, d'après les bases ci-dessus. . . . 0.20

89. En supposant que l'enrochement doive se faire à une distance moyenne de 7 kilomètres en aval de Huningue, le prix du mètre cube de moellons et libages, tout compris, sera de . 9.00

90. Mètre cube de *moellons* et *libages* des carrières de Klein-Kembs (Bade) à employer en enrochement, depuis ce point jusqu'à 3,000 mètres en amont du vieux-Brisack :

Indemnité de carrière. . . . . 0.227

Extraction, découverte, poudre. . . . . 1.591

Transport par voiture jusqu'au bord du Rhin. . . . . 1.023

Droit de sortie et indemnité pour le dépôt . . . . . 0.136

Charge sur les bateaux :

Huit manœuvres, aidés par les bateliers et payés ensemble 13f.640, chargeront 60 mètres dans la journée, ci pour un. . . 0.227

Décharge et transport au tas à 20 mètres de distance moyenne de la rive :

Onze manœuvres payés ensemble 18f.755 par jour, aidés par les bateliers, déchargeront 60 mètres dans la journée, ci pour un. . . . . 0.313

Transport par bateaux :

Un bateau avec ses agrès loué par jour 1f.705 (no. 25 a), ci . . . . . 1.705

Monté par cinq bateliers, dont un à 3f.410, deux à 2f.841 l'un, et deux à 2f.274 l'un, ensemble. . . . . 13.640

Total. . . . . 15.345

Cet équipage portant 10 mètres cubes emploira 0.30 de journée pour la charge et la décharge, six minutes pour descendre un kilomètre, vingt-six minutes pour le remonter et sept minutes de temps perdu à chaque voyage ; la journée étant comptée à huit heures de travail effectif le transport d'un mètre cube au 1er. kilomètre reviendra à. . . . . 0.585

Enmétrage et échouage comme ci-dessus. . . . . 0.852

Total. . . . . 4.954

91. *Transport* pour chaque kilomètre en sus . . . . . 0.10

92. Si l'on supposait que ces libages dussent être transportés à une distance moyenne de 20 kilomètres, le mètre cube reviendrait à. . . . . 6.86

93. Mètre cube de *moellons* et *libages* des carrières de

Mœrtingen et de Nieder-Rheinsingen (Bade) à employer pour enrochement, depuis le Vieux-Brisack jusqu'au Sponeck : fr.

Indemnité de carrière. . . . . . . . . . 0.227

Extraction, découverte, etc., à cause du choix. . . . . . . . 1.591

Droits de sortie et de barrières. . . . . . . . . . 0.114

Charge sur les voitures et décharge.

0.30 de journée de manœuvre à 1f.705. . . . . . . . . . 0.341

Transport depuis la carrière jusqu'aux bords du Rhin en amont du Vieux-Brisack, à une distance comptée pour 7 kilomètres.

Une voiture à trois colliers louée 10f.230 (n°. 12 *a*) par jour, portant un mètre cube et parcourant 36,000 mètres dans la journée, le temps de la charge et de la décharge étant compté comme un parcours de 2000 mètres, fera deux et un quart voyages, ci pour un mètre cube. . . . . . . . . . 4.547

Charge sur les bateaux et décharge sur la rive comme au sous-détail précédent . . . . . . . . . . 0.540

Transport par bateau en descendant le Rhin comme au sous-détail n°. 89, pour le premier kilomètre. . . . . . . . . . 0.585

Enmétrage et échouage comme précédemment. . . . . . . . 0.852

Total. . . . . . . . . . . . 8.797

94. Pour chaque *kilomètre* de transport par bateau au delà du premier kilomètre, comme au sous-détail précédent. . 0.10

95. En supposant le *transport* par bateau à une distance moyenne de six kilomètres, le mètre cube de ces libages, tout compris, reviendra à. . . . . . . . . . . . . . 9.30

96. *Transport* par voiture des moellons et libages pour enrochement :

Les pierres des carrières de Klein-Kembs et du Sponeck à employer vers la rive gauche du Rhin seront transportées par voitures vers les points où les transports par bateaux seraient trop dispendieux ; ainsi les libages du Petit Kembs pourront être transportés par voiture sur la rive gauche jusque vis-à-vis d'Istein à 6kil..50, et ceux du Sponeck jusqu'au delà de Kuenheim à 8 kilomètres. Avant ces points, les moellons seront pris à l'amont et transportés par bateaux jusqu'aux ateliers.

Charge sur les voitures :

0.12 de journée de manœuvre à 1f.705. . . . . . . . . . . . 0.205

Décharge, 0.08 de journée à 1f.705. . . . . . . . . . . . 0.136

Transport par voiture à un kilomètre.

Une voiture à trois colliers avec son conducteur payée 10f.230, chargeant un mètre cube de moellons et libages, et parcourant dans la journée 36.000 mètres : le temps employé à la charge et à la décharge équivalant à celui que cette voiture emploirait à parcourir 2,000 mètres, on aura, pour le transport d'un mètre cube de libages au premier kilomètre représenté par un neuvième de journée . . . . . . . . . . . . . . 1.135

Total. . . . . . . . . . . 1.476

97. *Transport* pour chaque kilomètre en sus. . . . . . . . . . 0.567

98. Mètre cube de *moellons* et *libages* des carrières du Sponeck à employer en enrochement, depuis la limite des départemens des Haut et Bas-Rhin jusqu'au pont de Kehl :

Indemnité de carrière. . . . . . . . . . . . . . . . 0.136

Découverte, etc. . . . . . . . . . . . . . . . . 0.114

Extraction aux carrières. . . . . . . . . . . . . . 1.534

Droits de sortie du pays de Bade. . . . . . . . . . . . 0.055

Charge dans les bateaux :

Douze manœuvres aidés par les bateliers, et payés ensemble 20f.460, chargeront 80 mètres dans la journée, ci pour un. . . 0.256

Décharge et transport au tas, à 20 mètres de distance moyenne de la rive :

Seize manœuvres payés 27f.280, aidés par les bateliers, en déchargeront 80 mètres cubes dans la journée, ci pour un. . . 0.341

Transport par bateau :

Un bateau avec ses agrès, loué 3f.410 (n°. 19 *a*). . 3.410

Monté par 5 bons bateliers, à 3f.410 l'un. . . . . . . 17.050

Total. . . . . . . . . 20.460

Cet équipage, portant 20 mètres cubes, emploira 0.50 de journée pour la charge et la décharge, 8 minutes pour descendre un kilomètre, 25 minutes pour les remonter, et 7 minutes de temps perdu à chaque voyage : la journée étant comptée à huit heures de travail effectif, le transport d'un mètre cube au premier kilomètre reviendra à. . . . . . . . . . . . . . . 0.597

Enmétrage par tas réguliers, un sixième de journée à 1f.705. 0.284

*Echouage.* Un bateau ponté, loué. . . . . . . . . . . 1,137

Deux bateliers pour la manœuvre, à 2f.841 l'un. . . 5.682

Quatre manœuvres, à 1f.705 l'un. . . . . . . . . . . 6.820

Total. . . . . . . . . 13.639

Cet équipage échouera, terme moyen, y compris le bardage et arrangement sur le talus de la berge, 24 mètres cubes, ci pour un. . . . . . . . . . . . . . . . . . . 0,568

Total . . . . . . . . . . . 3.885

99. *Transport* pour chaque kilomètre au delà du premier. 0.07

100. En supposant que les libages seront transportés à une distance moyenne de 30 kilomètres, le mètre cube reviendrait à. . . . . . . . . . . . . . . . . . . 5.92

101. Mètre cube de *moellons* et *libages* situés aux environs de Wolxheim, à employer pour enrochement, depuis le pont de Kehl jusqu'à Drusenheim. fr.

Indemnité de la carrière. . . . . . . . . . . . . . . 0.341

Extraction d'un mètre cube, y compris la découverte. . . . 1.360

Transport par voiture, depuis la carrière jusqu'au bord du canal de la Brusche, prix ordinaire. . . . . . . . . . . 1.025

Indemnité pour le dépôt à la tête du canal. . . . . . . . . 0.114

Charge et décharge des bateaux, comme au sous-détail n°. 97. 0.597

Transport par bateau, depuis la tête du canal jusqu'au petit pont du Rhin :

Un bateau avec ses agrès, loué 3f.410, ci. . . . . . . 3.410

Trois bateliers, à 3f.410 l'un. . . . . . . . . . . 10.230

Total. . . . . . . . . 13.640

Cet équipage emploira pour la charge et décharge, pour descendre le canal de la Brusche et traverser la ville de Strasbourg par le canal du Rhin jusqu'au petit pont sur le bras Mabile, et remonter les bateaux à vide quatre jours ; ce qui fait revenir le mètre cube à. . . . . . . . . . . . . . . 2.728

Enmétrage et échouage, comme au susdit détail n°. 97. . . 0.852

Total. . . . . . . . . . . . . 7.017

*Nota.* Les transports depuis ce point en descendant le Rhin, seront comptés pour chaque kilomètre d'après le sous-détail n°. 98. . . . . . . . . . . . . . . . . . . . . . 0.07

102. *Transport* du mètre cube de *libages* en remontant le Rhin, soit pour doubler l'île des Epis, soit jusqu'à 7 kilomètres à l'amont du pont de Kehl. Au delà de ce point les moellons seront pris du Sponeck :

Un bateau avec ses agrès, portant 20 mètres cubes, loué. . 3.410

Quatre bateliers à 3f.410 l'un. . . . . . . . . . . . . 13.640

Six bateliers à 2f.841 l'un. . . . . . . . . . . . . . 17.046

Total. . . . . . . . . . . . 34.096

Cet équipage mettra trente-cinq minutes pour remonter un kilomètre, huit minutes pour le descendre, et huit minutes de temps perdu à chaque voyage ; la journée étant comptée à huit heures de travail effectif, le transport d'un mètre cube au premier kilomètre reviendra à. . . . . . . . . . . . . 0.18

103. Pour chaque *kilomètre* en sus. . . . . . . . . . . . . 0.15

104. Mètre cube de *libages*, en supposant qu'ils seront transportés depuis Wolxheim par les canaux de la Brusche et du Rhin jusqu'au bras Mabile, et qu'ils remonteront le Rhin pour doubler l'île des Epis à une distance réduite de 3 kilomètres, et qu'ensuite ils descendront le Rhin à une distance moyenne de 4 kilomètres :

Porté en compte à. . . . . . . . . . . . . . . . . . . 7.078

105. Mètre cube de *libages* transporté depuis la tête du canal de la Brusche jusqu'à l'embouchure de la rivière d'Ill, près du Koelberkopf, au delà de la Wantzenau, vis-à-vis Kilstett.

Indemnités, extraction, transport par voiture, charge et décharge dans les bateaux, enmétrage et échouage, comme au sous-détail n°. 100. . . . . . . . . . . . . . . . . . . 4.289

Le même équipage, portant 20 mètres cubes comme ci-dessus et payé 13f.640 par jour, emploira cinq jours et un quart pour la charge et décharge, descendra le canal de la Brusche et la rivière d'Ill jusqu'à son embouchure au Koelberkopf, et remontera les bateaux à vide ; le mètre cube reviendra à. . . . . 3.580

Total. . . . . . . . . . . . 7.869

' Pour les distances en sus en descendant le Rhin, on comptera pour chaque kilomètre, d'après le sous-détail n°. 98. . . . 0.07

106. Mètre cube de *libages* de Wolxheim :

En supposant que la distance moyenne au delà du Koelberkopf soit de 4 kilomètres, le mètre cube reviendra à. . . . . . 8.15

107. *Moellons* et *libages* des carrières badoises de la Houpe et de Bade à employer en enrochement, depuis Drusenheim jusqu'à la fin du département du Bas-Rhin, vis-à-vis Lauterbourg :

Pour l'enrochement de cette portion du Rhin on établira trois points de chargement ou carrières artificielles : 1°. à Greffern, vis-à-vis Drusenheim ; 2°. au bas de Stollhoffen, vis-à-vis Fort-Louis ; et 3°. à Iffertheim, vis-à-vis Neuhaeusel :

### *Premier point de chargement à Greffern.*

108. Mètre cube de *libages* rendu à Greffern, rive droite, et transporté par bateau en descendant le Rhin à un kilomètre :

Indemnité de carrière. . . . . . . . . . . . . . . . . 0.176

Découverte et extraction par mètre cube. . . . . . . . . . 1.648

Droits de barrière et de sortie du pays de Bade. . . . . . . 0.398

Charge sur les voitures et transport, depuis la carrière jusqu'au Rhin, près de Greffern, à une distance d'environ 18 kilomètres . . . . . . . . . . . . . . . . . . . 4.376

Charge sur les bateaux, transport en descendant le Rhin, à 1 kilomètre, et décharge sur la rive française comme au sous-détail n°. 97. . . . . . . . . . . . . . . . . . . . 1.193

Enmétrage et échouage, comme au même sous-détail. . . . . 0.852

Total. . . . . . . . . . . . 8.643

*Nota.* On comptera pour chaque kilomètre de transport par bateau en sus, d'après les bases du sous-détail n°. 98. . . . . . 0.07

## *Deuxième point de chargement au bas de Stollhoffen.*

109. Mètre cube de *libages* rendu au bas de Stollhoffen, sur le bord du Rhin, et transporté par bateau en descendant le Rhin à 1 kilomètre :

| | fr. |
|---|---|
| Indemnité de carrière, extraction, droits de sortie, de barrière, comme ci-dessus | 2.222 |
| Charge sur les voitures, et transport depuis la carrière jusqu'au bord du Rhin, au bas de Stollhoffen, à une distance d'environ 13 kilomètres | 3.296 |
| Charge sur les bateaux, transport en descendant le Rhin à 1 kilomètre, décharge, enmétrage et échouage, comme ci-dessus | 2.045 |
| Total | 7.563 |

*Nota.* Et pour chaque *kilomètre* en sus, comme au sous-détail n°. 98. . . . 0.07

## *Troisième point de chargement à Iffertsheim.*

110. Mètre cube de *libages* rendu à Iffertsheim, sur le bord du Rhin, et transporté par bateau à une distance de 1 kilomètre :

| | |
|---|---|
| Indemnité de carrière, extraction, droits de sortie et de barrière, comme ci-dessus | 2.222 |
| Charge sur les voitures et transport, depuis la carrière jusqu'au bord du Rhin, à Iffertsheim, à une distance d'environ 8 kilomètres | 2.222 |
| Charge sur les bateaux, transport en descendant le Rhin, à 1 kilomètre | 4.444 |
| Décharge, enmétrage et échouage, comme ci-dessus | 2.045 |
| Total | 6.489 |

*Nota.* Pour chaque *kilomètre* en sus, comme au sous-détail n°. 84. . . . 0.07

111. Le premier point de chargement ne servira que pour les enrochemens à faire depuis Drusenheim jusqu'à l'île de Fort-Louis; le transport par bateau n'excédera pas 7 kilomètres, et en supposant une distance moyenne de 4 kilomètres, le mètre cube reviendra à. . . . 8.85

112. Le deuxième point de *chargement* sera pour l'enrochement de Fort-Louis et de Neuhaeusel : la distance du transport par bateau n'excédera pas 8 kilomètres; le mètre cube de moellons, transporté à une distance moyenne de 4 kilomètres, reviendra à. . . . 7.77

113. Le troisième point de *chargement* le plus rapproché des carrières servira pour l'enrochement depuis la banlieue de Neuhaeusel jusqu'à la fin du département, et en supposant la distance moyenne du transport par bateau à 15 kilomètres, le mètre cube de moellons reviendra à. . . . 7.46

114. Mètre cube de *moellons* à échouer par bateau pour formation ou rechargement de seuils :

| | |
|---|---|
| Un bateau loué 1f.137 (n°. 26 *a*) | 1.137 |
| Monté par trois bateliers, dont un à 3f.410, et deux à 2f.841, ensemble | 9.092 |
| Total | 10.229 |

Cet équipage ne chargera que 2m.50 cubes par voyage, eu égard aux difficultés qu'il y a à manœuvrer à l'amont des seuils et aux dangers qu'il y aurait avec un chargement complet, et ne fera que cinq voyages, y compris le chargement, le transport et l'échouage, ci pour un mètre. . . . 0.818

## Note K.

### § 1er. *Prix des* CLAIES.

Il entre dans la composition d'une *claie*, savoir :

| | fr. | |
|---|---|---|
| 8 fascines à 21f.95 le cent, d'après les prix moyens du bordereau | 1.7560 | 2.8954 |
| 20 perches ordinaires à 4f.30 le cent *idem*, ci | 0.8600 | |
| 1 perche extraordinaire à 11f.98 le cent *idem* | 0.1198 | |
| 100 harts à 1f.596 le mille *idem* | 0.1596 | |
| Saucisson de 4 mètres. | | |
| 2 fascines à 21f.95 le cent *idem*, valent | 0.4390 | |
| 12 harts à 1f.596 le mille *idem* | 0.0192 | |
| Total pour 4 mètres | 0.4582 | |
| Et pour 3 mètres | | 0.3437 |
| Valeur des bois d'une *claie*, tout compris | | 3.2391 |
| Pose et façon *idem* (n°. 74) | | 5.1530 |
| Total | | 8.3921 |
| 7 mètres linéaires de saucisson à 0f.1146, comme précédemment | 0.8022 | 0.9766 |
| 12 piquets à 1f.453 le cent, ci | 0.1744 | |
| Total | | 9.3687 |
| 2 mètres cubes de gros gravier pour l'échouage à 1f.035, prix moyen du bordereau | | 2.0700 |
| Prix d'une *claie* échouée, tout compris | | 11.4387 |

### § 2. *Prix des* SAUCISSONS.

Le prix moyen d'un *saucisson* d'après les bases des sous-détails du bordereau précédent, doit être établi ainsi qu'il suit, savoir :

| | fr. |
|---|---|
| 7 fascines à 21f.95 le cent pour acquisition de bois, coupe et façon et transport, prix moyen | 1.5365 |
| 0.50 de botte de clayons *idem* à 14f.53 le cent *idem* | 0.0727 |
| 0m. c.60 de gros gravier *idem* à 1f.035 *idem* | 0.6210 |
| Façon du saucisson et échouage sur bateaux *idem* | 1.4000 |
| Prix du saucisson échoué isolément | 3.6302 |
| Ce qui fait revenir le mètre cube à | 1.6134 |

*Nota.* On s'était proposé d'échouer les *saucissons* isolément. Ils ont été échoués par système ; voici le détail du prix auquel ils sont revenus :

| | |
|---|---|
| Nous avons vu précédemment que le prix d'un *saucisson* échoué avec équipage ordinaire était de | 3.6302 |
| Retranchant la façon et l'échouage s'élevant à | 1.4000 |
| Reste pour le prix d'un *saucisson* | 2.2302 |
| 3 saucissons à 2f.2302 l'un, ci | 6.6906 |
| 3 perches extraordinaires à 0f.1198 l'une, prix moyen établi d'après les bases du bordereau général, ci | 0.3594 |
| 0.50 de botte de piquets *idem* à 0f.1453, *idem* | 0.0727 |
| 0.25 de botte de harts *idem* à 0f.1596, *idem* | 0.0399 |
| Façon échouage à 2f.10 l'un, pour 3, ci | 6.3000 |
| Prix d'un système de *saucissons* échoués | 13.4626 |

Quelle que soit la régularité de l'échouage, on arrivera à peu près au volume que le système occupe, en prenant la surface du trapèze qu'il forme et en la multipliant par 0m.80, diamètre maximum des *saucissons*, on aura alors pour cube 8m.80 ; ce qui fait revenir le mètre cube à . . . . 1.5298

### § 3. *Prix d'un* PANIER CONIQUE, n°. 83.

Un *panier conique* de cette espèce forme un cube effectif de 1m.07 ; échoué isolément laisse un tiers de vide, en sorte qu'on peut évaluer l'espace qu'il occupe à 1m.47.

Sa valeur doit être établie ainsi qu'il suit, savoir :

| | |
|---|---|
| Fourniture d'oseraies, façon, échouage, comme au sous-détail n°. 83 du bordereau | 1.8500 |
| 0m. c.50 de gravier à 1f.035, prix moyen *idem* | 0.5175 |
| 0.50 de botte de clayons *idem* à 14f.53 le cent, *idem* | 0.0727 |
| 2 piquets à 1f.453 le cent | 0.0291 |
| Prix d'un *panier conique* échoué isolément | 2.4693 |
| Ce qui fait revenir le mètre cube à | 1.678 |

### § 4. *Prix d'un système de* PANIERS CONIQUES *échoués*.

Un système de *paniers coniques* échoués, cubait 4m.10. Sa valeur doit être établie ainsi qu'il suit, savoir :

| | fr. | |
|---|---|---|
| Un panier conique échoué isolément, revient, ainsi que nous l'avons vu précédemment, à | 2.4693 | |
| A déduire l'échouage isolé et la valeur des deux piquets | 0.5236 | |
| Reste | 1.9457 | |
| 3 paniers coniques à ce prix de 1f.9457 valent | | 5.8371 |
| 0.50 de botte de piquets à 14f.53 le cent, prix du bordereau, valent | | 0.0727 |
| 0.25 de botte de harts à 15f.96 le cent *idem* | | 0.0399 |
| 3 perches extraordinaires à 11f.96 le cent valent | | 0.3588 |
| Échouage | | 5.5146 |
| Prix d'un système de paniers coniques échoués | | 11.8231 |
| Ce qui fait revenir le mètre cube à | | 2.8836 |

### § 5. *Paniers* PRISMATIQUES.

D'après les dimensions extérieures données au *panier* prismatique *rectangulaire* dont il s'agit, son volume étant de 2m.5344, le prix de ce panier doit être établi ainsi qu'il suit, savoir :

| | fr. |
|---|---|
| Fourniture d'oseraies, façon, échouage, d'après les prix des sous-détails du bordereau, ci | 5.0000 |
| 1m. c.20 de gros gravier à 1f.035 *idem*, ci | 1.2420 |
| 4 perches extraordinaires à 11f.98 le cent *idem* | 0.4792 |
| 1 botte de harts *idem* à 15f.96 le cent *idem* | 0.1596 |
| 1 botte de clayons *idem* à 14f.53 le cent *idem* | 0.1453 |
| Prix du panier échoué, tout compris | 7.0261 |
| Ce qui fait revenir le mètre cube à | 2.378 |

Le mètre cube de blocs de cette dimension pour l'échouage duquel il faudrait exécuter des manœuvres de force et effectuer un transport de 4 à 5 lieues, reviendrait à 70 francs.

Les *paniers prismatiques triangulaires* cubant hors-d'œuvre 1m. c.58 ont coûté tout échoués, savoir :

| | fr. |
|---|---|
| Oseraies, façon, échouage, comme au sous-détail n°. 84 du bordereau | 4.8000 |
| 3 perches extraordinaires à 11f.98 le cent | 0.3594 |
| 0.50 de botte de clayons à 15f.96 le cent *idem* | 0.0798 |
| 1 mètre cube de gros gravier à 1f.035 *idem* | 1.0350 |
| Prix d'un panier échoué | 6.2742 |

Le prix du mètre cube est donc de . . . . 3 fr. 97 c.

§ 6. *Prix du mètre cube d'*Enrochemens *mixtes.*

D'après le profil moyen représenté par la Pl. LXVI, *fig.* 3, le prix du mètre linéaire d'*enrochement mixte* doit être établi ainsi qu'il suit :

| | fr. c. |
|---|---|
| 17$^{m.c.}$.56 d'enrochement en saucissons à 1$^{f}$.61 le mètre, tout compris | 28 27 |
| 3$^{m.c.}$.00 de paniers prismatiques quadrangulaires à 2$^{f}$.38 le mètre | 7 14 |
| 9$^{m.c.}$.50 de libages pour enrochemens et perrés à 8$^{f}$.02, prix moyen | 76 19 |
| 12$^{m.c.}$.96 de déblais à 0$^{f}$.30 l'un | 3 89 |
| 7.78 mètres superficiels de perrés pour façon seulement à 0.60, ci | 4 67 |
| Total | 120 16 |
| 0$^{f}$.05 pour premier entretien | 6 01 |
| Total | 126 17 |

Ce prix est établi dans l'hypothèse que la berge a le talus *bc*. Si elle était à pic, ou suivant *b'c'*, le volume du massif *d* augmenterait de 9 mètres cubes, et le déblai de cette berge de 3.24 ; alors le prix précédent s'élèverait à 142$^{f}$.40, et la différence entre ce prix et celui du mètre linéaire d'épi de bordage serait de 39 francs. L'avantage de l'enrochement mixte, sous le rapport de la dépense, serait encore de 21 pour cent.

Pour *l'enrochement mixte* exécuté sur 600 mètres de développement de rive concave de la coupure du Lobstein-Woerth, le mètre linéaire n'est revenu qu'à 75 francs.

Dans le cas de l'enrochement tout en pierres, la dépense du mètre linéaire devrait être établie, ainsi qu'il suit :

| | fr. c. | |
|---|---|---|
| 30$^{m.c.}$.06 de moellons et libages à 8$^{f}$.02 le mètre | | 241 08 |
| 12$^{m.c.}$.96 de déblais à 0$^{f}$.30 l'un | | 3 89 |
| 7.78 mètres superficiels de perré, pour façon, à 0$^{f}$.60 | | 4 67 |
| Total | | 249 64 |
| Premier entretien, 0$^{f}$.05 | | 12 48 |
| Total de la dépense | 262 12 | 262 12 |
| Celle de l'enrochement mixte étant de | 126 17 | |
| La différence en plus est de | 135 95 | |

§. 7. *Prix du mètre cube de* Tunages *ordinaires.*

Détail pour cent mètres cubes de *tunages ordinaires* :

| | |
|---|---|
| 350 fascines à 21$^{f}$.59 le cent pour acquisition de bois, coupe, façon et transport | 76.825 |
| 70 bottes de piquets à 14$^{f}$.53 le cent *idem* | 10.171 |
| 70 bottes de clayons à 14$^{f}$.53 le cent *idem* | 10.171 |
| 35 mètres cubes de gravier ordinaire à 0$^{f}$.92 | 32.200 |
| 350 fascines pour pose et façon des tunages à 4 fr. le cent | 14.000 |
| Total pour cent mètres | 143.367 |
| Et pour un mètre | 1$^{f}$.434 |

Note L. *Résumé des quantités* d'ouvrages exécutés *et des* dépenses faites *pour la construction des différens* Barrages sur le Rhin.

§ 1$^{er}$. Barrage a claies du Raukoff.

*Construction du seuil.*

| | fr. c. | fr. c. |
|---|---|---|
| 16 Pieux d'amarre, destinés à faciliter les manœuvres d'échouage pour mise en fiche, à 13 f. 50 c. | 216 00 | |
| 17$^{m.c.}$.22 de bois de sapin pour pieux, à 28 f. 70 c. | 494 21 | |
| 44 kil. de fer pour sabots, à 1 f. 10 c. | 44 00 | |
| 1,614 Saucissons de 0$^{m}$.80 de diamètre, échoués par système, à 2 f. 16 c. | 3,486 24 | |
| 143 *idem* échoués isolément, à 96 c., valent | 137 28 | |
| 700$^{m.c.}$ de Blocs de Pierres pour arrêter les saucissons, à 17 fr. | 11,900 00 | |
| 1,054$^{m.c.}$.20 de gros Gravier pour bourrer les saucissons, à 1 fr. | 1,054 20 | |
| 12,299 Fascines, pour coupe, façon et transport, à 17 fr. 19 c. le cent | 2,114 20 | |
| 880 Bottes de piquets, à 11 fr. 91 c. le cent | 104 81 | |
| 880 Bottes de clayons, à 11 fr. 38 c. le cent | 100 14 | |
| 150 Bottes de grosses perches, à 36 fr. le cent | 54 00 | |
| 100 Bottes de harts, à 13 fr. 30 c. le cent | 13 30 | |
| Total | 19,718 38 | |
| Rabais, 2 cent. par franc | 394 37 | |
| Reste pour le montant de la dépense | 19,324 01 | 19,324 01 |

*Acquisition des* bois *de fascinage.*

| | | |
|---|---|---|
| 12,299 Fascines de 4$^{m}$.50 de longueur, à 10 fr. le cent | 1,229 90 | |
| 880 Bottes de piquets de 1$^{m}$.50 de longueur et de 10 à la botte, à 7 fr. le cent | 61 60 | 1,355 50 |
| 880 Bottes de clayons de 4$^{m}$.50 de longueur et de 25 brins, à 5 f. le cent | 44 00 | |
| 150 Bottes de grosses perches, à 10 fr. le cent | 15 00 | |
| 100 Bottes de harts, à 5 fr. le cent | 5 00 | |
| *A reporter* | | 20,679 51 |

*Parties à* claies.

| | fr. | |
|---|---|---|
| *Report* | | 20,679 51 |
| 215$^{m.c.}$.42 de Bois de Sapin pour pieux pour la pose des claies et moisage de ces pieux, à 28 fr. 70 c. | 6,182 55 | |
| 215 Pieux mis en fiche, à 13 fr. 50 c. | 2,902 50 | |
| 625 Kil. de fer pour sabots, à 1 fr. 10 c. le kil. | 687 50 | |
| 110 Kil. de fer en broches, à 1 fr. 20 c. le kil. | 132 00 | |
| 281 Claies pour pose et façon, à 5 fr. la claie | 1,405 00 | |
| 1,042$^{m}$.30 de saucissons pour pose et façon, à 20 c. le mètre | 208 46 | |
| 1,792 Saucissons pour pose et façon, pour étanchement, à 42 c. | 752 64 | |
| 7,106 Petits paniers coniques bourrés en gravier, à 65 c. le panier | 4,618 90 | |
| 1,284$^{m.c.}$.05 de Moellons jetés à l'amont et à l'aval des claies, à 6 fr. 10 c. | 7,832 71 | |
| 2,389$^{m.c.}$ de Gros gravier pour pose des claies, à 1 fr. le mètre | 2,389 00 | |
| 8,000$^{m.c.}$ de Gravier ordinaire à divers prix, pour formation de talus à l'amont des claies | 5,600 00 | |
| 3,312 Fascines à 17 fr. 19 c. le cent, pour coupe, façon et transport | 569 33 | |
| 445 Bottes de perches à claies *idem*, à 24 f. 20 c. le cent | 107 69 | |
| 31 Bottes de grosses perches, à 36 fr. le cent | 11 16 | |
| 821 Bottes de harts *idem*, à 13 fr. 30 c. le cent | 109 19 | |
| 821 Bottes de piquets *idem*, à 11 fr. 91 c. le cent | 97 78 | |
| Total | 33,606 41 | |
| Rabais [illegible] cent. par franc | 672 13 | fr. |
| Reste pour le montant de la dépense | 32,934 28 | 32,934 28 |

*Acquisition des* bois *de fascinages.*

| | | |
|---|---|---|
| 3,312 Fascines, à 10 fr. le cent | 331 20 | |
| 445 Bottes de perches à claies, à 5 fr. le cent | 22 25 | |
| 31 Bottes de grosses perches, à 10 fr. le cent | 3 10 | 455 07 |
| 821 Bottes de harts, à 5 fr. le cent | 41 05 | |
| 821 Bottes de piquets, à 7 fr. le cent | 57 47 | |

*Établissement des* banquettes *et de la* partie supérieure *du barrage*, talus *d'amont.*

| | | |
|---|---|---|
| 42,979 mètres cubes de Tunages ordinaires, à 15 c. l'un, pour pose | 6,446 85 | |
| 134,410 Fascines à 17 fr. 19 c. le cent, pour coupe, façon et transports | 23,105 08 | |
| 27,019 Bottes de piquets *idem*, à 11 f. 91 c. le cent | 3,217 96 | |
| 19,335 Bottes de clayons *idem*, à 11 f. 38 c. le cent | 2,200 32 | |
| 2,836 Petites fascines, à 3 fr. 60 c. le cent | 102 10 | |
| 22,105$^{m.c.}$.04 de Gravier, pour rechargement des couches de tunages, à divers prix | 16,217 16 | |
| 7,376 Petits paniers coniques, à 65 c. le panier | 4,794 40 | |
| 1,876$^{m.c.}$.40 de Moellons pour la banquette d'aval, à 6 fr. 10 c. | 11,446 04 | |
| 10,410$^{m.c.}$.40 de Gravier pour talus d'amont, à divers prix | 7,501 03 | |
| 3,750$^{m.c.}$.08 de Terre graveleuse *idem* | 1,597 09 | |
| 363$^{m.c.}$.63 de Déblais pour enracinement des ouvrages dans les berges, à 30 c. | 109 09 | |
| 29 mètres de Clayonnages extraordinaires, à 0$^{f}$.04 l'un | 1 16 | |
| Total | 76,738 28 | |
| Rabais, 2 cent. par franc | 1,534 77 | |
| Reste pour le montant de la dépense | 75,203 51 | 75,203 51 |

*Acquisition des bois de fascinages.*

| | fr. c. | |
|---|---|---|
| 134,410 Fascines, à 10 fr. le cent | 13,441 00 | |
| 27,019 Bottes de piquets, à 7 fr. le cent | 1,891 33 | 16,440 88 |
| 19,335 Bottes de clayons, à 5 fr. le cent | 966 75 | |
| 2,836 petites Fascines, à 5 f. le cent | 141 80 | |
| Total général | | 145,713 25 |
| Dépenses faites par régie, pour construction de baraques destinées au logement de l'ingénieur et des conducteurs, gardes de nuit, cordages extraordinaires, secours aux veuves des ouvriers qui ont péri dans l'exécution des manœuvres | | 10,670 50 |
| Montant général de la dépense | | 156,383 75 |

§ 2. Barrage du Laemmerich-Giesen.

*Construction du* seuil *d'aval ou* radier général.

| | fr. c. |
|---|---|
| 21 Pieux d'amarre en bois de sapin cubant 17$^{m}$.63, compris battage à 4$^{m}$.00 de fiche | 672 23 |
| 1,643 Paniers prismatiques rectangulaires de 2 mètres sur 1 mètre | 7,107 00 |
| 185 *idem* de 3 mètres sur 1 mètre | 1,313 00 |
| 557 *idem* de 2 mètres sur 2 mètres *idem* | 4,865 85 |
| 258 Paniers coniques de 3 mètres de longueur, 0$^{m}$.70 de diamètre échoués par système et isolément | 980 40 |
| 8,792 Paniers coniques de 1$^{m}$.30 de longueur, et 0$^{m}$.35 de diamètre | 5,046 16 |
| *A reporter* | 19,984 64 |

| | fr. c. | fr. c. |
|---|---|---|
| *Report* . . . . . . . | 19,984 64 | » » |
| 1,350 Saucissons de 4 mètres de longueur, et $0^{m}.80$ de diamètre, bourrés en gros gravier et échoués par système. . . . . | 1,607 04 | |
| 1,000 Saucissons *idem* échoués isolément. . . . | 1,440 00 | |
| $452^{m.c.}.71$ de Moellons échoués sur la surface du seuil. . . . . . . . . . . . . . . . . . | 3,771 95 | |
| $4,359^{m.c.}.95$ de Gros gravier pour le remplissage des paniers et des saucissons. . . . . . . | 6,463 90 | |
| 16,450 Fascines de $4^{m}.50$ de longueur, à 13 f. 72 c. le cent, pour coupe, façon et transport. | 2,256 94 | |
| 7,350 Bottes de piquets, à 10 fr. 29 c. le cent. | 756 32 | |
| 8,005 Bottes de clayons *idem*, à 9 f. 89 c. le cent. | 791 69 | |
| 772 Bottes de grosses perches pour les paniers et saucissons, à 34 f. 61 c. le cent. . . . | 267 19 | |
| 1,695 Bottes de harts, à 15 fr. 69 c. le cent . . . | 265 95 | |
| Total. . . . . . . . . . . . . . | 37,605 62 | |
| Rabais de l'adjudication, $0^{f}.06$ par franc. | 2,256 34 | |
| Reste. . . . . . . | 35,349 28 | 35,349 28 |

*Acquisition des* bois *de fascinages*. Mêmes prix qu'au § 1er. 2,721 70

*Construction du* MASSIF PRINCIPAL *du barrage à l'amont du* RADIER GÉNÉRAL, *et raccordement avec la grande* DIGUE D'INONDATION.

| | fr. c. | fr. c. |
|---|---|---|
| $1,419^{m.c.}.79$ de Déblais . . . . . . . . . . . . . . . | 425 94 | |
| $63^{m.c.}.181$ de Tunages ordinaires, pose et façon . . . . . . . . . . . . . . . . . . . . | 9,477 21 | |
| 1,017 mètres linéaires de Clayonnages extraordinaires, arrêtés par 2,287 piquets posés en chevalets. . . . . . . . . . . . . . . . | 54 40 | |
| 4,300 mètres cubes de Remblais pour digues de raccordement . . . . . . . . . . . . . . . | 2,820 84 | |
| $35,506^{m.c.}.21$ de Gravier ordinaire pour rechargement des couches de tunages . . . . . . | 28,987 05 | |
| 637 Saucissons de 4 mètres de longueur, $0^{m}.80$ de diamètre, et bourrés en gros gravier . . . . . . . . . . . . . . . . . | 917 28 | |
| 562 mètres cubes de Gros gravier pour le remplissage des saucissons et paniers. . . . | 893 00 | |
| 147 Paniers prismatiques rectangulaires de 2 mètres sur 1 mètre. . . . . . . . . . . | 463 05 | |
| $10,841^{m.c.}.39$ de Gravier et terre pour formation de talus à l'amont . . . . . . . . . . . . | 9,335 22 | |
| $881^{m.c.}.43$ de Déblais pour coupure, suivant le nouveau lit du Rhin. . . . . . . . . . . | 370 20 | |
| 191,431 Fascines, à 13 fr. 72 c. le cent, pour coupe, façon et transport. . . . . . . . . | 26,264 33 | |
| 41,859 Bottes de piquets à 10 fr. 29 c. le cent *idem*. . . . . . . . . . . . . . . . . . . . | 4,307 29 | |
| 45,091 Bottes de clayons, à 9 fr. 29 le cent *idem*. . | 4,459 50 | |
| Total. . . . . . . . . . . . . | 88,775 31 | |
| Rabais de l'adjudication 0 f. 06 par franc. | 5,326 52 | |
| Reste. . . . . . . . . . . . | 83,448 79 | 83,448 79 |

*Acquisition des* bois *de fascinages*. Mêmes prix qu'au § 1er. 24,327 78

Dépenses faites par régie, pour construction de baraques, pour le logement de l'ingénieur et des conducteurs, gardes de nuit, sondages extraordinaires, etc. . . . . . . . . . 7,007 41

Montant général de la dépense. . . . . . . . . . . 152,854 96

## § 3. Barrage de Blauel-Sand.

| | fr. c. |
|---|---|
| 742 Saucissons de 4 mètres de longueur, $0^{m}.80$ de diamètre, échoués par système. . . . . . . . . . . . . . . | 1,602 72 |
| 293 Paniers prismatiques rectangulaires de 2 mètres. . . | 1,465 00 |
| 4,204 Petits paniers coniques de $1^{m}.30$. . . . . . . . . . . | 2,732 60 |
| $10,856^{m.c.}.71$ de Tunages ordinaires pour pose et façon. . . | 1,813 67 |
| $4,727^{m.c.}.10$ de Gravier pour rechargement des tunages ordinaires. . . . . . . . . . . . . . . . . . . . . . . | 4,305 08 |
| $1,097^{m.c.}.50$ de Gros gravier pour remplissage des paniers et saucissons. . . . . . . . . . . . . . . . . . . . . | 1,756 00 |
| $2,367^{m.c.}.40$ de Terre et Gravier pour talus à l'amont du barrage et des couches prolongées. . . . . . . . . . | 2,038 39 |
| 23 mètres cubes de déblais d'enracinement. . . . . . . . | 6 90 |
| 2,300 Piquets battus en chevalets pour le radier et les couches prolongées. . . . . . . . . . . . . . . . . . | 13 80 |
| 670 mètres de Clayonnages extraordinaires. . . . . . . . | 26 80 |
| Pour coupe, façon et transports des bois ci-après. . | 5,699 15 |
| 37,295 Fascines. | |
| 8,555 Bottes de piquets. | |
| 10,424 Bottes de clayons. | |
| 130 Bottes de grosses perches pour les paniers et les saucissons. | |
| 82 Bottes de harts *idem*. | |
| *Acquisition des* bois *de facinages*. Mêmes prix qu'au § 1er. | 4,870 75 |
| Ouvrages en régie pour gardes de nuit, cordages, etc. | 198 14 |
| Montant général de la dépense. . . . . . | 26,529 00 |

## § 4. Barrage du Schiff-Bruck-Grund.

| | fr. c. |
|---|---|
| 918 Saucissons de 4 mètres de longueur, $0^{m}.80$ de diamètre moyen, échoués par système. . . . . . . . . | 1,982 88 |
| 4,417 Petits paniers coniques de $1^{m}.30$ de longueur, bourrés en gravier. . . . . . . . . . . . . . . . . . . . . . . | 2,871 05 |
| $514^{m.c.}.50$ de Gros gravier pour le remplissage des saucissons. . . . . . . . . . . . . . . . . . . . . . . . . | 514 50 |
| 3 Pieux d'amarre pour les manœuvres d'échouage, tout compris. . . . . . . . . . . . . . . . . . . . . . . . | 106 13 |
| $17,641^{m.c.}.06$ de Tunages ordinaires pour pose et façon seulement. . . . . . . . . . . . . . . . . . . . . . . . | 2,446 16 |
| $10,058^{m.c.}.74$ de Gravier pour rechargement des couches de tunages ordinaires. . . . . . . . . . . . . . . . . | 7,230 31 |
| $8,772^{m.c.}.64$ de Terre et Gravier pour formation de talus à l'amont afin d'étancher les filtrations. . . . . . . . | 5,129 96 |
| 26,000 Boutures de saule pour plantation des surfaces supérieures du barrage. . . . . . . . . . . . . . . . . . | 40 00 |
| 864 mètres de Clayonnages extraordinaires, pour le radier de chute. . . . . . . . . . . . . . . . . . . . . . | 34 86 |
| Pour coupe, façon et transports des bois ci-après. . | 10,982 39 |
| 53,547 Fascines. | |
| 12,366 Bottes de piquets. | |
| 12,274 Bottes de clayons. | |
| 262 Bottes de grosses perches pour l'assemblage des saucissons échoués par système. | |
| 100 Bottes de harts pour fixer les perches sur les saucissons. | |
| Total. . . . . . . . . . . . . . . | 31,338 24 |
| A déduire le rabais de l'adjudication. . . . . . . . | 1,566 91 |
| Reste. . . . . . . . . . . . . . | 29,771 33 |
| *Acquisition des* bois *de fascinages*. Mêmes prix qu'au § 1er. | 6,865 22 |
| Pour les travaux par régie, sondages, gardes de nuit, etc. | 1,182 53 |
| Montant général de la dépense. . . . . . . | 37,819 08 |

## Note Y. *Des Bois de Fascinages.*

L'hectare d'île du Rhin vaut, terme moyen, 350 fr.

On peut y exploiter tous les quatre ans, savoir : 2,000 *fascines*, 300 *bottes de piquets* et 300 *bottes de clayons*.

Les bois de facinages sont aussi fréquemment exploités dans les forêts riveraines du fleuve qui sont situées dans un rayon de 5 kilomètres à partir des berges ; l'hectare de ces forêts vaut, terme moyen, 550 fr. On peut y couper tous les quatre à cinq ans, savoir : 1,500 *fascines*, 225 *bottes de piquets* et 225 *bottes de clayons*.

Ces données ont été obtenues par différens arpentages de coupes que nous avons fait faire ; elles sont la moyenne de ces observations.

## Note Z. *Du volume d'eau écoulé par la section du Rhin vis-à-vis Kehl.*

D'après les observations faites au rhénomètre de Kehl, depuis 1806, c'est l'année 1824 qui est la plus remarquable pour les grandes crues ; elle est en même temps celle où le Rhin a débité le plus d'eau ; au contraire, 183[illegible] a été l'année où le fleuve a été constamment le plus bas et où il a débité le moindre volume d'eau. Si l'on représente par 100 le volume d'eau écoulé dans cette année, celui de 1824 sera à très-peu de chose près exprimé par 300 : le même rapport se retrouve pour les années 1816 et 1823.

## Note ZZ. *Enrochemens mixtes.*

Le massif des *enrochemens mixtes* faits en saucissons et paniers, malgré les soins qu'on apporte à son exécution, présente souvent des vides assez prononcés dans lesquels les libages de revêtement peuvent entrer en pure perte. Nous avons pensé qu'on pouvait prévenir ces effets, en ne portant point d'abord ce massif à l'épaisseur qu'il devait avoir pour ensuite le terminer par des paniers de nouvelle forme, ayant $4^{m}.00$ de longueur, $3^{m}.00$ de largeur et $0^{m}.60$ d'épaisseur. Les paniers, selon la largeur de la surface extérieure de l'enrochement, étaient ouverts latéralement, soit suivant leur longueur, soit suivant leur largeur.

Pour mettre un panier en place, par l'échouage, il devait être conduit flottant sur le fleuve jusqu'au-dessus de la position qu'il devait occuper vers les Berges, et maintenu au large : 1°. par une première corde qui l'aurait entouré ; après avoir été attachée à ses extrémités, à deux forts piquets enfoncés près des rives ; cette corde, devant passer dans trois anneaux, en osiers fixés aux parois latérales du panier, pouvait être retirée en lâchant un de ses bouts ; 2°. par deux autres cordages doubles aussi passés dans deux des anneaux et attachés au bateau ayant servi à conduire le panier en position, ces cordages étant de même retirés par la disposition donnée, au moment de l'immersion du panier ; l'effet du courant sur la surface du panier exposée au choc de l'eau, en supposant une vitesse de $2^{m}.00$ par seconde, n'étant que de 494 kilogrammes, de simples cordelles suffiraient pour y résister.

Le panier présentant le côté ouvert, dans le sens de la berge, on pouvait y jeter une certaine quantité de gravier pour déterminer son immersion qui devait être dirigée par l'effet des cordages disposés comme il a été précédemment indiqué. Arrivé sur le talus du premier massif de l'enrochement, on terminait le remplissage du panier soit directement au jet de pelle, soit en se servant d'un *faux panier* ouvert par les deux bouts.

Un second panier pouvait ensuite être échoué à côté du premier et rempli de même, sauf à compléter le système dans le sens de la hauteur du talus, pour arriver à la surface de l'eau, au moyen de paniers de moindres dimensions, ou en opérant l'échouage des mêmes paniers en mettant le long côté parallèle à la berge; par ce moyen on pouvait donc arriver à couvrir les vides du massif primitif de l'enrochement, et présenter une surface assez régulière pour terminer le travail par le revêtement en libage, sans perte de pierres.

Un panier échoué pouvant revenir, tout compris, à 20 fr., et cubant 7m.20 le même volume d'enrochement en saucissons aurait coûté 11fr.59, différence en plus de 8fr.41, ce qui représenterait, terme moyen, un peu plus d'un mètre cube de libages; il faudrait donc, pour qu'il n'y eût pas d'avantage à faire usage de ces paniers, que, lors de l'emploi des libages de revêtement des talus, il n'y eût pas le septième de leur volume employé en pure perte par les vides du massif en saucisson : nous avons été à même de remarquer que très-souvent ces vides étaient plus considérables, sans qu'on puisse les boucher avec des petits paniers coniques. Nous sommes donc portés à conclure que ce *nouveau genre de paniers* peut être fréquemment employé avec avantage dans l'exécution des enrochemens mixtes, surtout lorsque la profondeur de l'eau au pied de la berge à défendre ne dépassera pas 5 mètres au-dessous de l'état moyen du fleuve.

*TABLEAU indiquant les Pesanteurs Spécifiques des différens Matériaux employés à l'exécution des travaux du Rhin, ainsi que le poids qui détermine l'immersion de ceux qui, étant combinés entre eux, sont destinés à former Masse, pour résister au choc des courans.*

| INDICATIONS. | POIDS dans l'air. | VOLUME d'eau déplacé lors de l'immersion complète. | POIDS dans l'eau. | PESANTEUR spécifique ; celle de l'eau étant prise pour unité. | *OBSERVATIONS.* |
|---|---|---|---|---|---|
| | kilog. | mèt. | kilog. | kilog. | |
| Fascines ordinaires de 4m.50 | 21.40 | 0.024 | » | 0.8910 | (a) Il y a 0m.33 cube qui pénètrent les vides laissés entre chaque gravier, qui compose le mètre cube. |
| Botte de 10 piquets ordinaires à 1m.30 | 11.60 | 0.0121 | » | 0.9600 | |
| Botte de clayon à 25 brins de 4m.50 | 17.20 | 0.020 | » | 0.8600 | |
| Mètre cube de gros gravier rassemblé au râteau | 1,734.00 | 0.67 (a) | » | 2.5880 | |
| *Id.* de gravier ordinaire | 2,000.00 | 0.78 (b) | » | 2.5640 | (b) Il n'y a ici que 0m.22 de vide à cause du sable mêlé de gravier. |
| Panier vide de forme prismatique rectangulaire, de 2m.00 de longueur | 210.00 | 0.237 | » | 0.8860 | |
| *Id.* rempli en gros gravier | 2,290.80 | 1.041 | 1,249.80 | 2.2000 | (c) L'emploi du gravier ordinaire mêlé de sable semble présenter un avantage sur celui du gros gravier; mais cet avantage disparaît lorsque le panier se trouve plongé dans l'eau courante, qui ne tarde pas à entraîner la plus grande partie du sable, qui établissait cet avantage. L'emploi du gros gravier sans sable est préférable dans toute circonstance. |
| *Id.* rempli en gravier ordinaire | 2,610.00 | 1.173 | 1,437.00 | 2.2250 (c) | |
| Panier vide de forme prismatique triangulaire ayant 2m.16 de longueur sur 1m.12 de hautenr | 144.00 | 0.180 | » | 0.8000 | |
| *Id.* rempli en gros gravier | 1,877.00 | 0.860 | 1,017.00 | 2.1826 | |
| *Id.* en gravier ordinaire | 2.144.00 | 0.966 | 1,178.00 | 2.2195 (d) | |
| Panier vide de forme conique de 2m.50 de longueur, et 0m.70 de diamètre | 96.00 | 0.104 | » | 0.9230 | (d) Même observation que pour les paniers prismatiques rectangulaires. |
| *Id.* rempli en gros gravier | 963.00 | 0.439 | 524.00 | 2.1936 | |
| *Id.* rempli en gravier ordinaire | 1,096.00 | 0.494 | 602.00 | 2.2186 (e) | (e) *Idem.* |
| Panier vide de forme conique, de 2m.50 de longueur, sur 0m.60 de diamètre | 66.00 | 0.074 | » | 0.8920 | |
| *Id.* rempli en gros gravier | 759.60 | 0.342 | 417.60 | 2.2210 | |
| *Id.* rempli en gravier ordinaire | 886.00 | 0.386 | 480.00 | 2.2435 (g) | |
| Petits paniers coniques, de 1m.30 sur 0m.35 de diamètre | 23.00 | 0.027 | » | 0.8520 | |
| *Id.* rempli en gros gravier | 196.00 | 0.094 | 101.00 | 2.0890 | (g) *Idem.* |
| *Id.* rempli en gravier ordinaire | 223.00 | 0.105 | 118.00 | 2.1238 | |
| Saucisson de 4m.00 de longueur, 0m.80 de diamètre, bourré de 0m.60 de gros gravier | 1,198.80 | 0.571 | 627.80 | 2.0994 | (h) *Idem.* |
| *Id* en gravier ordinaire | 1,358.40 | 0.637 | 721.40 | 2.1320 (h) | |
| Tunages ordinaires | 795.10 | 0.370 | 425.10 | 2.1489 | |
| Libages | 2.245.00 | 1.000 | 1,245.00 | 2.2450 | |

*Résumé du tableau précédent.*

| | |
|---|---|
| Pesanteur spécifique de l'eau | 1.0000 |
| Petits paniers coniques remplis en gros gravier | 2.0890 |
| Saucissons de 4 mètres de longueur *idem* | 2.0994 |
| Petits paniers remplis en gravier ordinaire | 2.1238 |
| Saucissons de 4 mètres bourrés en gravier ordinaire | 2.1320 |
| Tunages ordinaires | 2.1489 |
| Panier de forme prismatique triangulaire remplis en gros gravier | 2.1826 |
| Grands paniers coniques de 2m.50 de longueur, sur 0m.70 de diamètre *idem* | 2.1936 |
| Paniers de forme prismatique rectangulaire *idem* | 2.2000 |
| Paniers coniques remplis en gravier ordinaire | 2.2186 |
| Paniers de forme prismatique triangulaire, *idem* | 2.2195 |
| Grands paniers de forme conique de 0m 60 de diamètre, remplis en gros gravier | 2.2210 |
| Paniers de forme prismatique rectangulaire, remplis en gravier ordinaire | 2.2250 |
| Grands paniers coniques de 0m.60 de diamètre, remplis en gravier ordinaire | 2.2435 |
| Libages | 2.2450 |

D'où l'on voit que la pesanteur spécifique des matériaux, qui résultent de la combinaison des bois et gravier que le fleuve produit, ne diffère pas sensiblement de celle du libage, et qu'elle est toujours plus du double de celle de l'eau.

FIN.

TABLEAU N°. 1er.

## PENTES DU RHIN *entre Bâle et la limite de la France vers la Bavière.*

| LIEUX D'OBSERVATIONS entre BALE ET NEUBOURG. | LONGUEURS développées du thalweg. Partielles. | LONGUEURS développées du thalweg. Totales. | RELATIONS des zéros des Rhénomètres. | COTES des plus basses eaux. | COTES des eaux moyennes. | COTES des plus hautes eaux. | DIFFÉRENCES entre les hautes et basses eaux. | PENTES des plus basses eaux. Pentes partielles. | PENTES des plus basses eaux. Pentes totales. | PENTES des eaux moyennes. Pentes partielles. | PENTES des eaux moyennes. Pentes totales. | PENTES des plus hautes eaux. Pentes partielles. | PENTES des plus hautes eaux. Pentes totales. | PENTES PAR MÈTRE, aux plus basses eaux. Pentes Partielles. | PENTES PAR MÈTRE, aux plus basses eaux. Pentes moyennes. | PENTES PAR MÈTRE, aux eaux moyennes. Pentes partielles. | PENTES PAR MÈTRE, aux eaux moyennes. Pentes moyennes. | PENTES PAR MÈTRE, aux plus hautes eaux. Pentes partielles. | PENTES PAR MÈTRE, aux plus hautes eaux. Pentes moyennes. |
|---|---|---|---|---|---|---|---|---|---|---|---|---|---|---|---|---|---|---|---|
| Jambage de la porte de ville du Petit-Bâle (rive droite), où se trouvent gravés les repères des différentes crues du fleuve. . . . . . . . . | • | | • | mèt. 38.283 | mèt. 35.927 | mèt. 31.550 | mèt. 6.733 | | | | | | | | | | | | |
| Rhénomètre du pont de Bâle (culée gauche). . . | mèt. 400 | mèt. 2,280 | mèt. 38.430 | 38.430 | 36.170 | 32.020 | 6.41 | mèt. 0.147 . . . . | mèt. 2.282 | mèt. 0.243 . . . . | mèt. 1.999 | mèt. 0.470 . . . . | mèt. 2.825 | mèt. 0.000,367,500 . . . . | mèt. 0.001,000,877 | mèt. 0.000,607,500 . . . . | mèt. 0.008,767,000 | mèt. 0.001,175,000 . . . . | mèt. 0.001,239,000 |
| Limite de la frontière entre la France et le canton de Bâle. . . . . . . . . . . . . . . . . | 1,880 | | • | 40.565 | 37.926 | 34.375 | 6.19 | 2.135 | | 1.756 | | 2.355 | | 0.001,135,638 | | 0.000 934,043 | | 0.001,252,659 | |
| Vis-à-vis l'écluse de prise d'eau du canal du Rhin au Rhône, à Huningue. . . . . . . . . . | 1,340 | | 42.617 | 41.757 | 38.751 | 35.177 | 6.58 | 1.192 | | 0.825 | | 0.802 | | 0.000,889,552 | | 0.000,615,672 | | 0.000,598,507 | |
| Emplacement du pont de bateaux, vis-à-vis Huningue . . . . . . . . . . . . . . . . | 420 | | • | 42.397 | 39.117 | 35.317 | 7.08 | 0.640 | | 0.366 | | 0.140 | | 0.001,523,810 | | 0.000,871,429 | | 0.000,333,333 | |
| Vis-à-vis Schalampé. . . . . . . . . . . . . . . | 30,854 | | 69.761 | 69.761 | 68.861 | 65.961 | 3.80 | 28.296 | | 27.756 | | 26.026 | | 0.000,886,887 | | 0 000,964,024 | | 0.000,993,194 | |
| Rhénomètre du Vieux-Brisack sur la rive droite. . | 30,556 | | 98.057 | 98.057 | 96.617 | 91.987 | 6.07 | 27.364 . . . . | | 29.744 . . . . | | 30.644 . . . . | | 0,000,926,042 . . . . | | 0.000,908,364 . . . . | | 0.000,851,747 . . . . | |
| Rhénomètre du Sponeck après la limite des départemens des Haut et Bas-Rhin. . . . . . . | 13,230 | | 106.243 | 106.243 | 105.333 | 102.523 | 3.72 | 8.186 | | 8.716 | | 10.536 | | 0.000,618,745 | | 0.000,658,806 | | 0.000,796,372 | |
| *Idem* de Rhinau. . . . . . . . . . . . . . . . . | 28,510 | | 127.796 | 128.416 | 126.706 | 125.016 | 3.40 | 22.173 | | 21.373 | | 22.493 | | 0.000,777,727 | | 0.000,749,667 | | 0.000,788,951 | |
| *Idem* du pont de Kehl (rive gauche). . . . . . | 37,250 | 222,460 | 151.270 | 151.270 | 149.490 | 147.240 | 4.03 | 22.854 | 142.660 | 22.784 | 143.935 | 22.224 | 142.230 | 0.000,613,530 | 0.000,641,284 | 0.000,611,651 | 0.000,647,015 | 0.000,596,616 | 0.000,639,351 |
| *Idem* de Gambsheim, au Nengrund. . . . . . | 17,100 | | 160.174 | 159.664 | 157.944 | 155.804 | 3.86 | 8.394 | | 8.454 | | 8.564 | | 0.000,490,877 | | 0.000,494,386 | | 0.000,500,819 | |
| *Idem* d'Offendorff au canton dit Schwartzlachkopff. | 5,400 | | 163.247 | 162.237 | 161.187 | 158.087 | 4.15 | 2.573 | | 3.243 | | 2.283 | | 0.000,476,481 | | 0.000,600,556 | | 0.000,422,778 | |
| *Idem* de Drusenheim au canton dit Schwang. . . | 9.400 | | 167.257 | 166.837 | 165.197 | 161.557 | 5.28 | 4.600 | | 4.010 | | 3.470 | | 0.000,489,362 | | 0 000,426,596 | | 0.000,369,149 | |
| *Idem* de Fort-Louis, vis-à-vis Sollingen. . . . | 8,700 | | 170.957 | 170.557 | 169.017 | 166.407 | 4.15 | 3.720 | | 3.820 | | 4.850 | | 0.000,427,586 | | 0.000,439,080 | | 0.000,557,471 | |
| *Idem* de Seltz au Binsenfelden. . . . . . . . . | 15,400 | | 176.717 | 176.307 | 174.907 | 172.047 | 4.26 | 5.750 | | 5.900 | | 5.640 | | 0.000,373,377 | | 0.000,383,117 | | 0.000,366,234 | |
| *Idem* de Lauterbourg au canton dit Fahrkopf. . | 18,900 | | 181.517 | 181.497 | 179.727 | 176.197 | 3.30 | 5.190 | | 4.820 | | 4.150 | | 0.000,274,603 | | 0.000,255,026 | | 0.000,219,577 | |
| Confluent de la Moder, limite de la frontière entre la France et la Bavière. . . . . . . . . . . . | 5,400 | | • | 183.225 | 181.861 | 177.605 | 5.62 | 1.728 | | 2.134 | | 1.408 | | 0.000,320,000 | | 0.000,395,185 | | 0.000,260,741 | |
| | | 224,740 | | | | | | | 144.942 | | 145.934 | | 146.055 | | 0.000,644,932 | | 0.000,649,345 | | 0.000,649,884 |

### RENSEIGNEMENS COMPLÉMENTAIRES.

*Rhénomètre de Bâle.* — D'après les renseignemens qui nous ont été donnés, nous avons adopté pour les plus basses eaux de Bâle le zéro du Rhénomètre de la culée gauche du pont.

*Rhénomètre du Vieux-Brisack.* — L'échelle d'après laquelle on observe au Rhénomètre du Vieux-Brisack étant descendante et toutes celles de la rive gauche étant ascendantes, nous avons pris pour le zéro de l'échelle, le point des plus basses eaux connues.

NOTES DIVERSES.

*Hautes eaux de Bâle.* — La cote des hautes eaux de Bâle, celle de la crue de l'année 1641, étant de. . . . . . . . . . . . . . . 31m.550
sera pour l'année 1801 de. . . . . . . 31m.545
1764 de. . . . . . . 31m.764
1817 de. . . . . . . 31m.990
1826 de. . . . . . . 32m.080
1740 et 1758 de. . . . . . . 32m.094
1778 et 1791 de. . . . . . . 32m.424
1824 de. . . . . . . 32m.575
1819 de. . . . . . . 32m.700

*Hautes eaux à Mayence et à Neuse.* — La différence entre les hautes et basses eaux du Rhin à Mayence, est de 6m.46 ; à Neuse, Prusse rhénane, cette différence est de 9m.25.

TABLEAU N°. II.

# *HAUTEUR DES EAUX observées pendant 22 années consécutives au Rhénomètre de Bâle.*

| INDICATION des mois. | Nombre *total* des jours, pour chacun des douze mois de l'année, pendant lesquels, dans la période de 22 ans, les eaux se sont maintenues aux hauteurs ci-après: | | | | | | | | | | | | Nombre *moyen* des jours, pour chacun des douze mois de l'année, pendant lesquels, dans la période de 22 ans, les eaux se sont maintenues aux hauteurs ci-après: | | | | | | | | | | | |
|---|---|---|---|---|---|---|---|---|---|---|---|---|---|---|---|---|---|---|---|---|---|---|---|---|
| | De 0m.00 à 1m.00. | De 1m.00 à 1m.30. | De 1m.30 à 2m.00. | De 2m.00 à 2m.50. | De 2m.50 à 3m.00. | De 3m.00 à 3m.50. | De 3m.50 à 4m.00. | De 4m.00 à 4m.50. | De 4m.50 à 5m.00. | De 5m.00 à 5m.40. | De 5m.40 à 6m.00. | De 6m.00 à 6m.50. | De 0m.00 à 1m.00. | De 1m.00 à 1m.30. | De 1m.30 à 2m.00. | De 2m.00 à 2m.50. | De 2m.50 à 3m.00. | De 3m.00 à 3m.50. | De 3m.50 à 4m.00. | De 4m.00 à 4m.50. | De 4m.50 à 5m.00. | De 5m.00 à 5m.40. | De 5m.40 à 6m.00. | De 6m.00 à 6m.50. |
| Janv. | 215 | 202 | 207 | 49 | 6 | • | 3 | • | • | • | • | • | 10 | 9 | 9 ½ | 3 | (3/11) | • | (1/7) | • | • | • | • | • |
| Févr. | 156 | 216 | 201 | 32 | 9 | 5 | 1 | • | 2 | • | • | • | 7 | 10 | 9 | 1 ½ | ([illegible]) | ([illegible]) | ([illegible]) | • | ([illegible]) | • | • | • |
| Mars. | 55 | 184 | 301 | 79 | 42 | 15 | 1 | 3 | 1 | 1 | • | • | 2 ½ | 8 | 14 | 3 ½ | 2 | ([illegible]) | ([illegible]) | ([illegible]) | ([illegible]) | ([illegible]) | • | • |
| Avril. | 8 | 58 | 358 | 167 | 62 | 7 | • | • | • | • | • | • | [illegible] | 2 ½ | 16 | 7 ½ | 3 | ([illegible]) | • | • | • | • | • | • |
| Mai. | • | 20 | 179 | 252 | 144 | 68 | 17 | 2 | • | • | • | • | • | 1 | 8 | 11 ½ | 6 ½ | 3 | 1 | ([illegible]) | • | • | • | • |
| Juin. | • | • | 30 | 246 | 183 | 154 | 59 | 18 | • | • | • | • | • | • | 1 | 11 | 8 ½ | 5 ½ | 2 ½ | 1 | • | • | • | • |
| Juill. | • | • | 25 | 163 | 173 | 178 | 89 | 35 | 16 | 2 | 1 | • | • | • | 1 | 7 ½ | 8 | 8 | 4 | 1 ½ | ([illegible]) | ([illegible]) | ([illegible]) | • |
| Août. | • | • | 77 | 222 | 169 | 131 | 65 | 10 | 5 | 3 | • | • | • | • | 3 ½ | 10 | 8 | 6 | 3 | ([illegible]) | ([illegible]) | ([illegible]) | • | • |
| Sept. | • | 7 | 224 | 220 | 109 | 68 | 18 | 8 | 2 | 4 | • | • | • | [illegible] | 10 | 10 | 5 | 3 | 1 | ([illegible]) | ([illegible]) | ([illegible]) | • | • |
| Oct. | 22 | 85 | 350 | 139 | 57 | 19 | 5 | 2 | 3 | • | • | • | 1 | 4 | 16 | 6 ½ | 1 ¾ | 1 | ([illegible]) | ([illegible]) | ([illegible]) | • | • | • |
| Nov. | 33 | 171 | 279 | 117 | 29 | 11 | 12 | 3 | 2 | 3 | • | • | 1 ½ | 8 | 13 | 5 ½ | 1 ½ | ([illegible]) | ([illegible]) | ([illegible]) | ([illegible]) | ([illegible]) | • | • |
| Déc. | 69 | 232 | 265 | 75 | 22 | 10 | 3 | 2 | 3 | 1 | • | 2 | 3 | 10 ½ | 12 | 3 ½ | 1 | ([illegible]) | ([illegible]) | ([illegible]) | ([illegible]) | ([illegible]) | • | ([illegible]) |
| TOT. | 558 | 1175 | 2496 | 1761 | 1005 | 636 | 273 | 83 | 34 | 14 | 1 | 2 | 25 ½ | 53 ½ | 113 | 80 | 46 | 29 | 12 ½ | 4 | ([illegible]) | ([illegible]) | ([illegible]) | ([illegible]) |

NOTA. Les fractions placées entre parenthèses font connaître le *nombre de jours* pendant lesquels, dans *une période* déterminée *d'années*, les eaux se sont élevées à la hauteur indiquée en tête de la colonne.

Le *numérateur* indique le *nombre total de jours* applicable à chaque hauteur d'eau; le *dénominateur* indique le *nombre d'années* de chaque *période* d'observations.

Ainsi la fraction (3/11), placée vis-à-vis le mois de janvier dans la colonne relative aux crues de 2m.50 à 3m.00, signifie que les eaux se sont élevées à cette hauteur 3 fois en 11 ans.

Ainsi la fraction (1/7), placée plus loin sur la même ligne, apprend que dans le mois de janvier, les eaux n'ont atteint qu'une fois en sept ans la hauteur de 3m.50 à 4m.00.

## MAXIMA ET MINIMA DES HAUTEURS MENSUELLES OBSERVÉES.

| ANNÉES. | Janvier. | | Février. | | Mars. | | Avril. | | Mai. | | Juin. | | Juillet | | Août. | | Septembre | | Octobre. | | Novembre. | | Décembre. | |
|---|---|---|---|---|---|---|---|---|---|---|---|---|---|---|---|---|---|---|---|---|---|---|---|---|
| | Maxima. | Minima. | Maxima. | Minima. | Maxima. | Minima. | Maxima. | Minima. | Maxima. | Minima. | Maxima. | Minima. | Maxima. | Minima. | Maxima. | Minima. | Maxima. | Minima. | Maxima. | Minima. | Maxima. | Minima. | Maxima. | Minima. |
| | m. | m. | m. | m. | m. | m. | m. | m. | m. | m. | m. | m. | m. | m. | m. | m. | m. | m. | m. | m. | m. | m. | m. | m. |
| ANNÉES 1811. . | 1.93 | 0.85 | 3.75 | 0.83 | 2.55 | 1.20 | (*) 3.48 | 1.30 | 2.70 | 2.34 | 3.34 | 2.34 | 4.14 | 2.10 | 2.40 | 1.74 | 1.86 | 1.38 | 1.98 | 1.11 | 1.80 | 1.29 | 1.44 | 1.02 |
| —— 1812. . | 1.20 | 0.90 | (*) 4.77 | 0.99 | 2.70 | 0.99 | 3.30 | 1.80 | 3.09 | 2.04 | 3.60 | 2.52 | 4.14 | 2.94 | 3.75 | 2.49 | 3.00 | 2.10 | 3.30 | 1.74 | 4.74 | 1.80 | 2.01 | 0.99 |
| —— 1813. . | 1.02 | 0.54 | 2.70 | 0.54 | 1.62 | 1.11 | 1.50 | 1.26 | 2.85 | 1.20 | 3.60 | 2.49 | 4.89 | 2.40 | 3.39 | 2.49 | 3.30 | 1.92 | 3.00 | 1.83 | 2.40 | 1.86 | 1.80 | 1.14 |
| —— 1814. . | 2.73 | 1.05 | 1.80 | 0.69 | 1.77 | 0.75 | 2.19 | 1.74 | 1.80 | 1.14 | 3.90 | 1.74 | 3.90 | 2.70 | 3.00 | 1.89 | 2.61 | 1.50 | 1.44 | 1.02 | 2.16 | 1.05 | 3.24 | 1.59 |
| —— 1815. . | 1.65 | 0.96 | 2.85 | 1.02 | (*) 4.05 | 1.41 | 2.61 | 1.89 | 2.49 | 1.74 | 4.20 | 2.31 | 4.44 | 3.03 | 4.20 | 2.64 | 2.91 | 1.74 | 1.83 | 1.20 | 2.01 | 1.14 | 1.74 | 0.99 |
| —— 1816. . | 2.43 | 1.08 | 2.40 | 0.96 | 2.46 | 1.35 | 2.82 | 1.32 | 3.30 | 2.52 | 4.41 | 2.94 | 4.74 | 3.54 | 4.11 | 2.79 | 4.35 | 2.70 | 2.91 | 1.68 | 3.75 | 1.79 | 4.59 | 1.44 |
| —— 1817. . | 2.28 | 1.50 | 1.80 | 1.47 | 5.10 | 1.86 | 2.16 | 1.56 | 3.90 | 1.50 | (*) 4.44 | 3.12 | (*) 6.00 | 3.57 | 4.02 | 3.45 | 3.45 | 2.10 | 2.70 | 1.41 | 1.80 | 1.17 | 1.50 | 0.93 |
| —— 1818. . | 1.98 | 0.84 | 1.80 | 1.11 | 2.46 | 1.50 | 2.64 | 1.62 | 3.39 | 2.49 | 2.49 | 2.19 | 2.40 | 2.01 | 2.28 | 1.89 | 3.00 | 1.74 | 3.30 | 1.29 | 2.01 | 1.02 | 1.17 | (**) 0.60 |
| —— 1819. . | 1.32 | 0.57 | 1.77 | 0.72 | 2.01 | 0.99 | 2.10 | 1.56 | 2.10 | 1.32 | 3.60 | (**) 1.35 | 3.57 | 2.10 | 2.85 | 1.89 | 2.28 | 1.32 | 1.68 | 0.99 | 2.94 | 1.26 | (*) 5.34 | 1.08 |
| —— 1820. . | 3.54 | 1.50 | 2.04 | 1.20 | 1.29 | 1.02 | 1.74 | 1.35 | 2.47 | 1.29 | 2.76 | 2.19 | 3.72 | 2.28 | 3.00 | 2.31 | 2.40 | 1.53 | 3.60 | 1.32 | 1.95 | 1.14 | 1.14 | 0.90 |
| —— 1821. . | 2.52 | 0.84 | 1.14 | 0.78 | 2.34 | 0.99 | 2.40 | 1.77 | 3.24 | 2.10 | 3.15 | 1.95 | 3.84 | 1.92 | 5.01 | 2.97 | 3.84 | 2.82 | 3.00 | 1.62 | 1.56 | 1.11 | 2.28 | 1.14 |
| —— 1822. . | 1.68 | 1.17 | 1.89 | 1.11 | 2.01 | 1.05 | 1.95 | 1.35 | 3.75 | 1.59 | 2.25 | 1.95 | 2.64 | 1.92 | 2.76 | 1.92 | 2.97 | 1.83 | 1.89 | 1.32 | 1.44 | 0.87 | 1.65 | 0.66 |
| —— 1823. . | 2.46 | (**) 0.45 | 2.76 | 1.44 | 2.01 | 1.44 | 2.70 | 1.77 | 3.78 | 2.34 | 3.27 | 2.61 | 4.44 | 2.73 | 3.75 | 2.58 | 2.64 | 1.80 | 2.61 | 1.50 | 1.80 | 0.99 | 3.06 | 0.93 |
| —— 1824. . | 2.19 | 1.08 | 1.50 | 0.99 | 1.86 | 1.20 | 2.88 | 1.14 | (*) 4.11 | 2.85 | 3.75 | 2.73 | 3.69 | 2.79 | (*) 5.40 | 2.61 | 3.39 | 2.07 | 4.71 | 1.80 | (*) 5.40 | 2.79 | 2.82 | 1.95 |
| —— 1825. . | 2.16 | 1.17 | 1.44 | 1.08 | 2.61 | 1.14 | 1.86 | 1.35 | 2.40 | 1.65 | 2.79 | 2.13 | 3.72 | 2.31 | 3.54 | 2.16 | 2.61 | 1.65 | (*) 5.01 | 1.26 | 2.94 | 2.10 | 2.40 | 1.35 |
| —— 1826. . | 1.26 | 0.81 | 1.56 | 0.78 | 1.35 | 0.93 | 1.50 | 0.96 | 2.58 | 1.53 | 3.00 | 2.04 | 4.26 | 2.13 | 2.82 | 1.86 | 2.01 | 1.44 | 2.22 | 1.05 | 1.83 | 0.99 | 2.46 | 0.99 |
| —— 1827. . | 3.54 | 0.99 | 1.17 | 0.84 | 4.02 | 1.80 | 2.76 | 2.28 | 3.15 | 2.43 | 3.96 | 2.67 | 3.06 | 2.28 | 3.51 | 2.16 | 2.49 | 1.50 | 2.04 | 1.17 | 2.28 | 1.35 | 3.75 | 1.32 |
| —— 1828. . | 2.16 | 1.26 | 1.77 | 1.05 | 2.04 | 1.02 | 2.16 | 1.59 | 2.64 | 2.10 | 3.21 | 2.25 | 3.30 | 2.70 | 3.30 | 2.55 | 3.21 | 1.95 | 1.95 | 1.14 | 1.35 | 0.96 | 1.86 | 0.90 |
| —— 1829. . | 1.92 | 0.60 | 1.56 | 1.69 | 2.22 | 0.90 | 2.22 | 1.53 | 2.31 | 1.89 | 2.55 | 1.83 | 2.79 | 2.28 | 2.61 | 1.86 | 4.32 | 1.98 | 3.90 | 1.95 | 2.40 | 1.65 | 1.95 | 0.81 |
| —— 1830. . | 0.84 | (**) 0.45 | 2.10 | (**) 0.27 | 1.59 | 0.96 | 3.24 | 1.14 | 2.55 | 1.95 | 3.30 | 1.95 | 4.20 | 2.64 | 3.12 | 2.10 | 3.84 | 1.92 | 2.67 | 1.32 | 2.16 | 1.35 | 1.41 | 0.96 |
| —— 1831. . | 1.32 | 0.78 | 2.25 | 0.75 | 3.30 | 1.80 | 2.19 | 1.71 | 3.30 | 1.95 | 4.38 | 3.15 | 4.05 | 3.00 | 4.50 | 2.79 | (*) 5.25 | 2.37 | 2.67 | 1.38 | 3.36 | 1.29 | 3.00 | 1.29 |
| —— 1832. . | 2.55 | 1.02 | 1.11 | 0.75 | 1.38 | (**) 0.69 | 1.56 | (**) 0.81 | 1.83 | (**) 1.02 | 2.85 | 1.62 | 2.22 | (**) 1.62 | 1.86 | (**) 1.47 | 1.80 | (**) 1.08 | 1.14 | (**) 0.69 | 1.89 | (**) 0.69 | 2.10 | 0.96 |
| Maximum et minimum de chaque mois pendant la période d'observations. . . . . | 3.54 | 0.45 | 4.77 | (**) 0.27 | 5.10 | 0.69 | 3.48 | 0.81 | 4.11 | 1.02 | 4.44 | 1.35 | 6.00 | 1.62 | 5.40 | 1.47 | 5.25 | 1.08 | 5.00 | 0.69 | 5.40 | 0.69 | (*) 6.41 | 0.60 |

NOTA. Dans chaque colonne, et dans le résumé final, on a distingué: le *maximum* des *maxima* par le signe (*) et le *minimum* des *minima* par le signe (**).

| INDICATION des mois. | des douze mois de l'année, pendant lesquels, dans la période de 27 ans, les eaux se sont maintenues aux hauteurs ci-après : | | | | | | | des douze mois de l'année, pendant lesquels, dans la période de 27 ans, les eaux se sont maintenues aux hauteurs ci-après : | | | | | | |
|---|---|---|---|---|---|---|---|---|---|---|---|---|---|---|
| | De 0m.00 à 1m.00. | De 1m.00 à 1m.30. | De 1m.30 à 2m.00. | De 2m.00 à 2m.50. | De 2m.50 à 3m.00. | De 3m.00 à 3m.50. | De 3m.50 à 4m.03. | De 0m.00 à 1m.00. | De 1m.00 à 1m.30. | De 1m.30 à 2m.00. | De 2m.00 à 2m.50. | De 2m.50 à 3m.00. | De 3m.00 à 3m.50. | De 3m.50 à 4m.03. |
| Janv. | 471 | 128 | 169 | 34 | 4 | • | • | 18 | 5 | 7 | 2 | (1/7) | • | • |
| Févr. | 363 | 157 | 175 | 26 | 12 | 2 | • | 14 | 6 | 7 | 1 | (1/7) | (1/11) | • |
| Mars. | 263 | 147 | 295 | 77 | 18 | 6 | • | 10 | 6 | 11 | 2 | 1 | (1/4) | • |
| Avril. | 93 | 156 | 462 | 61 | 8 | • | • | 3 | 6 | 18 | 2 | (1/7) | • | • |
| Mai. | 32 | 90 | 414 | 212 | 50 | 8 | • | 1 | 3 | 16 | 8 | 2 | (1/4) | • |
| Juin. | 6 | 12 | 338 | 272 | 146 | 6 | • | (1/4) | (1/7) | 13 | 10 | 6 | (1/4) | • |
| Juill. | 3 | 24 | 275 | 318 | 170 | 45 | 2 | (1/9) | 1 | 10 | 12 | 6 | 2 | (1/11) |
| Août. | 24 | 32 | 302 | 334 | 132 | 10 | 3 | 1 | 1 | 11 | 12 | 5 | (1/7) | (2/9) |
| Sept. | 25 | 97 | 448 | 186 | 42 | 12 | • | 1 | 4 | 17 | 7 | 2 | (1/3) | • |
| Oct. | 159 | 196 | 380 | 88 | 12 | 1 | 1 | 6 | 7 | 14 | 3 | (1/7) | (1/27) | (1/27) |
| Nov. | 234 | 239 | 251 | 61 | 14 | 5 | 6 | 9 | 9 | 9 | 2 | (1/7) | (1/5) | (1/4) |
| Déc. | 339 | 193 | 235 | 51 | 13 | 3 | 3 | 12 | 7 | 9 | 2 | (1/7) | (1/9) | (1/9) |
| TOT. | 2012 | 1471 | 3744 | 1720 | 621 | 98 | 15 | 72 | 55 | 142 | 63 | 25 | 4 | (15/19) |

NOTA. Les fractions placées entre parenthèses font connaître le *nombre de jours* pendant lesquels, dans *une période* déterminée *d'années*, les eaux se sont élevées à la hauteur indiquée en tête de la colonne.

Le *numérateur* indique le *nombre total de jours* applicable à chaque hauteur d'eau ; le *dénominateur* indique le *nombre d'années* de chaque *période* d'observations.

Ainsi la fraction (1/7) placée vis-à-vis le mois de janvier dans la colonne relative aux crues de 2m.50 à 3m.00, signifie que les eaux ne se sont élevées à cette hauteur qu'une fois en 7 ans.

| ANNÉES. | Janvier. | | Février. | | Mars. | | Avril. | | Mai. | | Juin. | | Juillet. | | Août. | | Septembre. | | Octobre. | | Novembre. | | Décembre. | |
|---|---|---|---|---|---|---|---|---|---|---|---|---|---|---|---|---|---|---|---|---|---|---|---|---|
| | Maxima. | Minima. | Maxima. | Minima. | Maxima. | Minima. | Maxima. | Minima | Maxima. | Minima. | Maxima. | Minima. | Maxima. | Minima. | Maxima. | Minima. | Maxima. | Minima. | Maxima. | Minima. | Maxima. | Minima. | Maxima. | Minima. |
| | m. | m. | m. | m. | m. | m. | m. | m. | m. | m. | m. | m. | m. | m. | m. | m. | m. | m. | m. | m. | m. | m. | m. | m. |
| ANNÉES 1806. | • | • | • | • | • | • | • | • | • | • | • | • | 2.36 | 1.47 | 2.52 | 1.82 | 3.20 | 1.47 | 1.63 | 0.95 | 1.36 | 0.70 | 2.79 | 1.12 |
| ——— 1807. | 1.03 | 0.32 | 3.23 (*) | 0.30 | 3.17 | 0.92 | 1.36 | 0.73 | 2.14 | 1.44 | 1.82 | 1.57 | 1.90 | 1.28 | 1.33 | 1.14 | 2.25 | 1.12 | 2.31 | 0.98 | 1.55 | 0.84 | 1.06 | 0.49 |
| ——— 1808. | 0.81 | 0.24 | 1.87 | 0.32 | 1.17 | 0.24 | 2.09 | 0.51 | 2.71 | 1.47 | 2.79 | 2.03 | 2.90 | 1.95 | 2.50 | 1.76 | 2.11 | 1.57 | 2.20 | 1.74 | 1.74 | 1.01 | 2.50 | 0.84 |
| ——— 1809. | 2.50 | 0.81 | 2.31 | 1.25 | 1.28 | 0.84 | 1.60 | 1.01 | 2.34 | 1.60 | 2.74 | 2.09 | 2.31 | 1.84 | 2.44 | 1.84 | 2.44 | 1.44 | 1.63 | 1.01 | 0.73 | 0.43 | 1.33 | 0.51 |
| ——— 1810. | 1.60 | 0.19 (**) | 2.20 | 0.00 (**) | 2.63 | 1.82 | 1.76 | 1.41 | 2.71 | 1.44 | 2.25 | 1.39 | 2.63 | 1.39 | 2.66 | 1.98 | 1.93 | 1.14 | 2.14 | 0.84 | 2.22 | 1.09 | 2.42 | 1.49 |
| ——— 1811. | 1.87 | 1.06 | 3.20 | 1.01 | 2.58 | 1.30 | 2.52 | 1.25 | 2.31 | 1.90 | 2.47 | 1.87 | 3.09 | 1.82 | 1.93 | 1.44 | 1.49 | 1.01 | 1.52 | 1.01 | 1.57 | 0.76 | 1.09 | 0.51 |
| ——— 1812. | 0.66 | 0.19 (**) | 2.93 | 0.23 | 2.23 | 1.03 | 2.73 | 1.57 | 2.28 | 1.55 | 2.67 | 1.97 | 2.98 | 2.33 | 2.87 | 1.95 | 2.48 | 1.71 | 2.57 | 1.29 | 3.48 | 1.55 | 1.67 | 1.02 |
| ——— 1813. | 1.00 | 0.60 | 2.39 | 0.57 | 1.39 | 1.01 | 1.23 | 1.11 | 2.41 | 1.16 | 2.73 | 2.13 | 3.67 | 2.13 | 2.73 | 2.07 | 2.61 | 1.70 | 2.55 | 1.55 | 2.03 | 1.65 | 1.63 | 0.92 |
| ——— 1814. | 2.49 | 0.63 | 1.61 | 0.57 | 1.41 | 0.37 | 1.75 | 1.37 | 1.45 | 1.15 | 2.99 | 1.25 | 2.87 | 2.11 | 2.19 | 1.30 | 2.07 | 1.11 | 1.03 | 0.58 | 0.93 | 0.62 | 2.57 | 1.22 |
| ——— 1815. | 1.23 | 0.66 | 2.51 | 0.65 | 3.05 | 0.93 | 2.11 | 1.34 | 1.92 | 1.22 | 3.11 | 1.73 | 3.05 | 2.32 | 2.99 | 1.93 | 1.99 | 1.26 | 1.35 | 0.97 | 1.51 | 0.90 | 1.34 | 0.85 |
| ——— 1816. | 1.93 | 0.93 | 1.89 | 0.92 | 1.89 | 1.08 | 2.18 | 1.10 | 2.51 | 1.93 | 2.83 | 2.22 | 3.21 | 2.65 | 3.23 | 2.31 | 3.09 | 2.22 | 2.19 | 1.30 | 2.81 | 1.34 | 3.33 | 1.33 |
| ——— 1817. | 1.99 | 1.45 | 1.65 | 1.27 | 3.47 (*) | 1.65 | 1.83 | 1.40 | 2.65 | 1.34 | 2.99 | 2.36 | 3.72 (*) | 2.70 | 2.88 | 2.41 | 2.57 | 1.76 | 2.10 | 1.27 | 1.36 | 0.91 | 0.81 | 0.38 (**) |
| ——— 1818. | 1.00 | 0.39 | 1.21 | 0.56 | 2.13 | 1.00 | 2.21 | 1.54 | 2.69 | 2.10 | 2.11 | 1.87 | 2.02 | 1.69 | 1.94 | 1.65 | 2.25 | 1.51 | 2.54 | 1.21 | 1.45 | 0.88 | 1.05 | 0.53 |
| ——— 1819. | 1.15 | 0.42 | 1.59 | 0.58 | 1.63 | 0.87 | 1.73 | 1.29 | 1.45 | 1.07 | 2.83 | 1.41 | 2.90 | 1.79 | 2.19 | 1.54 | 1.79 | 1.15 | 1.31 | 0.92 | 1.93 | 1.13 | 3.79 (*) | 0.95 |
| ——— 1820. | 2.71 | 1.17 | 1.89 | 0.93 | 0.97 | 0.82 | 1.37 | 0.99 | 1.90 | 1.01 | 2.23 | 1.81 | 2.91 | 1.94 | 2.44 | 1.99 | 2.04 | 1.36 | 2.67 | 1.17 | 1.69 | 1.02 | 1.05 | 0.79 |
| ——— 1821. | 2.16 | 0.76 | 0.99 | 0.69 | 2.03 | 0.87 | 1.99 | 1.57 | 2.49 | 1.81 | 2.43 | 1.58 | 2.79 | 1.57 | 3.57 | 2.36 | 2.91 | 2.31 | 2.43 | 1.41 | 1.41 | 1.09 | 1.91 | 1.12 |
| ——— 1822. | 1.64 | 1.24 | 1.49 | 11 | 1.83 | 1.08 | 1.71 | 1.45 | 3.03 | 1.49 | 1.91 | 1.82 | 2.19 | 1.79 | 2.31 | 1.79 | 2.39 | 1.73 | 1.76 | 1.28 | 1.37 | 1.09 | 1.59 | 0.86 |
| ——— 1823. | 2.29 | 0.73 | 2.44 | 1.49 | 2.09 | 1.48 | 2.19 | 1.71 | 2.93 | 2.17 | 2.89 | 2.39 | 3.23 | 2.48 | 2.99 | 2.29 | 2.24 | 1.77 | 2.26 | 1.57 | 1.71 | 1.27 | 2.65 | 1.23 |
| ——— 1824. | 2.29 | 1.23 | 1.53 | 1.15 | 1.93 | 1.33 | 2.89 (*) | 1.25 | 3.37 (*) | 2.57 | 2.99 | 2.21 | 2.89 | 2.19 | 3.91 (*) | 2.01 | 2.49 | 1.59 | 3.72 (*) | 1.52 | 4.03 (*) | 1.95 | 2.12 | 1.41 |
| ——— 1825. | 1.54 | 0.67 | 0.89 | 0.44 | 1.99 | 0.44 | 1.29 | 0.92 | 1.63 | 1.00 | 2.09 | 1.44 | 2.61 | 1.62 | 2.75 | 1.59 | 2.07 | 1.35 | 3.49 | 0.79 | 2.47 | 1.65 | 2.08 | 1.13 |
| ——— 1826. | 1.06 | 0.49 | 1.23 | 0.47 | 1.03 | 0.67 | 1.12 | 0.75 | 2.03 | 1.19 | 2.47 | 1.67 | 3.18 | 1.75 | 2.37 | 1.51 | 1.59 | 1.09 | 1.73 | 0.71 | 1.57 | 0.67 | 2.07 | 0,67 |
| ——— 1827. | 2.79 (*) | 0.65 | 0.75 | 0.49 | 3.19 | 0.57 | 2.17 | 1.78 | 2.20 | 1.79 | 2.85 | 1.95 | 2.29 | 1.62 | 2.50 | 1.59 | 1.97 | 0.89 | 1.09 | 0.61 | 1.72 | 0.82 | 2.79 | 0.83 |
| ——— 1828. | 1.57 | 0.72 | 1.48 | 0.70 | 1.56 | 0.70 | 1.74 | 1.22 | 1.98 | 1.64 | 2.32 | 1.78 | 2.40 | 1.98 | 2.40 | 1.90 | 2.35 | 1.50 | 1.51 | 0.84 | 0.92 | 0.68 | 1.50 | 0.58 |
| ——— 1829. | 0.78 | 0.36 | 1.25 | 0.45 | 1.60 | 0.60 | 1.66 | 1.17 | 1.70 | 1.35 | 1.76 | 1.30 | 1.93 | 1.58 | 1.80 | 1.32 | 3.02 | 1.44 | 2.82 | 1.49 | 1.82 | 1.32 | 1.77 | 0.63 |
| ——— 1830. | 1.34 | 0.44 | 1.64 | 0.38 | 1.17 | 0.57 | 2.34 | 0.70 | 1.80 | 1.36 | 2.43 | 1.36 | 2.90 | 1.98 | 2.20 | 1.49 | 2.56 | 1.30 | 1.94 | 0.73 | 1.40 | 0.74 | 0.76 | 0.43 |
| ——— 1831. | 0.72 | 0.27 | 1.62 | 0.22 | 2.48 | 1.20 | 1.50 | 1.20 | 2.30 | 1.09 | 3.13 (*) | 2.24 | 2.98 | 2.14 | 2.90 | 1.86 | 3.46 (*) | 1.70 | 1.82 | 0.66 | 2.42 | 0.60 | 2.00 | 0.70 |
| ——— 1832. | 1.60 | 0.45 | 0.40 | 0.06 | 0.40 | 0.00 (**) | 0.60 | 0.10 (**) | 0.88 | 0.14 (**) | 1.86 | 0.66 (**) | 1.55 | 0.96 (**) | 1.10 | 0.80 (**) | 1.10 | 0.62 (**) | 0.61 | 0.35 (**) | 1.12 | 0.34 (**) | 1.40 | 0.55 |
| Maximum et minimum de chaque mois, pendant la période d'observations. . . . . | 2.79 | 0.19 | 3.23 | 0.00 (**) | 3.47 | 0.00 (**) | 2.89 | 0.10 | 3.37 | 0.14 | 3.13 | 0.66 | 3.72 | 0.96 | 3.91 | 0.80 | 3.46 | 0.62 | 3.72 | 0.35 | 4.03 (*) | 0.34 | 3.79 | 0.38 |

NOTA. Dans chaque colonne, et dans le résumé final, on a distingué : le *maximum* des *maxima* par le signe (*), et le *minimum* des *minima* par le signe (**).

TABLEAU N°. IV.

## *HAUTEUR DES EAUX observées pendant* 10 *années consécutives au Rhénomètre de Lauterbourg.*

| Indication des mois. | Nombre *total* de jours, pour chacun des douze mois de l'année, pendant lesquels, dans la période de 10 ans, les eaux se sont maintenues aux hauteurs ci-après : De 0m.00 à 1m.00 | De 1m.00 à 1m.30 | De 1m.30 à 2m.00 | De 2m.00 à 2m.50 | De 2m.50 à 3m.00 | De 3m.00 à 3m.50 | De 3m.50 à 4m.00 | De 4m.00 à 4m.50 | De 4m.50 à 5m.00 | De 5m.00 à 5m.32 | Nombre *moyen* de jours, pour chacun des douze mois de l'année, pendant lesquels, dans la période de 10 ans, les eaux se sont maintenues aux hauteurs ci-après : De 0m.00 à 1m.00 | De 1m.00 à 1m.30 | De 1m.30 à 2m.00 | De 2m.00 à 2m.50 | De 2m.50 à 3m.00 | De 3m.00 à 3m.50 | De 3m.50 à 4m.00 | De 4m.00 à 4m.50 | De 4m.50 à 5m.00 | De 5m.00 à 5m.32 |
|---|---|---|---|---|---|---|---|---|---|---|---|---|---|---|---|---|---|---|---|---|
| Janv. | 142 | 44 | 74 | 42 | 6 | 2 | » | » | » | » | 14 | 4 2/5 | 7 | 4 | (1/5) | (1/5) | » | » | » | » |
| Fév. | 128 | 61 | 71 | 18 | 5 | » | » | » | » | » | 13 | 6 | 7 | 2 | (1/2) | » | » | » | » | » |
| Mars. | 106 | 31 | 104 | 25 | 26 | 12 | 4 | 2 | » | » | 10 1/2 | 3 | 10 | 2 1/2 | 2 1/2 | 1 | (2/5) | (1/5) | » | » |
| Avril. | 65 | 10 | 160 | 35 | 30 | » | » | » | » | » | 6 1/2 | 1 | 16 | 3 1/2 | 3 | » | » | » | » | » |
| Mai. | 22 | 15 | 127 | 84 | 31 | 21 | 6 | 4 | » | » | 2 | 1 1/2 | 13 | 8 1/2 | 3 | 2 | (3/5) | (2/5) | » | » |
| Juin. | 1 | 5 | 86 | 71 | 63 | 67 | 6 | 1 | » | » | (1/10) | (1/2) | 8 1/2 | 7 | 6 | 7 | (3/5) | (1/10) | » | » |
| Juill. | » | 11 | 37 | 91 | 106 | 55 | 10 | » | » | » | » | 1 | 4 | 9 | 10 1/2 | 5 1/2 | 1 | » | » | » |
| Août. | 6 | 25 | 74 | 85 | 93 | 23 | 3 | 1 | » | » | (3/5) | 2 1/2 | 7 | 8 1/2 | 9 1/2 | 2 1/2 | (3/10) | (1/10) | » | » |
| Sept. | 22 | 29 | 109 | 72 | 39 | 17 | 6 | 6 | » | » | 2 | 3 | 11 | 7 | 4 | 2 | (3/5) | (3/5) | » | » |
| Oct. | 71 | 52 | 97 | 55 | 18 | 11 | 5 | » | » | 1 | 7 | 5 | 10 | 5 1/2 | 2 | 1 | (1/2) | » | » | (1/10) |
| Nov. | 97 | 42 | 79 | 34 | 14 | 13 | 11 | 2 | 3 | 5 | 10 | 4 | 8 | 3 1/2 | 1 1/2 | 1 | 1 | (1/5) | (3/10) | (1/2) |
| Déc. | 106 | 39 | 89 | 38 | 33 | 5 | » | » | » | » | 10 1/2 | 4 | 9 | 4 | 3 | (1/2) | » | » | » | » |
| TOT. | 766 | 364 | 1107 | 650 | 464 | 226 | 51 | 16 | 3 | 6 | 76 | 36 | 110 1/2 | 65 | 46 | 22 1/2 | 5 | (13/10) | (3/10) | (3/5) |

NOTA. Se reporter, pour l'interprétation des fractions entre parenthèses aux explications données au sujet de ces annotations, au bas, sur la gauche, des tableaux nos. II et III.

### MAXIMA ET MINIMA DES HAUTEURS MENSUELLES OBSERVÉES.

| Années. | Janvier. Maxima. | Janvier. Minima. | Février. Maxima. | Février. Minima. | Mars. Maxima. | Mars. Minima. | Avril. Maxima. | Avril. Minima. | Mai. Maxima. | Mai. Minima. | Juin. Maxima. | Juin. Minima. | Juillet. Maxima. | Juillet. Minima. | Août. Maxima. | Août. Minima. | Septembre. Maxima. | Septembre. Minima. | Octobre. Maxima. | Octobre. Minima. | Novembre. Maxima. | Novembre. Minima. | Décembre. Maxima. | Décembre. Minima. |
|---|---|---|---|---|---|---|---|---|---|---|---|---|---|---|---|---|---|---|---|---|---|---|---|---|
| | m. | m. | m. | m. | m. | m. | m. | m. | m. | m. | m. | m. | m. | m. | m. | m. | m. | m. | m. | m. | m. | m. | m. | m. |
| Années 1823. | 2.51 | 0.44 | 2.70 | 1.64 | 2.38 | 1.48 | 2.32 | 1.68 | 3.20 | 1.94 | 3.18 | 2.50 | 3.85 | 2.63 | 3.26 | 2.53 | 2.54 | 1.82 | 2.40 | 1.50 | 1.68 | 1.05 | 2.90 | 1.00 |
| — 1824. | 2.86 | 1.14 | 1.48 | 1.10 | 1.96 | 1.22 | (*) 2.96 | 1.18 | (*) 4.20 | 2.78 | (*) 3.60 | 2.80 | 3.50 | 2.70 | (*) 4.38 | 2.52 | 3.24 | 2.12 | (*) 5.11 | 1.98 | (*) 5.32 | 3.00 | (*) 3.44 | 2.24 |
| — 1825. | 2.55 | 1.38 | 1.54 | 1.18 | 2.90 | 1.18 | 1.85 | 1.48 | 2.06 | 1.60 | 2.64 | 1.94 | 3.00 | 2.04 | 3.36 | 1.94 | 2.06 | 1.54 | 3.92 | 1.12 | 3.10 | 1.96 | 2.86 | 1.43 |
| — 1826. | 1.35 | 0.52 | 1.32 | 0.49 | 1.20 | 0.59 | 0.94 | 0.52 | 2.06 | 1.10 | 2.78 | 1.74 | 3.67 | 1.80 | 2.72 | 1.58 | 1.70 | 1.04 | 1.82 | 0.57 | 1.74 | 0.61 | 2.70 | 0.66 |
| — 1827. | (*) 3.28 | 0.62 | 0.88 | 0.38 | (*) 4.08 | 1.20 | 2.80 | 2.27 | 2.91 | 2.28 | 3.48 | 2.48 | 2.90 | 1.99 | 2.92 | 1.88 | 2.44 | 1.06 | 1.39 | 0.82 | 2.25 | 1.10 | (*) 3.44 | 1.16 |
| — 1828. | 2.16 | 1.03 | 1.80 | 0.75 | 1.92 | 0.71 | 2.07 | 1.36 | 2.38 | 1.76 | 2.78 | 1.87 | 2.95 | 2.40 | 2.94 | 2.36 | 2.79 | 1.66 | 1.66 | 0.81 | 0.88 | 0.58 | 2.35 | 0.52 |
| — 1829. | 2.22 | 0.40 | 1.70 | 0.38 | 2.07 | 0.55 | 1.92 | 1.40 | 2.15 | 1.45 | 2.04 | 1.40 | 2.29 | 1.87 | 2.08 | 1.50 | 3.60 | 1.80 | 3.52 | 1.82 | 2.36 | 1.48 | 2.08 | 0.37 |
| — 1830. | 2.34 | (**) 0.24 | (*) 2.87 | 0.48 | 1.50 | 0.60 | (*) 2.96 | 0.62 | 1.99 | 1.46 | 3.04 | 1.44 | 3.24 | 2.27 | 2.40 | 1.66 | 2.98 | 1.40 | 2.36 | 0.76 | 1.20 | 0.80 | 0.84 | 0.47 |
| — 1831. | 0.80 | 0.43 | 2.00 | 0.44 | 3.25 | 1.12 | 1.72 | 1.31 | 2.70 | 1.30 | 4.00 | 2.57 | (*) 3.95 | 2.57 | 3.35 | 2.30 | (*) 4.43 | 2.02 | 2.06 | 0.90 | 3.16 | 0.88 | 2.40 | 1.04 |
| — 1832. | 2.30 | 0.82 | 0.79 | (**) 0.30 | 0.90 | (**) 0.24 | 0.88 | (**) 0.41 | 1.18 | (**) 0.40 | 2.06 | (**) 0.90 | 1.80 | (**) 1.10 | 1.10 | (**) 0.88 | 1.16 | (**) 0.54 | 0.46 | (**) 0.06 | 1.18 | (**) 0.02 | 1.80 | (**) 0.32 |
| Maximum et minimum de chaque mois, pendant la période d'observations. . . . . | 3.28 | 0.43 | 2.87 | 0.30 | 4.08 | 0.24 | 2.96 | 0.41 | 4.20 | 0.40 | 4.00 | 0.90 | 3.95 | 1.10 | 4.38 | 0.88 | 4.43 | 0.54 | 5.11 | 0.06 | (*) 5.32 | (**) 0.02 | 3.44 | 0.32 |

NOTA. Dans chaque colonne, et dans le résumé final, on a distingué : { le *maximum* des *maxima* par le signe (*), et le *minimum* des *minima* par le signe (**).

www.ingramcontent.com/pod-product-compliance
Ingram Content Group UK Ltd.
Pitfield, Milton Keynes, MK11 3LW, UK
UKHW021007200726
13857UKWH00004B/1315

9 782013 27336